《国际财务报告准则第15号——客户合同收入》应用指引

德勤华永会计师事务所（特殊普通合伙） 编译

中国财经出版传媒集团
经济科学出版社
Economic Science Press

图书在版编目（CIP）数据

《国际财务报告准则第 15 号——客户合同收入》应用指引 /
德勤华永会计师事务所（特殊普通合伙）编译 . —北京：
经济科学出版社，2018.7
ISBN 978 - 7 - 5141 - 9499 - 9

Ⅰ. ①国⋯　Ⅱ. ①德⋯　Ⅲ. ①国际会计准则　Ⅳ. ①F233.1

中国版本图书馆 CIP 数据核字（2018）第 139932 号

责任编辑：黄双蓉
责任校对：郑淑艳
责任印制：邱　天

《国际财务报告准则第 15 号——客户合同收入》应用指引
德勤华永会计师事务所（特殊普通合伙）　编译
经济科学出版社出版、发行　新华书店经销
社址：北京市海淀区阜成路甲 28 号　邮编：100142
总编部电话：010 - 88191217　发行部电话：010 - 88191522
网址：www.esp.com.cn
电子邮件：esp@esp.com.cn
天猫网店：经济科学出版社旗舰店
网址：http://jjkxcbs.tmall.com
固安华明印业有限公司印装
787×1092　16 开　17.25 印张　330000 字
2018 年 7 月第 1 版　2018 年 7 月第 1 次印刷
ISBN 978 - 7 - 5141 - 9499 - 9　定价：58.00 元
(图书出现印装问题，本社负责调换。电话：010 -88191510)
（版权所有　侵权必究　举报电话：010 -88191586
电子邮箱：dbts@esp.com.cn）

本指引中所含内容乃一般性信息，任何德勤有限公司、其成员所或它们的关联机构（统称为"德勤网络"）并不因本指引而构成提供任何专业建议或服务。在作出任何可能影响您的财务或业务的决策或采取任何相关行动前，您应咨询具备资格的专业顾问。任何德勤网络内的机构均不对任何方因使用本指引而导致的任何损失承担责任。

© 2018. 欲了解更多信息，请联系德勤有限公司。

对摘自国际财务报告准则及其他国际会计准则理事会材料之内容的转载已获得国际财务报告准则基金会许可。

中文版序言

财政部于 2017 年 7 月发布了经修订的《企业会计准则第 14 号——收入》（新收入准则），按照财政部的要求，新收入准则已自 2018 年 1 月 1 日起，由境内外同时上市的企业以及在境外上市并采用国际财务报告准则或企业会计准则编制财务报表的企业开始率先施行，其他境内上市企业和执行企业会计准则的非上市企业，分别自 2020 年 1 月 1 日和 2021 年 1 月 1 日起施行。同时，允许企业提前执行。

新收入准则出台的一个重要背景是《国际财务报告准则第 15 号——客户合同收入》（IFRS 15）的发布。IFRS 15 于 2014 年 5 月发布，在此之前，收入准则作为国际会计准则理事会和美国财务会计准则委员会准则趋同的最为重要的共同项目之一，已历经十余年的研究讨论、起草、征求意见的过程。作为全球最大的专业服务机构之一，德勤全球在这一过程中，一直积极参与，德勤中国也密切关注该项目的进展可能对中国实务的影响，并积极配合财政部对该项目的研究和跟进，以及后续的新收入准则的制定工作。

考虑到收入准则的普遍适用性和不同行业收入类型的多样性，可以预见，新收入准则在实施过程中会遇到一些需要进一步探讨的问题。事实上，在 IFRS 15 发布后，国际会计准则理事会和美国财务会计准则委员会既已成立了有关收入准则过渡的联合小组，以帮助识别和分析准则实施过程中的问题；并且，根据该小组所讨论问题的具体情况，国际会计准则理事会于 2016 年 4 月对 IFRS 15 的部分内容进行了澄清性修订。

《国际财务报告准则第15号——客户合同收入》应用指引

新收入准则的制定原则之一是与IFRS 15趋同,因此,尽管新收入准则作为中国会计准则体系下的一项规范,其行文远比IFRS 15更为精炼,但其基本内容与原则与IFRS 15是一致的,IFRS 15中的指引及其应用经验,对于中国新收入准则的执行很有借鉴意义。

德勤全球《国际财务报告准则第15号——客户合同收入》发布于2018年3月,涵盖了截至其发布之时IFRS 15的相关要求、指引、相关机构对准则实施问题的公开讨论情况以及德勤全球的分析和观点,有助于境内企业财务报告编报者和使用者深入理解新收入准则的原则、应用层面的考虑及其实施影响。为此,我们将该指引翻译成中文,希望该书能够协助境内企业更好地理解及实施新收入准则。

德勤中国审计及鉴证专业技术部

前　言

国际会计准则理事会（IASB）的新准则《国际财务报告准则第 15 号——客户合同收入》（IFRS 15）自 2018 年 1 月 1 日或以后日期开始的期间生效（允许提前采用）。

随着生效日期临近，主体有必要花一些时间考虑新准则的影响。在某些情况下，IFRS 15 要求对系统作出重大变更，并且可能对主体经营的其他方面（如，内部控制和流程、关键绩效指标、报酬与奖金计划、银行契约、所得税等）构成重大影响。

本指引旨在协助财务报表编制人和使用者了解 IFRS 15 的影响。本指引首先提供新要求的大致概要，随后着重阐述相关的重要事项以及主体在过渡至新准则时可作出的选择。具体指引则涵盖 IFRS 15 的全部要求，并附有解释和示例作为补充，以清晰阐明准则的要求并指出在实务中可能出现的应用问题。

我们相信本指引将能够为您提供广泛的信息并作为有用的参考资料。

> 在具体指引中，代表作者对准则的解读的段落、摘自 IASB 发布的 IFRS 15 结论基础的材料以及除引用自国际财务报告准则外的示例均以绿色背景显示。

目 录
CONTENTS

第一部分 概要 / 1

第二部分 过渡时的处理 / 7

第三部分 具体指引 / 15

 第1章 引言 / 17

 第2章 定义 / 19

 第3章 一般原则和范围 / 20

 第4章 确认客户合同收入的五步骤模型 / 46

 第5章 步骤1：识别客户合同 / 48

 第6章 步骤2：识别履约义务 / 58

 第7章 步骤3：确定交易价格 / 99

 第8章 步骤4：将交易价格分摊至合同中的履约义务 / 149

 第9章 步骤5：确定何时确认收入 / 161

 第10章 合同的修订 / 196

 第11章 许可证 / 210

 第12章 合同成本 / 235

 第13章 合同资产和合同负债的列报 / 246

 第14章 披露 / 252

 第15章 生效日期和过渡性规定 / 262

第一部分　概　要

《国际财务报告准则第 15 号——客户合同收入》（IFRS 15）适用于按照国际财务报告准则（IFRS）进行报告的主体并对自 2018 年 1 月 1 日或以后日期开始的期间生效，允许提前采用。该新准则是国际会计准则理事会（IASB）与美国财务会计准则委员会（FASB）为制定一套同时适用于 IFRS 和美国公认会计原则（US GAAP）的趋同会计原则而开展的联合项目的成果。IFRS 15 与所有行业及大多数收入交易类型均相关。

IFRS 15 提供了用于对源自客户合同的收入进行会计处理的单一综合模型。

有哪些变更？

IFRS 15 是一项复杂的准则，其引入了比所取代的《国际会计准则第 18 号——收入》（IAS 18）、《国际会计准则第 11 号——建造合同》（IAS 11）以及与这些准则相关的若干解释公告更明确的要求，因此可能导致某些主体的收入确认政策发生重大变化。IFRS 15 要求在某些领域运用重大判断，但对于其他领域则制定了相对明确的要求，从而很少有运用判断的空间。

IAS 18 分别针对商品和服务规定了收入确认标准，但 IFRS 15 取消了这一区分。取而代之的是，新准则着重关注履约义务的识别，以及区分"在某一时点"履行的履约义务与"在一段时间内"履行的履约义务（通过商品或服务的控制权转移给客户的方式来确定）。这意味着此前按照 IAS 18 作为商品进行会计处理的某些交付内容（如，某些按合同进行的制造）可能会在一段时间内确认收入；而此前按照 IAS 18 作为服务进行会计处理的某些交付内容（如，某些建造合同）则可能会在某一时点确认收入。

引入更多明确要求的特定主题包括：

- 客户合同的识别；
- 可明确区分的履约义务的识别，以及交易价格在这些履约义务之间的分摊；
- 可变对价和重大融资成分的会计处理；
- 源自许可证的收入的确认；以及
- 客户合同收入以及与收入相关的其他余额的列报和披露。

其他变更包括：

- IFRS 15 的适用范围涵盖与合同相关的成本。
- 利息收入和股利收入的确认不属于 IFRS 15 的范围。这些项目现应按《国际财务报告准则第 9 号——金融工具》（IFRS 9）[或者《国际会计准则第 39 号——

《国际财务报告准则第15号——客户合同收入》应用指引

金融工具：确认和计量》（IAS 39），对于尚未采用 IFRS 9 的主体而言］处理。

- IFRS 15 特别将从事相同业务经营的主体之间为便于向客户或潜在客户销售而进行的非货币性交换排除在其范围之外。该范围豁免不同于 IAS 18：12 的相关指引（其提及不被视为产生收入之交易的交换——在此类交易中，商品或服务"用于交换具有相似性质和价值的商品或者服务"）。

概览

原要求		新要求	
收入确认		客户合同收入	
IAS 11	建造合同	IFRS 15	在某一时点或在一段时间内确认收入
IAS 18	销售商品		
IAS 18	销售服务		
IFRIC 15	房地产销售		
IAS 18	特许使用费		关于特许使用费收入的新指引
IFRIC 13	客户忠诚度计划		关于取得额外商品和服务的选择权以及放弃的权利的新指引
IFRIC 18	客户转让的资产		
SIC 31	涉及广告服务的易货交易		有关非现金对价的指引
	此前几乎未就取得合同和履行合同的成本提供任何指引		关于取得合同和履行合同的成本的新指引
其他收入		其他收入	
IAS 18	利息	IAS 39 或 IFRS 9	利息
IAS 18	股利		股利

范围

IFRS 15 适用于所有与客户之间的合同，但属于其他 IFRS 范围的合同除外。不属于 IFRS 15 范围的合同包括租赁［适用《国际财务报告准则第 16 号——租赁》（IFRS 16），或者对于尚未采用 IFRS 16 的主体而言，适用《国际会计准则第 17 号——租赁》（IAS 17）］、保险合同［适用《国际财务报告准则第 17 号——保险合同》（IFRS 17），或者对于尚未采用 IFRS 17 的主体而言，适用《国际财务报告准则第 4 号——保险合同》（IFRS 4）］、金融工具（适用 IFRS 9，或者对于尚未采用 IFRS 9 的主体而言，适用 IAS 39），以及特定的非货币性交换。客户合同可能有一部分属于 IFRS 15 的范围，而其他部分属于另一项准则的范围。

核心原则

新收入确认模型的核心原则为：主体确认收入的方式应当反映向客户转让商品和服务的模式，而确认的金额应反映主体预计因交付这些商品和服务而有权获得的对价。为符合这一核心原则，IFRS 15 采用了一个五步骤模型。

五步骤模型

范围，核心原则和关键术语

| 1 识别客户合同 | 2 识别合同中的履约义务 | 3 确定交易价格 | 4 将交易价格分摊至单独的履约义务 | 5 在主体履行履约义务时（或履约过程中）确认收入 |

准则要求	详细讨论
步骤 1 要求主体识别客户合同。合同不一定需要采用书面形式才能符合收入确认的标准，但其必须形成可执行的权利和义务。IFRS 15 就如何识别合同提供了具体指引。该步骤也需考虑何时对合同进行合并是适当的（请参见**第三部分 5.5**）以及合同修订对收入确认的影响（请参见**第三部分第 10 章**）。	第三部分第 5 章
步骤 2 要求主体识别合同中承诺的**可明确区分的商品或服务**。可明确区分的商品和服务应作为单独的交付内容进行会计处理（该过程有时被称为"分拆"）。这些可明确区分的商品和服务称为"履约义务"。在确定某项商品或服务是否可明确区分时，应当考虑特定指引。IFRS 15 还就特定情形下如何识别可明确区分的履约义务提供了进一步指引： • 质保（请参见**第三部分 6.3.4**）； • 客户按折扣（或免费）购买额外商品和服务的选择权（请参见**第三部分 6.3.5**）；以及 • 不可返还的预付费用（请参见**第三部分 6.3.6**）。	第三部分第 6 章
步骤 3 要求主体确定合同的**交易价格**。交易价格受一系列因素的影响，包括： • 可变对价（请参见**第三部分 7.2**）； • 可变对价的确认应受限制的程度（请参见**第三部分 7.2.8**）； • 合同中的重大融资成分（要求就货币的时间价值作出调整）（请参见**第三部分 7.4**）； • 因转让已承诺的商品或服务而取得非现金对价（请参见**第三部分 7.5**）； • 若作为交易的一部分须向客户支付对价（请参见**第三部分 7.6**）。	第三部分第 7 章
步骤 4 要求主体将步骤 3 确定的**交易价格分摊**至步骤 2 所识别的履约义务。IFRS 15 要求该分摊应基于每一项履约义务的单独售价，并就在分摊过程中应如何处理折扣或可变对价作了具体规定（请分别参见**第三部分 8.3** 和 **8.5**）。 IFRS 15 包括关于主体应如何对以下各项进行会计处理的进一步指引： • "放弃的权利"（客户未行使的权利）（请参见**第三部分 7.7**）；以及 • 交易价格的变动（请参见**第三部分 8.6**）。 原则上，基于单独售价的分摊要求对每一份包含多于一项履约义务的合同进行计算。对于拥有大量不同合同的主体而言，这可能会造成重大挑战和负担，在某些情况下可能需要对现有的系统进行变更。	第三部分第 8 章
步骤 5 具体规定主体应如何**确定何时确认**与履约义务相关的**收入**，以及收入是应当在某一时点还是在一段时间内确认。IFRS 15 着重关注对商品或服务的控制何时转移给客户（控制权可能在一段时间内或在某一时点转移）。	第三部分第 9 章

IFRS 15 关于其他领域的指引

除五步骤模型外，IFRS 15 还就许可证和合同相关成本提供了指引。

- 对于许可证，IFRS 15 区分了两种不同类型的许可证（使用权利与获取权利），而每一类许可证的收入确认时间各不相同（请参见**第三部分**第 11 章）。

- IFRS 15 提供了关于如何对与合同相关的成本进行会计处理的指引，区分了取得合同的成本与履行合同的成本。对于据此予以资本化的相关成本，IFRS 15 还就确定适当摊销期和减值的考虑事项提供了额外指引（请参见**第三部分**第 12 章）。

第二部分　过渡时的处理

过渡至 IFRS 15 将对所有企业产生不同程度的影响，而随着过渡日的迫近（自 2018 年 1 月 1 日或以后日期开始的期间），企业需要审慎考虑这些新要求并提前解决任何潜在的会计事项。有两项重要影响是主体在实施新准则时需要考虑的。

收入与利润确认的时间

尽管此前 IFRS 在制定及应用收入确认政策与实务方面留有较大的判断空间，但 IFRS 15 在许多领域均作出了更明确的规范。应用这些新规则可能导致收入概况发生重大变化，在某些情况下会显著改变成本的确认，同时也可能造成更广泛的业务影响。

现有会计流程可能须大幅更改以应对新准则

如本指引所述，IFRS 15 引入的新要求改为采用基于五步骤模型的更具明确规范性的方法。应用该方法及提供新准则要求的详细披露的复杂性可能导致必须对现有会计流程作出修改。

在确定须作的修改的范围时，主体可能希望考虑是否需要预留充分的灵活性以应对在定价及向客户提供的产品多样性方面的未来变化。

更广泛的业务影响

除此之外，IFRS 15 还将对更广泛的业务构成影响。下列各点列示了可能受过渡至 IFRS 15 影响的业务的若干方面（但并未涵盖所有方面）。

- 雇员培训——主体应当为受相关变更影响的雇员（包括会计人员、内部审计人员及负责草拟客户合同的人员）提供培训。
- 银行契约——收入确认会计方法的变更可能会改变收入的金额、时间和列报方式，进而影响利润和净资产。这可能会影响主体银行契约相关计算所使用的财务成果。因此，受影响的主体应当寻求与贷款方进行商讨，以确定是否有必要重新议定契约。
- 关键绩效指标（KPI）——基于所报告的收入或利润数据的 KPI 可能会受到相关变更的影响。因此，主体应当评价 IFRS 15 对可能受相关变更显著影响的关键财务比率和绩效指标的影响，以确定是否需要调整 KPI 目标值。如果发生变化，则主体还需要考虑如何就这些变化向投资者作出解释。

- 报酬与奖金计划——向雇员支付的奖金有时会取决于收入或所实现的利润金额。因 IFRS 15 导致的收入确认变更可能会对雇员实现这些目标的能力或时间构成影响,如果属于这种情况,则主体可能希望考虑更改现行报酬安排的条款是否适当。

- 支付股利的能力——在特定的司法管辖区,向股东支付股利的能力受已确认利润的影响,进而受到收入确认时间的影响。如果属于这种情况,主体将需要确定有关变更是否会显著影响收入和利润确认的时间,并在适当情况下就此与利益相关方沟通并更新业务计划。

- 税项——税项的现金付款情况及递延所得税的确认可能因 IFRS 15 下收入确认时间的差异而受到影响。

- 利益相关方——财务报表使用者(如,董事会、审计委员会、分析师、投资者、债权人和股东)将要求主体解释 IFRS 15 所引致的变更以了解财务报表如何受到影响。

涉及的人员

良好的项目管理对于 IFRS 15 的实施准备工作至关重要。在适当情况下,来自下列部门的代表应参与相关的讨论与计划:

- 会计/财务;
- 运营;
- 采购;
- 信息技术;
- 税务;
- 资金管理;以及
- 投资者关系。

在识别出各类利益相关方之后,即可着手讨论相应的时间安排和责任分工。在过渡项目的某些阶段寻求获得外部供应商的支持也是可取的。

过渡性豁免

如具体指引第 15 章所述,主体在过渡至 IFRS 15 时有两个选择。这两个选择均相当具体,均在为首次采用 IFRS 15 提供若干豁免方面很有帮助。两个选择均提及首次采用日——即主体首次采用 IFRS 15 的报告期间的起始日。例如,对于截至 2018 年 12 月 31 日年度财务报表首次采用 IFRS 15 的主体，首次采用日为 2018 年 1 月 1 日。

过渡时间表

示例

假设年终截止日为 12 月 31 日，仅列报 1 年的比较信息。

首次采用日

| 2015年1月1日 | 2016年1月1日 | 2017年1月1日 | 2018年1月1日 | 2019年1月1日 | 2020年1月1日 | 2021年1月1日 |

合同A在2017年内开始和结束

合同B在2015年开始，在2017年结束

合同C在2015年开始，在2021年结束

方法1 全面追溯调整法	方法2 简化方法
合同A 在同一年度报告期间内开始和结束并在首次采用日前已完成的合同——可采用便于实务操作的方法	合同A 在首次采用日前已完成的合同——无须应用IFRS 15
合同B 调整所列报的最早前期每一受影响的权益组成部分的期初余额（2017年1月1日）	合同B 在首次采用日前已完成的合同——无须应用IFRS 15
合同C 调整所列报的最早前期每一受影响的权益组成部分的期初余额（2017年1月1日）	合同C 调整首次采用日每一受影响的权益组成部分的期初余额。披露IFRS 15 第134.2段所规定的信息

方法 1

<u>全面追溯调整法</u>

主体可针对所列报的全部比较期间追溯应用 IFRS 15。在该选择下，以前年度的比较数据需要重述，并相应调整最早比较期间期初的权益余额。对于选择该方法的主体，IFRS 15 提供了若干允许选用的便于实务操作的方法，包括：

• 对于已完成的合同（即，主体已转让根据 IAS 11、IAS 18 及相关解释公告识别的所有商品或服务的合同），主体无须重述在同一年度报告期间内开始和结束的合同。例如，对于在截至 2018 年 12 月 31 日年度首次采用 IFRS 15 的主体，

11

在 2017 年内订立并完成的合同无须重述。

- 对于已完成的合同，主体无须重述在所列报最早期间的期初已完成的合同。例如，对于在截至 2018 年 12 月 31 日年度首次采用 IFRS 15 并仅列报截至 2017 年 12 月 31 日年度比较信息的主体，无须评估 2016 年 12 月 31 日前已完成的合同。

- 对于具有可变对价的已完成合同，主体可使用合同完成日的交易价格而无须对可比报告期间内的可变对价金额进行估计。这意味着，尤其是在对价于合同完成时已不再可变的情况下［大多数（但非全部）合同均是如此］，交易价格可基于客户最终支付的金额来确定。例如，对于 2017 年 12 月 31 日前已完成的合同，在截至 2018 年 12 月 31 日年度首次采用 IFRS 15 的主体可基于最终支付的对价（包括任何可变对价）或至少是在合同完成日估计的可变对价确定较早期间收入数据，而无须对较早日期的可变对价进行估计。

- 对于列报的所有首次采用日前的报告期间，主体无须披露分摊至剩余履约义务的交易价格金额及主体有关预计这些金额何时确认为收入的说明。例如，对于在截至 2018 年 12 月 31 日年度首次采用 IFRS 15 的主体，无须针对截至 2017 年 12 月 31 日尚未完成的合同披露在该日的剩余履约义务。

- 对于在所列报最早期间的期初之前已修订的合同，主体无须分别针对每一项较早前的合同修订应用有关合同修订的要求。取而代之的是，主体可选择在执行下列步骤时反映这些修订的汇总影响：（i）识别已履行和未履行的履约义务；（ii）确定交易价格；（iii）将交易价格分摊至已履行和未履行的履约义务。例如，对于在截至 2018 年 12 月 31 日年度首次采用 IFRS 15 并仅列报截至 2017 年 12 月 31 日年度比较信息的主体，若某项合同在 2017 年 1 月 1 日前曾作出一次或多次修订，在执行上述每一个步骤时主体仅需要评估这些修订的汇总影响，而无须对每一项个别修订单独进行会计处理。应注意的是，2017 年 1 月 1 日之后作出的任何合同修订均需要单独进行会计处理。

所采用的便于实务操作的方法应当一致地应用于所列报的所有前期，并且应当披露具体采用了哪些便于实务操作的方法。在合理可能的范围内，应提供就应用的每一项便于实务操作方法的估计影响所作的定性分析。

方法 2

简化方法

在简化方法下，主体可仅自首次采用日起应用 IFRS 15。如果主体运用该选择权，将需要调整首次采用日（即，2018年1月1日）权益的期初余额，但无须调整上年度的比较数据。这意味着主体无须考虑在首次采用日前已完成的合同。大致而言，自首次采用日起报告的数据与正如 IFRS 15 一直被应用时所报告的数据相同，但前期比较数据将继续按以前的基础列报。应用该方法时，主体可选择仅对在首次采用日尚未完成的合同（请参见上文）追溯应用 IFRS 15。

此外，运用简化方法的主体可针对以下两者之一，采用可供运用全面追溯调整法之主体使用的有关合同修订的便于实务操作的方法（如上文所述）：

- 在所列报最早期间的期初之前发生的所有合同修订；或者
- 在首次采用日前发生的所有合同修订。

如果采用简化方法，须披露应用新准则对当期每个财务报表单列项目的影响金额，以及对按照 IFRS 15 与遵循此前的收入指引所报告的结果之间重大变动的解释。

第三部分　具体指引

第1章 引 言

1.1 IFRS 15 的制定

IASB 与 FASB 于 2002 年着手开展一个联合收入项目，其主要目标如下：
- 消除现行收入要求中的不一致和缺陷；
- 提供一个更完善的框架以应对收入事项；
- 提高各主体、司法管辖区和资本市场之间收入确认实务的可比性；
- 通过改进披露要求为财务报表使用者提供更有用的信息；以及
- 通过减少财务报表编制人必须参照的要求的数量（尤其是对于此前按照 US GAAP 进行报告的主体）简化财务报表的编制。

IFRS 15 于 2014 年 5 月发布，其取代了下列准则：
- 《国际会计准则第 11 号——建造合同》（IAS 11）；
- 《国际会计准则第 18 号——收入》（IAS 18）；
- 《国际财务报告解释公告第 13 号——客户忠诚度计划》（IFRIC 13）；
- 《国际财务报告解释公告第 15 号——房地产建造协议》（IFRIC 15）；
- 《国际财务报告解释公告第 18 号——客户转让的资产》（IFRIC 18）；以及
- 《解释公告第 31 号——收入：涉及广告服务的易货交易》（SIC–31）。

IFRS 15 准则终稿与对应的 US GAAP 接近实现全面趋同：可能产生最大影响的最显著差异涉及合同的可收回性门槛，以及在可供采用的便于实务操作的方法方面的某些差异。

1.2 IFRS 15 的修订——2016 年 4 月

IFRS 15 因 2016 年 4 月发布的《对〈国际财务报告准则第 15 号——客户合同收入〉的澄清》而作出修订。该修订是作为对 **IASB/FASB** 收入确认过渡资源小组（请参见 **1.3**）所提出的反馈意见的回应而发布的。有关修订新增了涉及下列主题的对 **IFRS 15** 的澄清以及额外的示例：

- 识别履约义务；
- 对当事人与代理人的考虑；以及
- 许可证。

这次修订还为主体过渡至 **IFRS 15** 提供了两个额外的便于实务操作的方法。

> 2016 年 4 月发布的修订与 IFRS 15 的生效日期相同（即，2018 年 1 月 1 日，允许提前采用）。该修订澄清了 IASB 在制定 IFRS 15 的要求时的意图，但并未更改 IFRS 15 的基本原则。通常预期主体应当在采用 IFRS 15 的首个会计期间实施该修订，尽管对 2018 年 1 月 1 日前开始的期间采用 IFRS 15 的主体可能选择不同时实施该修订。在这种情况下，如果主体是在采用 IFRS 15 之后才实施该修订，则应当就首次应用该修订的影响（如有）对首次采用 IFRS 15 的影响进行重述。
>
> 就本指引而言，假定 2016 年 4 月发布的修订是与 IFRS 15 同时实施，因此相应的内容已反映 2016 年 4 月发布的修订。

1.3 收入确认过渡资源小组

在 IFRS 15 及对应的 US GAAP 发布之后，IASB 和 FASB 成立了 IASB/FASB 联合收入确认过渡资源小组（TRG）。该小组由国际财务报告准则（IFRS）以及 US GAAP 的利益相关方组成，旨在协助 IASB 和 FASB 识别并考虑在实务中应用收入准则时存在的分歧，以及在出现实施问题时协助进行处理。TRG 并不发布任何指引，而是公开讨论有关事项。在 TRG 认为进一步指引可能对准则使用者有帮助的情况下，有关事项将提请 IASB 和 FASB 进行考虑。

IASB 于 2016 年 1 月决定不再安排召开 TRG 的 IFRS 利益相关方的进一步会议。然而，TRG 尚未解散并将在需要时为 IASB 提供咨询。

有关 TRG 的进一步信息及其讨论的汇总可于下列网址获得：

http：//archive.ifrs.org/About-us/IASB/Advisory-bodies/Joint–Revenue–Transition–Resource–Group/Pages/Home.aspx

在本指引后文中，对于 TRG 曾讨论过的问题均以"TRG 议题"标记。

第 2 章 定　　义

IFRS 15 附录一阐述了 IFRS 15 使用的下列术语的定义。
- **合同**的定义为"双方或多方之间达成的确立可执行权利和义务的协议"。
- **合同资产**的定义为"主体因向客户转让商品或服务而获得对价的权利，且该权利取决于除时间流逝之外的因素（如，主体的未来履约）"。
- **合同负债**的定义为"主体就其已向客户收取的对价（或应收金额）而向客户转让商品或服务的义务"。
- **客户**的定义为"与主体订立合同以取得作为主体正常经营活动的产出的商品或服务并支付对价的一方"。
- **收益**的定义为"会计期间内经济利益的增加，其形式体现为导致权益增加的资产的流入、改良或者负债的减少，但与权益参与者出资相关的除外"。
- **履约义务**的定义为"与客户之间的合同中对向客户转移以下两项之一的承诺：
  a. 可明确区分的商品或服务（或一揽子商品或服务）；或者
  b. 实质上相同并且按相同模式向客户转让的一系列可明确区分的商品或服务"。
- **收入**的定义为"主体在正常经营活动过程中产生的收益"。
- 商品或服务的**单独售价**的定义为"主体向客户单独出售一项已承诺的商品或服务的价格"。
- 与客户之间的合同的**交易价格**的定义为"主体因向客户转让已承诺的商品或服务而预计有权获得的对价金额，不包括代第三方收取的金额"。

第 3 章 一般原则和范围

3.1 IFRS 15 的目标

IFRS 15 旨在确立主体在向财务报表使用者报告关于客户合同收入及现金流量的性质、金额、时间和不确定性的有用信息时应当运用的原则。[IFRS 15:1]

3.2 IFRS 15 的核心原则

IFRS 15 的核心原则为：主体确认收入的方式应当反映向客户转让商品或服务的模式，而确认的金额应反映主体预计因交付这些商品或服务而有权获得的对价。[IFRS 15:2]

在应用 IFRS 15 时，对合同条款及所有相关事实和情况的评估是很重要的。[IFRS 15:3]

3.3 IFRS 15 的一致应用

主体应当对相似情形下具有类似特征的合同一致地应用 IFRS 15。该一致应用要求特别延伸至涵盖所有便于实务操作的方法的运用。[IFRS 15:3]

3.4 便于实务操作的方法——将有关要求运用于合同（或履约义务）组合

尽管 IFRS 15 规范的是与客户之间的单个合同的会计处理，但作为一项便于实务操作的方法，IFRS 15 允许主体将该准则应用于具有类似特征的合同（或履约义务）组合，前提是主体能合理预计将 IFRS 15 应用于该组合对财务报表的影响不会显著不同于将 IFRS 15 应用于该组合中的单个合同（或履约义务）的影响。在对组合进行会计处理时，应当运用能够反映组合规模和构成的估计和假设。[IFRS 15：4]

> 某些主体管理数量巨大的客户合同并提供多种多样的产品组合选择（例如，电信行业主体可能提供多种手机及无线上网计划供客户选择）。对于这些主体而言，针对单个合同应用 IFRS 15 的部分要求将造成重大负担（如，**第 8 部分**所述的基于单独售价将交易价格分摊至已识别履约义务的要求）。此外，信息技术系统收集相关信息的能力可能是有限的。
>
> 主体需要评估其是否符合运用 IFRS 15：4 所述的组合法的条件。对于如何（1）评估"类似特征"，及（2）就运用组合法的影响不会显著不同于在单个合同或履约义务层次应用 IFRS 15 的影响确立合理的预期，IFRS 15 并未提供明确指引。因此，主体将需要运用重大判断来确定其划归为不同组合的合同或履约义务在足够细分的层次上具有类似特征，以确保能够合理预计运用特定组合法得出的结果不会显著不同于将 IFRS 15 应用于该组合中的单个合同或履约义务的结果。
>
> 在将具有类似特征的合同（或履约义务）划归为组合时，主体应当运用与特定合同或履约义务及其会计后果相关的客观标准。在确定特定的合同是否具有类似特征时，特别关注那些根据 IFRS 15 将产生最显著会计后果（即，对收入确认的时间或所确认的收入金额最具影响）的特征可能会有所助益。因此，关于在确定相似性时哪些特征最为重要的评估结果将取决于主体的具体情况。然而，主体使用现有系统来分析合同组合的能力可能受到实际限制，而该限制可能会影响主体就如何划分组合所作的决定。
>
> 下表列出了主体在根据 IFRS 15：4 评估特定的合同或履约义务是否具有类似特征时可以考虑的客观标准。鉴于 IFRS 15 的任何要求均可能导致特定合同组合的重大会计后果，并未全面涵盖所有情形。
>
> | 客观标准 | 示例 |
> | --- | --- |
> | 合同交付内容 | 产品和服务组合，购买额外商品和服务的选择权，质保，促销计划 |
> | 合同期限 | 短期，长期，已承诺或预期执行的合同期 |

《国际财务报告准则第15号——客户合同收入》应用指引

续表

客观标准	示例
合同条款和条件	退货权，交货条款，开出账单但代管商品，委托代销，取消特权，及其他类似条款
对价的金额、形式和时间	固定对价，基于时间和材料收取的对价，可变对价，预付费用，非现金对价，重大融资成分
客户的特征	规模，类型，信用评级，所处的地区，销售渠道
主体的特征	包含不同特征的合同数量，可获得的历史信息
商品或服务转让的时间	在一段时间内或在某一时点

示例3.4A
组合法的应用

A主体为客户提供2年期的不同的手机与话费套餐。提供的手机型号有两种：(1) 免费的旧机型（单独售价为CU250）；(2) 具有额外特性和功能的最新机型，主体针对该机型收取CU200（其单独售价为CU500）。主体还提供两种话费套餐：400分钟套餐与800分钟套餐。400分钟套餐的售价为每月CU40，而800分钟套餐的售价则为每月CU60（其分别与每个套餐的单独售价一致）。

下表列示了可能形成的产品组合以及根据IFRS 15对每个产品组合对价的分摊。

产品组合		总交易价格CU	手机产生的收入 CU*	占总合同收入的%	话费套餐产生的收入 CU	占总合同收入的%
客户A	旧机型，400分钟	960	198	21	762	79
客户B	旧机型，800分钟	1,440	213	15	1,227	85
客户C	新机型，400分钟	1,160	397	34	763	66
客户D	新机型，800分钟	1,640	423	26	1,217	74

*在本例中，总交易价格分摊至手机收入的比例是通过比较手机的单独售价与合同各组成部分的单独售价总额来确定的。

客户A：[CU250/(CU250 + CU960)] × CU960 = CU198
客户B：[CU250/(CU250 + CU1,440)] × CU1,440 = CU213
客户C：[CU500/(CU500 + CU960)] × CU1,160 = CU397
客户D：[CU500/(CU500 + CU1,440)] × CU1,640 = CU423

如上表所示，每个产品组合对财务报表的影响均不同于其他产品组合产生的影响。4项客户合同具有不同的特征，并且可能难以证明A主体能"合理预计"将相关指引应用于合同组合（共4项合同）对财务报表的影响"不会显著不同于"将此类指引应用于每项单个合同的影响。在不同产品组合中，分摊至手机的合同对价比例在15%～34%之间。A主体可能认为该百分比区间过大以致无法运用组合法；如果属于这种情况，则需进行进一步分解。或者，A主体可能确定存在2种合同组合———一个是针对旧机型的组合，另一个是针对新机型的组合。如采取该替代方法，A主体将需要执行额外分析以评估使用2种而非4种组合的会计后果是否会对财务报表构成显著不同的影响。

示例3.4A所述的情况相对而言较为简单直接。但在实务中，该示例所述的合同可能涉及额外的因素从而增加其复杂性：（1）不同的合同期限；（2）不同的通话和短信套餐；（3）不同的定价方案（如，固定或基于套餐使用情况的可变定价）；（4）不同的促销计划、选择权和激励措施；（5）合同修订。此外，所提供产品的快速变化可能会进一步导致这些合同的会计处理变得更加复杂。

一般而言，主体用于将合同或履约义务划归为不同组合的标准越具体（即，分解程度越细致），主体会越容易断定将相关指引应用于特定组合的结果与将此类指引应用于组合中的每项单个合同（或履约义务）的结果预计不会显著不同。然而，如果将组合进一步分解为单独的次级组合，仅当这些次级组合具有某些不同的特征时，进一步的分解才有可能提高估计的总体精确度。例如，如果具有相似条款和条件的类似产品和服务组合出售给位于不同地区的相似的客户群，则基于不同地区进行划分可能未必有用。类似地，如果预计不存在大量退货，则基于合同条款是否允许退货进行分解可能是不必要的。

尽管IFRS 15并未要求对运用组合法所形成的结果是否会显著不同于在合同或履约义务层次上应用相关指引的结果进行量化评估，但主体须能够证明其为何合理预计上述两种结果不存在显著差异。主体可根据其具体情况通过多种方式加以证明（需要考虑成本/效益分析的限制）。这些方式包括但不限于：

- 基于与组合相关的可靠假设和（内部或外部生成的）基础数据所作的数据分析；
- 评估组合中合同或履约义务特征，及用于确定应用不同方法的潜在差异区间的假设的敏感性分析；以及
- 有限的定量分析，并以在对组合进行分解时可能执行的更广泛的定性评估作为补充。

证明运用组合法不会导致显著不同的结果通常需要一定程度的客观及可验证的信息。主体可能还希望：（1）考虑执行此类分析的成本是否有可能超出在组合基础上进行会计处理所带来的利益；（2）评估投资于旨在基于单个合同进行会计处理的系统解决方案是否更为可取。

示例 3.4B
针对部分客户群运用组合法

A 主体是一家电信业公司，拥有大量具有类似特征的客户合同。A 主体在对客户合同收入进行会计处理时并未选择运用 IFRS 15：4 所述的组合法，而是开发了专门的计算机系统以使其能够在单个合同基础上确认收入。

A 主体随后收购了 B 主体。B 主体与 A 主体在同一司法管辖区内经营，也拥有大量客户合同，这些合同具有类似于 A 主体合同的特征。B 主体不具有使其能够在单个合同基础上确认收入的计算机系统，其此前在对客户合同收入进行会计处理时选择运用 IFRS 15：4 所述的组合法。

A 主体是否可以在其合并财务报表中仅针对 B 主体的客户合同运用组合法？

是。如果 A 主体能合理预计运用组合法的影响不会显著不同于将 IFRS 15 应用于单个合同的影响，则 A 主体可以运用组合法对 B 主体的客户合同进行会计处理。

IFRS 15：3 所述的针对相似情形下具有类似特征的合同一致应用 IFRS 15（包括运用任何便于实务操作的方法）的要求，并未凌驾于重要性的总体概念之上。仅当主体能合理预计运用组合法对财务报表的影响不会显著不同于将 IFRS 15 应用于该组合中的单个合同的影响时，才能运用 IFRS 15：4 规定的便于实务操作的方法。因此，主体在编制合并财务报表时，有可能基于合理预计不会导致显著不同的会计影响而运用混合的方法。

3.5 IFRS 15 的范围

3.5.1 范围———一般规定

IFRS 15 应当适用于所有与客户之间的合同,但下列各项除外:
[IFRS 15∶5]

(a) 属于《国际财务报告准则第 16 号——租赁》(IFRS 16)[或者《国际会计准则第 17 号——租赁》(IAS 17),对于尚未采用 IFRS 16 的主体而言]范围的租赁合同;

(b) 对于已采用《国际财务报告准则第 17 号——保险合同》(IFRS 17,对于自 2021 年 1 月 1 日或之后开始的年度期间生效,允许提前采用)的主体,属于该准则范围的合同;但是,此类主体可以根据 IFRS 17∶8 选择对其主要目的为提供服务以取得固定收费的保险合同应用 IFRS 15;

(c) 对于尚未采用 IFRS 17 的主体,属于《国际财务报告准则第 4 号——保险合同》(IFRS 4)范围的保险合同;

(d) 属于《国际财务报告准则第 9 号——金融工具》(IFRS 9)[或者《国际会计准则第 39 号——金融工具:确认和计量》(IAS 39),对于尚未采用 IFRS 9 的主体而言]、《国际财务报告准则第 10 号——合并财务报表》(IFRS 10)、《国际财务报告准则第 11 号——合营安排》(IFRS 11)、《国际会计准则第 27 号——单独财务报表》(IAS 27)和《国际会计准则第 28 号——在联营企业和合营企业中的投资》(IAS 28)范围的金融工具及其他合同权利或义务;以及

(e) 从事相同业务经营的主体之间为便于向客户或潜在客户销售而进行的非货币性交换。例如,IFRS 15 不适用于两家石油公司之间同意交换石油以便及时满足其位于不同指定地点的客户需求的合同。

> 请注意,上文(e)项的措辞不同于 IAS 18 中的同等要求。IAS 18 所用措辞为"用于交换具有相似性质和价值的商品或者服务"的商品或服务。[IAS 18∶12]
>
> 主体不可以对上文(e)所述的范围豁免涵盖的非货币性交易确认收入。如 IFRS 15∶BC58 和 BC59 所述,在上述性质的交易中与主体交换存货的一方

符合客户的定义，而在缺乏特定范围豁免的情况下，主体可能会对存货交换确认一次收入，并在随后向终端客户销售存货时再次确认收入。IASB 认为，基于下列原因这一结果并不恰当：(1) 这种做法会同时增加收入和费用，并使财务报表使用者难以评估主体的业绩和毛利；(2) 此类交换交易的交易对方可以被视为作为供应商而非客户进行该交易。

> **示例 3.5.1**
> **认股权证到期的会计处理**
>
> 主体发行认股权证（针对主体自身股份发行的期权）并取得现金。该认股权证符合《国际会计准则第32号——金融工具：列报》（IAS 32）中权益工具的定义，因此发行所取得的金额贷记权益。该认股权证已到期且一直未被行使。
>
> 在这些未被行使的认股权证到期时不应确认任何收入。收益（根据《财务报告的概念框架》，收益包括收入和利得）的定义排除了权益参与者的出资。发行该认股权证是与所有者（权益参与者）进行的交易。权益参与者对主体资产不再有要求权这一事实并不能将权益出资转换为收益。在认股权证到期日，与归类为权益工具的认股权证相关的金额可转入权益下的另一账户（如，资本溢价）。

3.5.2 限于"客户"合同的范围

IFRS 15 仅适用于合同的对方为客户的合同（IFRS 15：5 所述的合同除外）；客户的定义为"与主体订立合同以取得作为主体正常经营活动的产出的商品或服务并支付对价的一方"。[IFRS 15：6 和附录一]

IFRS 15 举了一个合同的对方**并非**客户的例子：对方与主体订立合同以参与一项活动或过程，其中合同各方分担及分享源自该活动或过程的风险及利益（例如，根据协作安排开发一项资产），而非获取主体正常经营活动的产出。[IFRS 15：6]

3.5.3 部分属于 IFRS 15 适用范围的合同

客户合同可能有一部分属于 IFRS 15 的范围，而其他部分则属于 3.5.1 所述的其他准则的范围。

[IFRS 15：7]

（a）如果其他准则明确规定了如何区分和/或初始计量合同的一个或多个部分，则主体应当首先应用该准则规定的区分和/或计量要求。主体应将按照其他准则进行初始计量的合同的一个或多个部分的金额排除在交易价格之外，并应用 IFRS 15：73-86（请参见**第 8 章**）的规定将剩余的交易价格金额（如有）分摊至属于 IFRS 15 范围的每一项履约义务及 IFRS 15：7（b）所述的合同的任何其他部分。

（b）如果其他准则并未明确规定如何区分和/或初始计量合同的一个或多个部分，则应当应用 IFRS 15 对合同的一个或多个部分进行区分和/或初始计量。

3.5.4 范围——合同成本

IFRS 15 对取得客户合同的增量成本及为履行客户合同所发生的成本的会计处理作出了规定（若这些成本不属于另一准则的适用范围）（请参见**第 12 章**）。这些规定仅适用于主体所发生的与属于 IFRS 15 范围的客户合同（或其一部分）相关的成本。[IFRS 15：8]

3.6 对当事人与代理人的考虑

3.6.1 确定主体承诺的性质

如果另一方参与向客户提供商品或服务，主体应当确定其承诺的性质是主体本身提供特定商品或服务（即，主体作为当事人）的履约义务，还是安排另一方提供此类商品或服务（即，主体作为代理人）的履约义务。主体应当就其向客户承诺的每一项特定商品或服务确定其是当事人还是代理人。特定商品或服务是指拟向客户提供的可明确区分的商品或服务（或可明确区分的一揽子商品或服务）（请参见 **6.3**）。若客户合同涉及多项特定商品或服务，主体可能作为当事人提供某些特定商品或服务，而作为代理人提供其他商品或服务。[IFRS 15：B34]

> 评估主体是作为当事人还是代理人在某些情况下须运用判断，并且所得出的不同结论可能会显著影响收入确认的金额和时间。

为应用 IFRS 15：B34 的要求，主体应当进行下列工作以确定其承诺的性质：

[IFRS 15：B34A]

• 识别拟向客户提供的特定商品或服务（例如，该商品或服务可能是对由另一方提供的商品或服务享有的权利（请参见 **6.3.1**））；以及

• 评估在向客户转让每一项特定商品或服务之前其是否控制该商品或服务（请参见 **9.1.2**）。

3.6.2 主体作为当事人

如果主体在向客户转让特定商品或服务之前控制该商品或服务，则主体是当事人。但是，如果主体在特定商品的法定所有权转移给客户之前只是暂时性地取得该商品的法定所有权，则主体不一定控制该商品。[IFRS 15：B35]

担任当事人的主体可能会自行履行提供特定商品或服务的履约义务，或委托另一方（例如，分包商）代其履行部分或全部履约义务。[IFRS 15：B35]

在另一方参与向客户提供商品或服务的情况下，获得对以下任一项的控制的主体是当事人：

[IFRS 15：B35A]

（a）获取自另一方并随后转让给客户的商品或另一项资产；

（b）对另一方提供的服务所享有的权利，该权利使主体有能力主导该方代表主体向客户提供服务；或

（c）主体在向客户提供特定商品或服务过程中获取自另一方的、随后与其他商品或服务组合在一起的商品或服务。例如，若主体提供重大服务以将另一方提供的商品或服务整合纳入客户在合同中规定的特定商品或服务（请参见 IFRS 15：29（a）-**6.3.1**），则主体在该特定商品或服务转让给客户之前控制该商品或服务。这是因为主体首先控制了对特定商品或服务的投入（包括获取自其他方的商品或服务）并主导其使用以形成组合产出（即，特定商品或服务）。

显示主体在特定商品或服务转让给客户之前控制该商品或服务（因而是当事人）的因素包括但不限于（下列指标并未涵盖所情形）：

[IFRS 15：B37]

（a）主体对履行提供特定商品或服务的承诺承担主要责任。这通常包括对特定商品或服务的接受承担责任（例如，对保证商品或服务符合客户的规格要求承担主要责任）。如果主体对履行提供特定商品或服务的承诺承担主要责任，这可能表明参与提供特定商品或服务的另一方代表主体行事；

(b) 主体在特定商品或服务转让给客户之前，或在控制权转移给客户之后（例如，若客户拥有退货权）承担存货风险。例如，如果主体在取得客户合同之前获得或承诺获得特定商品或服务，这可能表明主体有能力在将该商品或服务转让给客户之前主导该商品或服务的使用并获得其几乎所有剩余利益；以及

(c) 主体对特定商品或服务拥有自主定价权。确定客户为取得特定商品或服务所支付的价格可能表明主体有能力主导该商品或服务的使用并获得其几乎所有剩余利益。但是，在某些情况下，代理人可能拥有自主定价权。例如，代理人可能在定价方面拥有一定的灵活性，以便通过其自身安排其他方向客户提供商品或服务的服务来产生额外收入。

取决于特定商品或服务的性质以及合同的条款和条件，IFRS 15：B37 所述的指标对于控制的评估可能具有或多或少的相关性。此外，不同的指标对不同的合同可能可以提供更具说服力的证据。[IFRS 15：B37A]

> IFRS 15 将上述指标纳入其中的目的是在就主体在特定商品或服务转让给客户之前是否控制该商品或服务进行评估存在困难的情况下，为主体的评估提供支持。这些指标并未凌驾于 IFRS 15 一般控制原则的应用之上，且不应孤立地进行考虑。

如果由于另一方承担了主体的履约义务并享有了合同中的合同权利，从而主体不再负有履约义务，因此主体不再是当事人，则主体不应就该履约义务确认收入。相反，主体应当评价其现时是否是代理人。[IFRS 15：B38]

在作为当事人履行履约义务时（或履约过程中），主体应当按因转让特定商品或服务而预计有权获得的对价总额确认收入。[IFRS 15：B35B]

> 如果在考虑 IFRS 15：B34 – B38 的要求之后，主体确定其在商品或服务（或两者）的销售中担任当事人，则应按其有权获得的总金额确认收入。即使主体按相当于某商品或服务成本的金额向第三方销售这些商品或服务，该原则也适用。按相当于成本的金额销售商品或提供服务的实务，并不意味着销售所得应作为成本的补偿列报；收入和费用均应当按总额列报。

3.6.3 主体作为代理人

如果主体的履约义务是安排另一方提供特定商品或服务，则主体是代理人。作为代理人的主体在另一方提供的特定商品或服务转让给客户之前并不控制该商

品或服务。在作为代理人的主体履行履约义务时（或履约过程中），主体应当按因安排另一方提供特定商品或服务而预计有权收取的费用或佣金确认收入。主体的费用或佣金可能是主体将已收取的对价支付给另一方以交换另一方提供的商品或服务后保留的对价净额。［IFRS 15：B36］

3.6.4　作为当事人或代理人的收入确认——随同 IFRS 15 发布的示例

> **示例 3.6.4A**
> **安排提供商品或服务（主体是代理人）［网站经营］**
> ［IFRS 15：IE231 – IE233，示例 45］
>
> 主体经营一家网站以使客户能向一系列供应商购买商品，这些供应商直接向客户交付商品。根据主体与供应商订立的合同条款，当通过该网站购买商品时，主体有权获得相当于售价 10% 的佣金。主体的网站协助供应商与客户之间按供应商所设定的价格进行支付。主体在处理订单之前要求客户付款，且所有订单均不可退款。主体在安排向客户提供产品之后没有进一步的义务。
>
> 为确定主体的履约义务是由其本身提供特定商品（即，主体是当事人），还是安排供应商提供这些商品（即，主体是代理人），主体应识别向客户提供的特定商品或服务并评估在向客户转让之前是否控制该商品或服务。
>
> 主体经营的网站是一个供应商提供其商品及客户购买供应商所提供商品的市场平台。因此，主体认为使用网站向客户提供的特定商品是供应商提供的商品，且主体并未向客户承诺任何其他商品或服务。
>
> 主体得出结论认为，在向使用网站订购商品的客户转让特定商品之前主体并未控制相关特定商品。对于向客户转让的商品，主体在任何时候均无能力主导其使用。例如，主体无法主导商品用于非客户方或阻止供应商向客户转让这些商品。主体并未控制用于履行客户在网站所下订单的供应商的商品存货。
>
> 在得出这一结论时，主体考虑了 IFRS 15：B37（请参见 **3.6.2**）所述的下列指标。主体认为，这些指标提供了在特定商品转让给客户之前主体并未控制这些商品的进一步证据：
>
> （a）供应商对履行向客户提供商品的承诺承担主要责任。主体既无义务在供应商未向客户转让商品的情况下提供商品，亦不对商品是否被接受承担责任。

(b) 主体在商品转让给客户之前或之后的任何时候均不承担存货风险。主体既未承诺在客户采购商品之前向供应商取得商品,亦不对任何受损或退还的商品承担责任。

(c) 主体没有对供应商商品价格的自主定价权。销售价格由供应商设定。

据此,主体得出结论认为其是代理人,其履约义务是安排供应商提供商品。主体在其履行安排供应商向客户提供商品的承诺时(在本例中,即客户购买商品时),按其有权获得的佣金金额确认收入。

在**示例 3.6.4A** 中,一个重要的事实是主体在安排向客户提供产品之后不承担任何进一步的义务。如果情况并非如此(例如,因主体对于产品缺陷须向客户负责),则分析结果将有所不同。

示例 3.6.4B
承诺提供商品或服务(主体是当事人)[具有独特规格的设备]
[IFRS 15:IE234-IE238,示例 46]

主体与客户订立一份针对具有独特规格的设备的合同。主体和客户制定设备的规格,并由主体同与其订立合同的供应商沟通来制造该设备。主体还安排供应商直接向客户交付设备。在向客户交付设备时,合同条款规定主体按主体与供应商就制造设备商定的价格向供应商进行支付。

主体与客户议定售价,并且主体按商定的价格向客户开具发票,付款期为 30 天。主体的利润是基于与客户议定的售价和供应商收取的价格之间的差额取得的。

主体的客户合同规定,客户根据供应商提供的质保就设备的缺陷要求供应商作出修正。但是,主体须对因规格错误导致的设备修正承担责任。

为确定主体的履约义务是由其本身提供特定商品或服务(即,主体是当事人),还是安排另一方提供这些商品或服务(即,主体是代理人),主体识别向客户提供的特定商品或服务并评估在向客户转让之前是否控制该商品或服务。

主体得出结论认为,其作出了向客户提供主体所设计的专门设备的承诺。尽管主体将设备的制造转包给供应商,但主体认为设备的设计和制造不可明确区分，因为二者不可单独识别（即，存在单一履约义务）。主体对合同的总体管理承担责任（例如，通过确保制造服务符合规格），从而提供将这些项目整合到客户合同规定的组合产出（专门设备）的重大服务。此外，这些活动之间高度关联。如果在设备的制造过程中发现有必要对规格作出修订，主体有责任作出修订并向供应商进行沟通及确保所需的任何返工符合修订的规格。据此，主体识别出向客户提供的特定商品为专门设备。

主体得出结论认为，其在专门设备转让给客户之前控制该设备［IFRS 15：B35A（c）——请参见 3.6.2］。主体提供生产该专门设备所需的重大整合服务，因而在专门设备转让给客户之前控制该设备。主体主导供应商制造服务的使用，将其作为形成组合产出（即专门设备）的投入。在得出主体在专门设备转让给客户之前控制该设备的结论时，主体还认为，虽然由供应商向客户交付专门设备，但供应商并无主导专门设备使用的能力（即，主体与供应商之间的合同条款使供应商无法基于其他目的使用专门设备或将该设备给其他客户使用）。主体还因有权向客户收取合同对价而取得专门设备的剩余利益。

因此，主体得出结论认为，其在该交易中是当事人。主体未考虑 IFRS 15：B37（请参见 3.6.2）所列的指标，因为在没有考虑这些指标的情况下上述评价已足以得出结论。主体应按因交付专门设备而有权向客户收取的对价总额确认收入。

示例 3.6.4C

承诺提供商品或服务（主体是当事人）[维护服务]

［IFRS 15：IE238A–IE238G，示例 46A］

主体与客户订立一项提供办公室维护服务的合同。主体与客户就服务范围明确达成一致并协定了价格。主体对确保按照合同规定的条款和条件履行服务承担责任。主体每月按商定的价格向客户开具发票，付款期为 10 天。

主体定期委托第三方服务供应商向其客户提供办公室维护服务。当主体取得客户合同时，主体与其中一位服务供应商订立合同，以主导该服务供应商向客户履行办公室维护服务。服务供应商合同中的付款条款与主体客户合同中的付款条款大致相符。但是，即使客户未支付，主体仍有义务向服务供应商付款。

为了确定主体是当事人还是代理人，主体识别向客户提供的特定商品或服务，并评估其在特定商品或服务转让给客户之前是否控制该商品或服务。

主体认为，向客户提供的特定服务是客户合同规定的办公室维护服务，且并未向客户承诺其他商品或服务。虽然主体在与客户订立合同后取得对服务供应商办公室维护服务的权利，但该权利并未转让给客户。换言之，主体保留了主导该权利的使用以及取得该权利几乎全部剩余利益的权利。例如，主体可以决定主导服务供应商为该客户、其他客户还是其自己的设施提供办公室维护服务。客户无权主导服务供应商履行主体未同意提供的服务。因此，主体从服务供应商取得的对办公室维护服务的权利并非客户合同中的指定商品或服务。

主体得出结论认为，其在特定服务提供给客户之前控制该服务。主体在订立客户合同之后、办公室维护服务提供给客户之前取得了对该服务的控制。主体与服务供应商订立的合同条款向主体提供了主导服务供应商代主体提供特定服务的能力［IFRS 15：B35A（b）——请参见 **3.6.2**］。此外，主体得出结论认为，IFRS 15：B37（请参见 **3.6.2**）的下列指标提供了在向客户提供办公室维护服务之前主体控制该服务的进一步证据：

（a）主体对履行提供办公室维护服务的承诺承担主要责任。尽管主体聘请服务供应商履行向客户承诺的服务，但主体本身对确保服务的履行及客户的验收承担责任（即，不论主体是本身履行服务还是委托第三方服务供应商履行服务，主体均对合同中承诺的履行承担责任）。

（b）主体对客户服务的价格拥有自主定价权。

主体认为，在取得客户合同之前主体并未承诺向服务供应商取得服务。因此，主体减轻了与办公室维护服务相关的存货风险。尽管如此，根据上段所述的证据，主体得出结论认为，在办公室维护服务提供给客户之前主体控制该服务。

据此，主体在该交易中是当事人，应按因交付办公室维护服务而有权向客户收取的对价金额确认收入。

示例 3.6.4D

承诺提供商品或服务（主体是当事人）[航空公司]

[IFRS 15：IE239 – IE243，示例 47]

主体与主要航空公司协商以折扣价格（低于航空公司直接向公众出售的价格）购买机票。主体同意购买一定数量的机票，并且无论其能否转售，必须对这些机票进行支付。主体对所购买的每一张机票支付的折扣价格是预先进行协商并达成一致的。

向其客户出售的机票价格由主体确定。主体出售机票并在客户购买机票时向其收取对价。

主体还协助客户解决针对航空公司所提供服务的投诉。但是，每家航空公司将自行负责履行与机票相关的义务，包括对客户不满意服务的补救措施。

为确定主体的履约义务是由其本身提供特定商品或服务（即主体是当事人），还是安排另一方提供此类商品或服务（即主体是代理人），主体应识别向客户提供的特定商品或服务并评估在向客户转让商品或服务之前是否控制该商品或服务。

主体得出结论认为，承诺向航空公司购买的每一张机票均使其控制了随后向客户转让的指定航班的乘机权（以机票的形式）[IFRS 15：B35A（a）——请参见 **3.6.2**]。因此，主体确定向客户提供的特定商品或服务是主体控制的该项权利（搭乘特定航班的权利）。主体认为并无其他承诺向客户提供的商品或服务。

主体在向客户转让搭乘航班的权利之前控制了该特定权利，因为主体能够通过决定是否使用机票履行一项客户合同以及（若使用机票）履行哪项合同来主导该权利的使用。主体也能够通过转售机票并取得全部销售所得或由其本身使用机票从该项权利中获得所有剩余利益。

IFRS 15：B37（b）-（c）（请参见 **3.6.2**）所列的指标也提供了主体在每项特定权利（机票）转让给客户之前控制该权利的相关证据。由于主体在与购买机票的客户订立合同之前承诺从航空公司取得机票，因此主体承担与机票相关的存货风险。这是因为主体有义务就该项权利向航空公司付款，不论主体是否能够取得向其购买机票的客户或是否能够按对其有利的价格出售这些机票。主体还能够设定客户对特定机票支付的价格。

因此，主体得出其在与客户的交易中是当事人的结论。主体按因向客户转让机票而有权获得的对价总额确认收入。

示例 3.6.4E

安排提供商品或服务（主体是代理人）[餐厅礼品券]

[IFRS 15：IE244 – IE248，示例 48]

主体销售礼品券，持礼品券的客户可在未来于指定餐厅用餐。礼品券的售价向客户提供了显著低于餐饮正常售价的重大折扣（例如，客户支付 CU100 购买礼品券，持礼品券能在餐厅享用售价为 CU200 的餐饮）。主体并未在向客户销售礼品券之前购买或承诺购买礼品券；而是仅在客户有购买需求时才进行购买。主体通过其网站销售礼品券，并且礼品券是不可返还的。

主体与餐厅共同确定向客户销售礼品券的价格。根据主体与餐厅订立的合同条款，主体在礼品券出售后有权收取相当于礼品券价格 30% 的金额。

主体还协助客户解决针对餐饮的投诉并且有一项客户满意度计划。但是，由餐厅负责履行与礼品券相关的义务，包括对客户不满意服务的补救措施。

在确定主体是当事人还是代理人时，主体应识别向客户转让的特定商品或服务并评估在向客户转让之前其是否控制该商品或服务。

客户取得的是其选择的餐厅的礼品券。主体并未如 IFRS 15：B37（a）（请参见 **3.6.2**）的指标所述，委托餐厅代主体向客户提供餐饮。因此，主体认为，向客户提供的特定商品或服务是在指定的一家或多家餐厅就餐的权利（以礼品券的形式），客户购买该权利，然后由其本人使用或向其他方转让。主体还认为并无其他承诺向客户提供的商品或服务（除礼品券之外）。

主体得出结论认为，其在任何时候都未控制礼品券（就餐权利）。在得出这一结论时，主体主要考虑以下各项：

（a）礼品券只在转让给客户时才形成，从而在转让给客户之前并不存在。因此，在礼品券转让给客户之前，主体并非在任何时候都有能力主导礼品券的使用或取得礼品券的几乎所有剩余利益。

（b）在礼品券销售给客户之前主体既未购买也未承诺购买礼品券。主体亦无责任接受任何退回的礼品券。因此，主体并未承担 IFRS 15：B37（b）（请参见 **3.6.2**）的指标所述的礼品券的存货风险。

因此，主体得出其对于礼品券而言是代理人的结论。主体按其因安排餐厅向客户提供餐饮礼品券而有权获得的对价净额（即每出售一张礼品券主体有权获得的 30% 佣金）确认收入。

示例 3.6.4F

主体在同一合同中既是当事人也是代理人

[IFRS 15：IE248A – IE248F，示例 48A]

主体出售协助客户更有效地针对空缺职位招聘潜在员工的服务。主体自行履行若干服务，如面试求职者和进行背景调查。作为与客户所订合同的一部分，客户同意取得访问有关求职者信息的第三方数据库的许可证。主体安排这项第三方的许可证，但客户就该许可证与数据库提供商直接订立合同。作为主体向客户开具总体发票的一部分，主体代第三方数据库提供商收取费用。数据库提供商设定就许可证向客户收取的价格，并负责提供客户因服务故障或其他技术问题而可能有权取得的技术支持和信用。

在确定主体是当事人还是代理人时，主体应当识别向客户提供的特定商品或服务并评估在向客户转让之前其是否控制这些商品或服务。

本例中，假定基于对 IFRS 15：27 – 30 要求（请参见 **6.3**）的评估，主体得出结论认为其招聘服务和数据库访问许可证二者可明确区分。相应地，存在两项向客户提供的特定商品或服务——访问第三方数据库及招聘服务。

主体得出结论认为，在向客户提供数据库访问权限之前主体并未控制该访问权限。由于客户直接与数据库提供商订立许可证相关合同，因此主体并未在任何时候都有能力主导许可证的使用。主体未控制对供应商数据库的访问——例如，主体无法向客户之外的其他方授予访问权限或阻止数据库提供商向客户提供访问权限。

在得出这一结论时，主体还考虑了 IFRS 15：B37（请参见 **3.6.2**）的下列指标。主体认为，这些指标提供了在数据库访问权限提供给客户之前主体并未控制该访问权限的进一步证据：

（a）主体不对履行提供数据库访问服务的承诺承担责任。客户与第三方数据库提供商直接订立许可证合同，并且数据库提供商对数据库访问的可接受性承担责任（例如，通过提供技术支持或服务信用）。

（b）主体不承担存货风险，因为在客户与数据库提供商直接订立数据库访问合同之前主体未购买或承诺购买数据库访问权限。

（c）主体没有客户访问数据库价格的自主定价权，因为该价格由数据库提供商设定。

因此，主体得出结论认为其对于第三方数据库服务而言是代理人。相反，主体得出结论认为其对于招聘服务而言是当事人，因为主体自行履行这些服务且不存在其他方参与向客户提供这类服务。

3.6.5 作为当事人或代理人的收入确认——额外示例

3.6.5.1 特许使用费付款

> **示例 3.6.5.1**
> **特许使用费付款**
>
> A 主体同意就 A 主体为向客户进行销售而必须使用的知识产权权利向 B 主体支付特许使用费。特许使用费按 A 主体向客户销售产生的总收入减去合同明确界定的成本后的金额的一定百分比确定。A 主体在向客户进行的销售交易中是当事人（即，其必须自行提供商品和服务且并非 B 主体的代理人）。
>
> 在 A 主体的财务报表中，特许使用费付款是应当与收入相抵还是确认为履行合同的成本？
>
> 由于 A 主体在向其客户进行的销售中是当事人，其应按总额基础确认收入，特许使用费应确认为履行合同的成本。IFRS 15：95 – 104 就如何对合同履行成本进行适当会计处理（包括此类成本是应当予以资本化还是确认为费用）提供了指引。（请参见**第 12 章**）。

3.6.5.2 与分成佣金相关的收入和费用的抵销

> **示例 3.6.5.2**
> **与分成佣金相关的收入和费用的抵销**
>
> A 公司与一家保险公司签订一项合同，合同规定其可就代保险公司销售的每一份保单收取佣金。A 公司与独立理财顾问订立合同以销售这些保单，并同意与理财顾问平分所得的佣金。A 公司为理财顾问提供办公设施和场地。保险公司知悉 A 公司与理财顾问之间的这一安排，但其仅与 A 公司有合约关系，并且由 A 公司负责向保险公司提供服务。保险公司向 A 公司支付全额佣金，而 A 公司随后将一半佣金支付给销售保单的理财顾问。

根据 IFRS 15：B34 – B38，A 公司确定其在该安排中是当事人。

是否允许 A 公司将其支付给理财顾问的金额与从保险公司取得的佣金收入相抵销？

否。A 公司是向保险公司提供服务的当事人，而并非作为理财顾问的代理人。据此，A 公司必须按总额列示其就提供此类服务所取得的收入。

3.6.5.3　在不同国家预扣的所得税

> **示例 3.6.5.3**
> 在不同国家预扣的所得税

X 公司为 C 公司实施咨询服务。X 公司与 C 公司在不同的国家经营。C 公司扣留 X 公司收费的 20% 作为当地预扣所得税，并代 X 公司将该金额缴交给当地政府（X 公司保留在 C 公司所属税收管辖区内缴纳所得税的主要责任）。C 公司将余下 80% 的款项支付给 X 公司。两国之间并无签订税收协定，且 X 公司无须在 C 公司所在国报备纳税申报表。X 公司在同意为 C 公司实施咨询服务时完全知晓 C 公司所在国将预扣 20% 的所得税。

如果 X 公司的收费为 CU100，而 C 公司将 CU80 支付给 X 公司并将 CU20 缴交给当地政府，那么 X 公司是应确认 CU100 的收入和 CU20 的所得税费用，还是 CU80 的净收入？

X 公司是向 C 公司提供咨询服务的当事人。X 公司同时对在 C 公司所属税收管辖区内缴纳所得税承担主要责任，并且 C 公司仅（作为收款代理人）代表 X 公司缴纳所得税。据此，X 公司应按因提供有关服务而预计有权获得的对价总额确认收入，因此应报告 CU100 的收入和 CU20 的所得税费用。

3.6.5.4　向客户收取的运费和手续费

许多卖方均向客户收取运费和手续费。运费包括将产品从卖方经营场所运抵买方指定地点所发生的费用，包括向第三方承运人支付的款项，也可能包括卖方直接发生的费用（如，与商品发货准备活动相关的薪金和间接费用）。

手续费包括因产品存储、转移和准备发货而发生的费用。一般而言，手续费是在从产品自产成品存货中转出、至产品提交给承运人的过程中发生，并可能包括内部间接费用的分摊。

运费和手续费可能被纳入产品价格。或者，卖方可能向客户单独收取运费和手续费。在某些情况下，该单独收费可能是标准金额，不一定与特定发货所产生的成本直接相关。在其他情况下，该单独收费可能是对已发生的运输或任何直接增量手续费的直接补偿，或者可能在补偿这些费用之外还包括了毛利。

例如，S公司向客户销售商品并向客户收取运费和手续费。S公司需要考虑如何在损益中列示收取的运费和手续费金额。

向客户收取的运费和手续费金额的适当列报方式，将取决于与运输和经办服务相关的 IFRS 15 中对当事人与代理人考虑的分析（请参见 3.6.1 至 3.6.3）。如果对商品的控制是在客户取得商品时转移（例如，目的地交货条款——请参见 9.4.6），卖方通常将被视为运输和经办服务的当事人。但是，如果对商品的控制是在商品发货时转移，则卖方需要确定其对于运输服务而言是作为当事人还是代理人。

如果在考虑 IFRS 15：B34-B38（请参见 3.6.1 至 3.6.3）的要求之后，S公司确定其作为当事人负责运输和经办服务，则在销售交易中向客户收取的涉及运输和经办服务的所有金额均代表因提供商品（及提供运输服务，如果运输服务代表可明确区分的履约义务）所赚取的收入，并且应作为收入列报。

然而，如果在考虑 IFRS 15：B34-B38 的要求之后，S公司确定其并不负责向客户运输，而是仅作为买方的代理人安排第三方向买方提供运输服务，则S公司不应将第三方就运输收取的金额作为其自身的收入报告，而是仅应将其就安排运输所取得的佣金［即，S公司就运输向客户收取的金额超过就运输服务向第三方支付金额的任何部分（如有）］报告为收入。

示例 3.6.5.4
已售产品所发生的运费的分类

A公司向客户销售商品并进行运输，并断定其在商品销售和相关运输中是当事人。A公司在其综合收益表中按功能对费用进行分析。

A公司向客户销售商品所发生的运费应如何分类？

A公司可采用将运费和手续费纳入销售成本的政策。《国际会计准则第2号——存货》第38段允许这一会计处理，并阐述了主体可将配送成本纳入销售成本的情况。

可选用的另一种方法为将运费和手续费纳入单独的"配送成本"类别，或者，如果此类费用并不重大，则可纳入"其他经营费用"。A 公司应确保：

- 该分类对于主体的具体情况而言是恰当的；
- 该分类在各年度之间保持一致；以及
- 重大项目已按照《国际会计准则第 1 号——财务报表的列报》第 97 段的规定单独识别。

3.6.5.5 增值税返还

示例 3.6.5.5
增值税返还

在 C 国，当软件销售给分销商或终端用户时，软件开发商需作为政府的代理人缴纳 17% 的增值税（该税率与针对其他类似项目的增值税率一致）。作为向软件开发行业提供补助的措施，政府几乎立即将 14% 的增值税返还给软件开发商。

假设 S 主体以 CU117 的价格（含增值税）销售软件。销售发票列明不含增值税的售价为 CU100，而增值税额为 CU17（采用 17% 的增值税率）。在销售完成后，S 主体获得政府返还 CU14。

S 主体应确认多少收入？

根据 IFRS 15:47（请参见 **7.1**），CU17 应排除在收入之外，因为该金额是代第三方收取的款项。因此，S 主体应确认的收入总额为 CU100。根据《国际会计准则第 20 号——政府补助的会计和政府援助的披露》第 3 段，政府补助的定义为"政府通过向主体转移资源，以换取主体在过去或未来按照某种条件进行有关经营活动的援助"。14% 的增值税返还应被视为旨在鼓励软件开发行业而提供的政府补助。因此，S 主体应确认 CU100 的收入和 CU14 的政府补助。根据 IAS 20:29，CU14 可单独列示或作为"其他收益"列示。

3.7 回购协议

3.7.1 回购协议——一般规定

回购协议是指主体出售一项资产并同时（在同一合同或其他合同中）承诺回

购或拥有回购这项资产的选择权的合同。回购的资产可以是原先向客户出售的资产、几乎与该资产相同的资产或原先出售的资产为其组成部分的另一项资产。
［IFRS 15：B64］

回购协议通常采用三种形式：
［IFRS 15：B65］

- 主体回购该资产的义务（远期合同——请参见 3.7.2）；
- 主体回购该资产的权利（看涨期权——请参见 3.7.2）；以及
- 主体应客户要求回购该资产的义务（看跌期权——请参见 3.7.3）。

3.7.2　远期合同或看涨期权

3.7.2.1　远期合同或看涨期权——一般原则

如果主体具有回购资产的义务或权利（远期合同或看涨期权），则客户并未获得对该资产的控制，因为客户主导这项资产的使用并获得这项资产几乎所有剩余利益的能力受到限制（即使客户可能已持有该资产实物）。因此，主体应按以下二者之一对合同进行会计处理：
［IFRS 15：B66］

（a）如果主体具有按低于资产原售价的金额回购该资产的义务或权利，则按照 IFRS 16（或者 IAS 17，对于尚未采用 IFRS 16 的主体而言）作为租赁进行会计处理，除非该合同是售后租回交易安排的组成部分。如果合同是售后租回交易安排的组成部分，主体应继续确认该项资产，并将自客户收到的对价确认为一项金融负债，并按照 IFRS 9（或者 IAS 39，对于尚未采用 IFRS 9 的主体而言）的相关规定对金融负债进行会计处理；或

（b）如果主体具有按相当于或高于资产原售价的金额回购该资产的义务或权利，则（如下文所述）作为融资安排进行会计处理。

> IFRS 15：B66（a）因 IFRS 16 导致的相应修订而于 2016 年 1 月作出修订（修订内容对自 2019 年 1 月 1 日或以后日期开始的年度期间生效，允许提前采用）。有关修订针对回购协议属于售后租回交易组成部分的情况新增了特定的指引。

在将回购价格与售价进行比较时，应当考虑货币的时间价值。［IFRS 15：B67］
如果回购协议是一项融资安排，则主体应当继续确认资产并就从客户取得的

对价确认一项金融负债。主体应将从客户取得的对价金额与应付给客户的对价金额之间的差额确认为利息，以及（如适用）加工成本或持有成本（例如，保险）。[IFRS 15：B68]

如果该期权在未行使的情况下失效，应当终止确认相关负债并确认相应的收入金额。[IFRS 15：B69]

> **示例 3.7.2.1**
>
> **回购协议（1）**
>
> [IFRS 15：IE315-IE318，示例 62（摘录）]
>
> 在 20×7 年 1 月 1 日，主体与客户订立一项销售有形资产的合同，合同价款为 CU1,000,000。
>
> **案例 A——看涨期权：融资安排**
>
> 合同包含一项看涨期权，赋予主体在 20×7 年 12 月 31 日或之前以 CU1,100,000 回购该资产的权利。
>
> 该资产的控制于 20×7 年 1 月 1 日并未转移给客户，因为主体有权回购该资产，因此客户主导该资产的使用及获得该资产几乎所有剩余利益的能力是受到限制的。据此，根据 IFRS 15：B66（b），由于行权价格高于原售价，因此主体将该交易作为融资安排进行会计处理。根据 IFRS 15：B68，主体不终止确认该资产，而是将收到的现金确认为金融负债。主体同时将行权价格（CU1,100,000）与所收到的现金（CU1,000,000）之间的差额确认为利息费用，增加负债。
>
> 在 20×7 年 12 月 31 日，该期权未被行使而失效；因此，主体终止确认相关负债并确认 CU1,100,000 的收入。

3.7.2.2 附带卖方保留的优先购买权的销售

> 在卖方向客户出售一项资产时，销售合同可能规定，若客户在未来某一时点收到向第三方出售该资产的善意要约并且客户计划接受该要约，原卖方可行使按照与第三方提出之要约相同的条款回购该资产的选择权。这往往被称为"优先购买权"。
>
> IFRS 15：B66 指出，"如果主体具有回购资产的义务或权利（远期合同或看涨期权），则客户并未获得对该资产的控制，因为客户主导这项资产的使用

并获得这项资产几乎所有剩余利益的能力受到限制（即使客户可能已持有该资产实物）"（请参见 **3.7.2.1**）。

如果卖方保留了优先购买权，该项权利本身不会导致客户无法获得对资产的控制（如 IFRS 15：33 所定义的——请参见 **9.1.2**）。

上文所述的优先购买权允许卖方影响客户后续出售资产的对象，但并不能影响资产出售与否以及出售的时间或方式。因此，卖方的权利并未对客户主导该项资产的使用或获得该项资产几乎所有剩余利益的能力构成限制。

3.7.3 看跌期权

如果主体有义务应客户要求按低于资产原售价的价格回购资产（看跌期权），主体应当在合同开始时考虑客户是否具有行使这项权利的重大经济动因。如果客户行使该项看跌期权，将导致客户实际上为获得在一段时间内使用特定资产的权利而向主体支付对价。因此，如果客户具有行使该看跌期权的重大经济动因，应将该协议作为一项租赁按照 IFRS 16（或者 IAS 17，对于尚未采用 IFRS 16 的主体而言）进行会计处理，除非该合同是售后租回交易安排的组成部分。如果合同是售后租回交易安排的组成部分，主体应继续确认该项资产，并将自客户收到的对价确认为一项金融负债，并按照 IFRS 9（或者 IAS 39，对于尚未采用 IFRS 9 的主体而言）的相关规定对金融负债进行会计处理。[IFRS 15：B70]

IFRS 15：B70 因 IFRS 16 导致的相应修订而于 2016 年 1 月作出修订（修订内容对自 2019 年 1 月 1 日或以后日期开始的年度期间生效，允许提前采用）。有关修订针对看跌期权属于售后租回交易组成部分的情况新增了特定的指引。

为确定客户是否具有行使看跌期权的重大经济动因，应当考虑各类因素，包括回购价格与该资产在回购日的预计市场价值之间的关系，以及至权利过期前剩余的时间。例如，如果预计回购价格显著超过资产的市场价值，这可能表明客户具有行使该看跌期权的重大经济动因。[IFRS 15：B71]

如果资产的回购价格相当于或高于原售价且高于此项资产的预计市场价值，则此合同实际上是一项融资安排，从而应按照 **3.7.2** 所述的方式进行会计处理。[IFRS 15：B73]

如果符合下列条件之一，则该协议应当视同附带退货权的产品销售（请参见 **7.2.2**）进行会计处理：

- 客户并不具有按低于资产原售价的价格行使该期权的重大经济动因；〔IFRS 15：B72〕或

- 资产的回购价格相当于或高于原售价且低于或等同于该资产的预计市场价值，而客户并不具有行使该期权的重大经济动因。〔IFRS 15：B74〕

在将回购价格与售价进行比较时，主体应当考虑货币的时间价值。〔IFRS 15：B75〕

如果该期权在未行使的情况下失效，主体应当终止确认相关负债并确认收入。〔IFRS 15：B76〕

示例3.7.3

回购协议（2）

〔IFRS 15：IE315 和 IFRS 15：IE319 – IE321，示例62（摘录）〕

在20×7年1月1日，主体与客户订立一项销售有形资产的合同，合同价款为 CU1,000,000。

案例B——看跌期权：租赁

合同包含的期权并非看涨期权，而是一项看跌期权，其规定主体有义务在20×7年12月31日或之前应客户的要求以 CU900,000 回购该资产。该资产在20×7年12月31日的预计市场价值为 CU750,000。

在合同开始时，主体评估客户是否具有促使其行使这项看跌期权的重大经济动因，以确定该资产转让的会计处理（参见 IFRS 15：B70 – B76）。主体得出结论认为客户具有促使其行使这项看跌期权的重大经济动因，因为回购价格显著超过该资产在回购日的预计市场价值。主体确定在评估客户是否具有促使其行使该看跌期权的重大经济动因时，不存在需考虑的任何其他相关因素。据此，主体断定由于客户主导该资产的使用及获得该资产几乎所有剩余利益的能力是有限的，因此资产的控制并未转移给客户。

根据 IFRS 15：B70 – B71，主体将该交易将作为一项租赁按照 IFRS 16（或者 IAS 17，对于尚未采用 IFRS 16 的主体而言）进行会计处理。

3.8 其他准则对 IFRS 15 指引的应用

在处置下列任一类资产时，应当应用 IFRS 15 中涉及下列内容的规定：

（1）评估对资产的控制何时自主体转移给客户（请参见**第 9 章**）；（2）用于计算资产处置损益的对价的计量（请参见**第 7 章**）：

- 属于《国际会计准则第 16 号——不动产、厂场和设备》（IAS 16）范围的不动产、厂场和设备；
- 属于《国际会计准则第 38 号——无形资产》（IAS 38）范围的无形资产；以及
- 属于《国际会计准则第 40 号——投资性房地产》（IAS 40）范围的投资性房地产。

如果纳入利得或损失计算的对价金额发生后续变动，应当按照 IFRS 15 关于交易价格变动的规定（请参见 **7.1** 和 **7.2**）进行会计处理。

第 4 章 确认客户合同收入的五步骤模型

IFRS 15 引言部分阐述了为符合 IFRS 15 的核心原则（请参见 3.2）主体在确认收入时应用的包含 5 个步骤的模型。该 5 个步骤为：

[IFRS 15：IN7]

步骤 1：识别客户合同（请参见**第 5 章**）。

步骤 2：识别合同中的履约义务（请参见**第 6 章**）。

步骤 3：确定交易价格（请参见**第 7 章**）。

步骤 4：将交易价格分摊至合同中的履约义务（请参见**第 8 章**）。

步骤 5：在主体履行履约义务时（或履约过程中）确认收入（请参见**第 9 章**）。

尽管该 5 个步骤在 IFRS 15 引言部分按顺序列出，但 IFRS 15 正文和附录二——应用指南中并未标注这 5 个步骤，也没有按照顺序阐述各个步骤。与其他国际财务报告准则相一致，IFRS 15 的要求遵循确认、计量、列报和披露的框架进行阐述。因此，这 5 个步骤并未在 IFRS 15 中按顺序阐述，而是通过下列方式进行组织：

- 确认——涵盖步骤 1（识别合同）、步骤 2（识别单独的履约义务）和步骤 5（在主体履行履约义务时（或履约过程中）确认收入）的要求；以及
- 计量——涵盖步骤 3（确定交易价格）和步骤 4（将交易价格分摊至合同中的履约义务）的要求。

全部 5 个步骤的应用

一般而言，主体应针对每一项合同考虑全部 5 个步骤。然而，在考虑特定合同的具体事实和情况之后，主体可能发现其中一个步骤并不相关。例如，主体在步骤 2 中确定某项合同仅具有一项单独的履约义务。在这种情况下，步骤 4（分摊交易价格）往往并不适用，主体实际上可以从步骤 3 直接跳至步骤 5。

各个步骤的顺序

通常预期主体应当按顺序应用上述5个步骤。然而，主体有时可能需要先考虑后一个步骤才能应用上一个步骤。

考虑以下示例：

- 在应用步骤1确定合同是否存在并复核 IFRS 15：9（e）所规定的可收回性门槛（请参见**5.1**）时，主体需要考虑"因转让已承诺的商品或服务而有权获得的对价金额"。"如果因主体可能会向客户提供价格折让导致对价是可变的"，则对价金额"可能低于合同规定的价格"。因此，在主体能够在步骤1断定是否存在有效合同之前，主体将需要应用步骤3（确定交易价格）并估计预计的折扣或价格折让。

- 在步骤2（识别履约义务）中，IFRS 15：22（b）要求主体将"实质上相同并且按相同模式向客户转让的一系列可明确区分的商品或服务"识别为一项履约义务（请参见**6.1.1**）。根据 IFRS 15：23，该一系列商品或服务仅当满足以下两项标准时才属于一项履约义务：（1）该履约义务满足步骤5所述的在一段时间内确认的标准；（2）将使用相同的方法来计量履约进度。据此，步骤2中对一系列可明确区分的商品或服务是否属于一项履约义务的确定将取决于步骤5的要求。因此，在能够应用步骤2（识别履约义务）之前，主体将需要了解步骤5并作出相关确定。

第5章 步骤1：识别客户合同

5.1 识别合同——一般规定

5.1.1 应按照 IFRS 15 的一般规定进行会计处理的合同的标准

> IFRS 15:9 阐述了用于初步确定客户合同是否应当按照 IFRS 15 的一般规定进行会计处理的 5 项标准［IFRS 15:15（请参见 **5.3**）阐述了不符合 IFRS 15:9 所述标准的情况下的特定要求］。

仅当属于 IFRS 15 范围的与客户之间的合同符合下列所有标准时，主体才应按照 IFRS 15 对其进行会计处理：

［IFRS 15:9］

（a）合同各方已（通过书面、口头或其他依照商业惯例采用的形式）批准合同并承诺履行其相应的义务；

（b）主体能够识别各方与拟转让商品或服务相关的权利；

（c）主体能够识别拟转让商品或服务的付款条款；

（d）合同具有商业实质（即，主体未来现金流量的风险、时间或金额预计将因合同而发生改变）；以及

（e）主体很可能取得因向客户转让商品或服务而有权获得的对价。

> 相反，IAS 18 并未包含识别合同是否存在的明确规定。

5.1.2 批准/可执行性

合同是指双方或多方之间达成的确立可执行权利和义务的协议。合同权利和义务的可执行性是一个法律事项。如 IFRS 15:9（a）所述，合同可能采用书面、口头形式或隐含于主体的商业惯例中。不同的司法管辖区、行业和主体可能采取

不同的实务与流程来确立与客户之间的合同。主体内部确立合同的实务与流程也可能各不相同（例如，其可能视客户类别或所承诺的商品或服务的性质而不同）。在确定与客户之间的协议是否以及何时确立了可执行权利和义务时，需要考虑这些实务与流程。[IFRS 15:10]

在某些情况下，与客户之间的合同可能并不具有固定存续期，并且可由任一方在任何时候终止或修订。或者，合同可能按照合同规定定期自动续约。应当对合同各方拥有现时可执行权利和义务的合同存续期（即，合同期间）应用 IFRS 15。[IFRS 15:11]

> 由此产生的一个问题是，如果主体尚未签订书面销售协议而是正处于编制书面销售协议的过程中，应用 IFRS 15 的收入确认模型是否恰当。
>
> 当双方或多方之间存在确立可执行权利和义务的协议时，主体应当应用 IFRS 15 的收入确认模型。无论商定的条款是通过书面、口头形式或其他方式（如，根据主体的商业惯例）得到证明，只要该协议确立了合同各方可执行的权利和义务，则存在合同。确定合同权利或义务是否具有可执行性是一个法律事项，并且在不同的司法管辖区决定可执行性的因素可能会有所不同。可执行协议的最佳证据是书面合同（特别是在卖方的标准实务是订立书面合同的情况下）。
>
> 尽管 IFRS 15 并不要求将书面合同作为协议的证据，但正在编制过程中且尚未签订的合同可能是表明协议尚未达成的证据。在这种情况下，主体在确认收入之前应当进行审慎评估，因为各方之间明显缺乏关于合同的共识可能导致 IFRS 15:9 所述条件不大可能得到满足。

5.1.3 可收回性

5.1.3.1 价格折让的影响

IFRS 15:9（e）要求评价主体是否很可能取得其依照合同有权获得的对价。为执行该评估，主体仅应考虑客户在到期时支付对价的能力和意图。可能存在主体最终有权获得的对价低于合同规定价格的情况，因为主体可能会向客户提供价格折让。在这种情况下，主体需要应用 IFRS 15 中有关可变对价的指引（请参见 **7.1** 和 **7.2**）。[IFRS 15:9（e）]

主体应当运用判断并考虑所有相关的事实和情况，以确定在合同开始时是否应当基于下列原因之一就价格折让的影响调低合同规定的对价：

• 主体的商业惯例、已公布的政策或特定声明导致客户形成主体将接受低于合同规定价格的对价金额的有效预期（即，预计主体将提供价格折让）；或者

• 其他事实和情况表明主体在与客户订立合同时意图向客户提供价格折让。

如果属于上述两种情况之一，则（如 IFRS 15：52 所述——请参见 **7.2.1**）价格折让导致合同规定的应付对价是可变的，主体应通过参照预计获得的对价净额（即，合同规定的对价减去预期价格折让后的金额）来确定是否符合 IFRS 15：9（e）所述的可收回性标准。

如果并非属于上述情况，则可收回性标准的评估应当基于在合同开始时主体是否认为很可能全额收回合同规定的对价总额。

[TRG 议题]

示例 5.1.3.1A

对价并非所列明的价格——隐含的价格折让

[IFRS 15：IE7 – IE9，示例 2]

主体以 CU1,000,000 的已承诺对价向客户销售 1,000 个单位的处方药。这是主体首次向一个新地区的新客户进行销售，而该地区现正经历严重的经济困难。因此，主体预计其将不能从该客户收回已承诺对价的全额。虽然存在不能全额收回款项的可能性，但主体预计该地区的经济将在未来 2~3 年内复苏，并确定主体与该客户之间的关系能够有助于其建立与该地区其他潜在客户的关系。

在评估是否满足 IFRS 15：9（e）的标准时，主体同时考虑了 IFRS 15：47 和 IFRS 15：52（b）（请参见**第 7 章**）。根据对具体事实和情况的评估，主体确定其预计将向该客户提供价格折让并接受该客户支付较低金额的对价。相应地，主体得出结论认为交易价格并非 CU1,000,000，因此已承诺对价是可变的。主体对可变对价进行了估计，并确定其预计有权获得 CU400,000。

主体考虑了客户支付对价的能力和意图，并得出结论认为，尽管该地区正经历经济困难，但其很可能从该客户收回CU400,000。因此，基于可变对价的估计值CU400,000，主体得出结论认为，该销售满足 IFRS 15：9（e）的标准。此外，根据对合同条款及其他事实和情况的评价，主体认为 IFRS 15：9 的其他标准也得到了满足。据此，主体根据 IFRS 15 的要求对该项客户合同进行会计处理。

示例 5.1.3.1B
隐含的价格折让
[IFRS 15：IE10 - IE13，示例 3]

某医院主体在急诊室向一名未投保病人提供医疗服务。该主体以往未曾向该病人提供医疗服务，但法律要求其向所有急诊室病人提供医疗服务。鉴于病人到达医院时的状况，主体在能够确定该病人是否承诺按合同就主体所提供的医疗服务履行其义务之前便立即提供了服务。因此，该合同不满足 IFRS 15：9 的标准，且根据 IFRS 15：14，主体将继续根据最新的事实和情况评估其结论。

在提供服务后，主体取得了关于该病人的额外信息，包括对所提供的服务、针对此类服务的标准费率以及病人就所提供的服务向主体支付的能力和意图进行复核。在复核过程中，主体认为其在急诊室所提供的服务的标准费率为CU10,000。主体也复核了该病人的信息，并基于对病人支付能力和意图的评估将该病人归为某个客户类别以与其政策保持一致。

在重新评估是否满足 IFRS 15：9 的标准之前，主体考虑了 IFRS 15：47 和 IFRS 15：52（b）（请参见**第 7 章**）。尽管相关服务的标准费率为CU10,000（可能是向病人开具发票的金额），主体预计为该病人提供的服务须接受较低金额的对价。相应地，主体得出结论认为交易价格并非CU10,000，因此已承诺对价是可变的。主体复核了其以往自该类别客户收回现金的情况以及关于该病人的其他相关信息。主体对可变对价进行了估计，并确定其预计有权获得CU1,000。

根据 IFRS 15：9（e），主体评价了该病人的支付能力和意图（即病人的信用风险）。基于主体向该类别客户收回款项的历史记录，主体得出结论认为

> 其将很可能收回 CU1,000（即可变对价的估计值）。此外，基于对合同条款及其他事实和情况的评估，主体认为 IFRS 15:9 的其他标准也得到了满足。据此，主体根据 IFRS 15 的要求对该项与病人之间的合同进行会计处理。

5.1.3.2 在单个合同层次评估可收回性

> 如果主体拥有的合同组合包括的合同都十分相似（包括可收回性），并且历史证据表明组合中部分合同规定的应付对价无法收回，主体应当在单个合同层次上评估可收回性标准，而不应通过评估合同组合的预期可收回性水平来估计不符合标准的合同数量。对于每一项单个合同，如果主体认为很可能收回其有权获得的对价，则应当应用 IFRS 15 的一般规定。
>
> 例如，如果主体拥有由 100 项类似合同组成的合同组合，并且历史经验表明主体仅能收回这些合同 98% 的应付对价金额，这并不意味着其中 2 项合同不应按照 IFRS 15 的一般规定进行会计处理，与此相反，主体应当基于单个合同考虑可收回性。如果每项单个合同可收回应付对价金额的概率为 98%，则每一项合同均符合 IFRS 15:9 (e) 所述的标准。
>
> 然而，主体应当考虑所有表明特定合同规定的应付对价金额并非很可能收回的证据。如果认为属于这种情况，则该特定合同不符合可收回性标准并且应按照 IFRS 15:15（请参见 **5.3**）进行会计处理。
>
> 如果某项合同符合 IFRS 15:9 所述的标准（包括可收回性），主体应当基于预计有权获得的对价金额（而非其预计收到的金额）在主体依照合同履行履约义务时确认收入。因此，例如，如果主体预计有权就每一项合同获得 CU500 的对价，即使历史经验表明违约水平为 2%，也应将 CU500 确认为收入。
>
> 随后，应评价任何相关的应收款或合同资产是否发生减值，并按照 IFRS 9（或者 IAS 39，对于尚未采用 IFRS 9 的主体而言）将合同资产或应收款的计量值与相应的收入金额之间的任何差额作为费用列示。
>
> 在上例中，这将导致确认 CU50,000（CU500×100）的收入；假设估计的 98% 可收回比率被证明是正确的，则应确认 CU1,000（CU50,000×2%）的减值（坏账）。
>
> [TRG 议题]

5.1.4 完全未执行的合同

如果合同各方均具有单方面终止完全未执行的合同而无须对合同另一方（或其他各方）作出补偿的可执行权利，则合同并不存在。同时符合下列两项标准的合同是完全未执行的合同：

[IFRS 15：12]

- 主体尚未向客户转让任何已承诺的商品或服务；以及
- 主体尚未取得且尚无权收取已承诺商品或服务的任何对价。

5.2 重新评估识别合同的标准

如果在合同开始时符合 IFRS 15：9（请参见 **5.1**）的标准，除非有迹象表明相关事实和情况发生重大变化，否则主体不应重新评估这些标准。例如，如果客户支付对价的能力显著恶化，主体应当重新评估其是否很可能取得因向客户转让剩余商品或服务而有权获得的对价。[IFRS 15：13]

> 如果之前符合 IFRS 15：9 所述标准的客户合同其对价的可收回性后续出现疑问，主体并不一定须重新评估该合同是否符合那些标准；只有在这种疑问源自被视为重大的事实和环境变化时，重新评估才是适当的。
>
> [TRG 议题]
>
> 示例 5.2 所述的情境中，客户的财务状况发生了重大变化，因此须就 IFRS 15：9 所述标准进行重新评估。重新评估的结果表明其不符合可收回性标准，因此，直至其很可能收回或者满足 15：15 所述标准（请参见 **5.3**）前，主体不得就该合同进一步确认收入。
>
> 同一示例也说明，客户的信用风险在合同期内可能出现合理的波动，对于长期合同而言，尤为如此；而这种较小的变动不一定使得合同是否成立出现问题。
>
> 类似地，如果之前符合 IFRS 15：9 所述标准的客户合同后续作出修订，主体并不一定须重新评估该合同是否符合那些标准。合同修订的性质以及修订的具体情况将决定其是否应被视为 IFRS 15：13 所述的相关事实和情况的重大变化的反映。例如，合同修订有时可能是由于客户支付能力的显著恶化所致（即，

《国际财务报告准则第 15 号——客户合同收入》应用指引

自合同开始后对可收回性的预期发生了变化），在这种情况下，应按前述讨论进行重新评估。

IFRS 15：18-21（请参见第 10 章）阐述了继续符合 IFRS 15：9 所述标准的合同修订所需的会计处理。

> **示例 5.2**
> **重新评估识别合同的标准**
> ［IFRS 15：IE14-IE17，示例 4］
>
> 主体向客户授予专利许可证并向其收取基于使用的特许使用费。在合同开始时，合同满足 IFRS 15：9 的所有标准，主体根据 IFRS 15：9 的要求对该项客户合同进行会计处理。根据 IFRS 15：B63（请参见 **11.3**），主体在客户的使用发生时确认收入。
>
> 在合同的第 1 年内，客户每季度提供使用情况报告并在商定的期间内支付使用费。
>
> 在合同的第 2 年内，客户继续使用主体的专利，但客户的财务状况恶化。客户当前获得信贷的能力和可使用的现金受到限制。主体在第 2 年内继续基于客户的使用情况确认收入。客户在第一季度支付了特许使用费，但仅为第二季度至第四季度的专利使用支付了名义金额。主体根据《国际财务报告准则第 9 号——金融工具》对现有应收款项的减值进行会计处理。
>
> 在合同的第 3 年内，客户继续使用主体的专利。但是，主体获悉该客户已丧失获得信贷的能力及主要客户，因此客户的支付能力显著恶化。因此，主体得出结论认为客户将不大可能为对主体专利的持续使用进一步支付任何特许使用费。由于相关事实和情况发生这一重大变化，根据 IFRS 15：13，主体重新评估了 IFRS 15：9 的标准，并确定该合同并不符合这些标准，因为主体不再很可能能够收回其有权获得的对价。据此，主体不进一步确认与客户未来对其专利的使用相关的任何收入。主体根据《国际财务报告准则第 9 号——金融工具》对现有应收款项的减值进行会计处理。

对于尚未采用 IFRS 9 的主体，**示例 5.2** 所提及的准则应被理解为 IAS 39。

如果与客户之间的合同不符合 IFRS 15：9 的标准（请参见 **5.1**），主体应当持续评估该合同以确定其是否在后续期间符合 IFRS 15：9 的标准。［IFRS 15：14］

54

5.3 未满足标准的合同的会计处理

如果不符合 IFRS 15:9 的标准（请参见 **5.1**）但已取得了客户支付的对价，仅当下列任一事件发生时，主体才应当将所取得的对价确认为收入：
[IFRS 15:15]

• 主体并不具有向客户转让商品或服务的剩余义务，并且主体已取得客户所承诺的全部或几乎全部对价且对价不可返还；或者

• 合同已终止且客户支付的对价不可返还。

如果主体已取得客户支付的对价，但直至（1）发生 IFRS 15:15 所述的任一事件（参见上文），或（2）在后续期间符合 IFRS 15:9 的标准（请参见 **5.2**）之前无法确认收入，在主体有权将该对价确认为收入（请参见**第 13 章**）之前，主体应将相关余额作为一项负债列报。视与合同相关的具体事实和情况，所确认的负债代表主体在未来转让商品或服务的义务或者返还已取得对价的义务。在上述任一种情形下，负债均应按客户所支付的对价金额计量。[IFRS 15:16]

> **示例 5.3**
> **未满足可收回性标准**
> [IFRS 15:IE3 – IE9，示例 1]
>
> 某房地产开发商主体与客户订立一项合同，以 CU1,000,000 出售一栋建筑物。客户计划在该建筑物内开设一家餐馆。在该建筑物所在的地区，新餐馆面临激烈竞争，而该客户缺乏餐饮行业的经营经验。
>
> 客户在合同开始时支付了不可返还的保证金 CU50,000，并就剩余95%的已承诺对价与主体签订长期融资协议。融资安排在无追索权的基础上提供，这意味着如果客户违约，则主体可重新拥有该建筑物，但不能向客户索取进一步赔偿，即使抵押物不能涵盖所欠款项的总值。主体就该建筑物发生的成本为 CU600,000。客户在合同开始时获得对该建筑物的控制。
>
> 在评估该合同是否符合 IFRS 15:9 的标准时，主体得出结论认为 IFRS 15:9（e）的标准未得到满足，因为主体并非很可能取得因转让建筑物而有权获得的对价。在得出这一结论时，鉴于下列因素，主体认为客户的支付能力和意图可能令人疑虑：

a. 客户计划主要以其餐馆业务（该业务因行业内竞争激烈和客户的经验有限而面临重大风险）产生的收益来偿还贷款（贷款余额重大）；

b. 客户缺乏可用以偿还贷款的其他收益或资产；以及

c. 由于贷款不附追索权，因此客户对该贷款承担的负债有限。

由于不符合 IFRS 15：9 的标准，主体应用 IFRS 15：15–16 来确定对不可返还的保证金 CU50,000 的会计处理。主体认为 IFRS 15：15 所述的所有事件均未发生——即主体并未取得几乎全部对价且合同尚未终止。因此，根据 IFRS 15：16，主体将不可返还的付款额 CU50,000 作为保证金负债进行会计处理。直至主体得出结论认为 IFRS 15：9 的标准得到满足（即主体能够断定其将很可能收回对价）或发生 IFRS 15：15 所述的任一事件之前，主体继续将初始保证金以及任何进一步支付的本金和利息作为保证金负债进行会计处理。主体根据 IFRS 15：14 持续评估该合同以确定其是否在后续期间符合 IFRS 15：9 的标准或是否发生了 IFRS 15：15 所述的事件。

5.4 在识别合同前已履行部分履约义务

关于如何对主体在就全部合同条款与客户达成一致前或在合同符合 IFRS 15：9 所述的识别标准之前针对特定合同开始实施的活动进行适当的会计处理，**9.3.5** 阐述了相关的指引。

5.5 合同的合并

如果符合下列一项或多项标准，主体应当将与同一客户（或该客户的关联方）在同一时间或相近时间订立的两项或多项合同予以合并，并将这些合同作为单个合同进行会计处理：

［IFRS 15：17］

（a）这些合同是在单一商业目的下作为一揽子合同议定的；

（b）就其中一项合同所支付的对价金额取决于另一项合同的价格或履约；或者

（c）这些合同所承诺的商品或服务（或每项合同所承诺的部分商品或服务）为单一履约义务（请参见**第 6 章**）。

5.6 合同的修订

合同可能会在主体已对合同涉及的部分或全部收入进行会计处理之后作出修订。对收入确认的影响将取决于合同如何进行修订。请参见**第 10 章**的讨论。

第6章　步骤2：识别履约义务

6.1　识别履约义务

6.1.1　识别履约义务——一般规定

在主体确定其有适用五步骤模型的合同之后，下一步是评估合同所承诺的商品或服务是否代表单独的履约义务。单独的履约义务可以是以下任何一项：

[IFRS 15：22]

（a）"可明确区分"（请参见6.3）的商品或服务（或一揽子商品或服务）；或者

（b）实质上相同并且按相同模式向客户转让的一系列可明确区分的商品或服务。

> 正确识别合同中的履约义务是实现IFRS 15的核心原则（请参见3.2）的关键。未能识别合同中的单独履约义务并对其进行会计处理可能导致收入确认的时间不当。
>
> 识别合同中履约义务的过程有时被称为"分拆"，其并非一项选择的处理，而是必须遵循的要求。然而在实务中，如果财务报表内确认和披露的金额无论是否应用分拆均是相同的，则可能无须应用IFRS 15中有关分拆的具体要求。例如，如果两种或以上商品或两种或以上服务的控制权在完全相同的时间或于同一期间在相同的基础上转移，且出于披露目的这些项目无须分解，则并无必要分拆在同期交付的每一个项目，这是因为无论项目是否被分拆，所确认及披露的收入金额和时间均不存在差异。
>
> 该步骤要求作出审慎考虑。下图列出了主体在识别是否存在单独履约义务时需要评估的主要问题。

步骤2：识别单独的履约义务

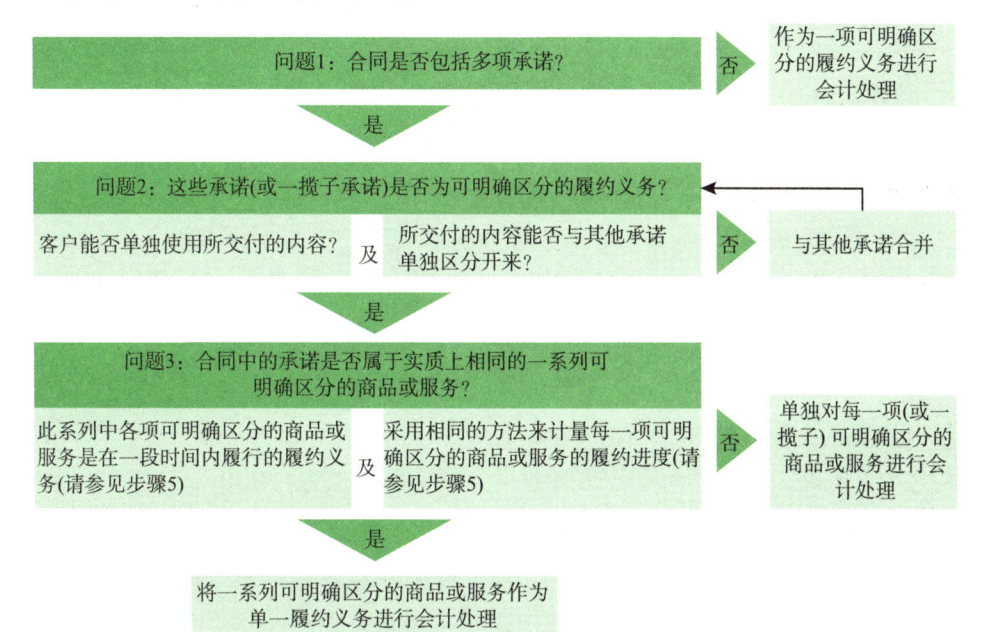

```
问题1：合同是否包括多项承诺？ ──否──> 作为一项可明确区分的履约义务进行会计处理
         │
         是
         ▼
问题2：这些承诺(或一揽子承诺)是否为可明确区分的履约义务？ ──否──> 与其他承诺合并
 客户能否单独使用所交付的内容？ 及 所交付的内容能否与其他承诺单独区分开来？
         │
         是
         ▼
问题3：合同中的承诺是否属于实质上相同的一系列可明确区分的商品或服务？ ──否──> 单独对每一项(或一揽子)可明确区分的商品或服务进行会计处理
 此系列中各项可明确区分的商品或服务是在一段时间内履行的履约义务(请参见步骤5) 及 采用相同的方法来计量每一项可明确区分的商品或服务的履约进度(请参见步骤5)
         │
         是
         ▼
将一系列可明确区分的商品或服务作为单一履约义务进行会计处理
```

6.1.2 作为单独履约义务进行会计处理的一系列可明确区分的商品或服务

> 随同 IFRS 15 发布的示例 25 提供了有关 IFRS 15：22（b）所述的一系列可明确区分的商品或服务的例子（请参见**示例 7.3C**）。

一系列可明确区分的商品或服务如果同时满足下列两项标准，则是（如 IFRS 15：22（b）所述——请参见 **6.1.1**）按相同模式向客户转让的：

[IFRS 15：23]

（a）主体承诺向客户转让的一系列商品或服务中的每一项可明确区分的商品或服务均满足 IFRS 15：35 所述的在一段时间内履行的履约义务的标准（请参见 **9.2**）；以及

（b）根据 IFRS 15：39–40（请参见 **9.3**），主体将使用相同的方法来计量向客户转让一系列商品或服务中的每一项可明确区分商品或服务之履约义务的履约进度。

> 履约义务的概念类似于被 IFRS 15 取代的收入准则中合同交付内容、组成部分或要素的概念。尽管此前的收入准则中隐含了履约义务的概念，但之前未曾对"履约义务"这一术语作出定义。[IFRS 15：BC84]

此外，虽然 IAS 18∶13 提及交易"可单独辨认的组成部分"，但 IAS 18 几乎未包含任何有关如何识别这些组成部分的指引。

TRG 讨论了与 IFRS 15∶22（b）的应用相关的若干事项，具体如下。

- IFRS 15∶22（b）的应用并不要求形成与将其中每项可明确区分的商品或服务均作为单独履约义务处理的情况下相同的会计结果。

- 必须在满足 IFRS 15∶23 所述标准的情况下，主体才能够断定两个或多个商品或服务构成的一个系列属于单独履约义务。关于一系列商品或服务的要求旨在简化 IFRS 15 收入模型的应用，以提高履约义务识别的一致性。

- 如果主体断定一系列可明确区分的商品或服务符合 IFRS 15∶22（b）的要求，则必须将该系列的商品或服务作为单一履约义务处理，而不允许将该系列之中可明确区分的个别商品或服务视为单个履约义务。IFRS 15：BC113 澄清了 IASB 强制要求运用这一简化方法的意图，指出理事会"决定明确规定，如果符合所列的两项标准，则转让实质上相同并且按相同模式向客户转让的一系列可明确区分的商品或服务的承诺**是一项单一履约义务**"（本书加粗以示强调）。

- 为确定是否符合 IFRS 15∶22（b）针对一系列商品或服务的要求（特别是商品或服务是否"按相同模式向客户转让"），这些商品或服务无须连续进行转让。IFRS 15∶23 的两项标准均未提及商品或服务向客户的连续转让，因此，IFRS 15∶22（b）的适用性并非取决于商品（服务）的交付（履约）是否连续进行。

例如，主体可能订立一项合同，规定其在连续 52 周内每周提供相同的一揽子清洁服务。或者，清洁服务合同可能规定某些服务在特定数周内不予提供，而是在其他周内以叠加方式提供（清洁服务在上一周的工作完成之前开始）。上述两个清洁服务合同例子均能符合 IFRS 15∶23 所述的标准。

TRG 认为，对于 IFRS 15∶22（b）所述的被视为**实质上相同**因而作为一个系列进行会计处理的可明确区分的商品或服务，每个阶段中的任务并非一定要实质上相同。

对于可明确区分的商品或服务是否实质上相同须基于合同的相关事实和情况运用重大判断来评价。

主体应首先通过评价有关安排的性质是向客户提供指定数量的可明确区分

的商品或服务,还是在合同期内随时准备提供未指定数量的商品或服务,来确定依照合同提供的已承诺商品或服务的性质。

如果承诺的性质属于交付指定数量的服务,评价时应当考虑每一项服务是否可明确区分且实质上相同;如果主体承诺的性质是在一段时间内随时准备提供服务或提供单项服务(由于未指定拟交付的数量),则所执行的评价应当侧重于每一个时间段(而非相应的活动)是否可明确区分且实质上相同。

示例 6.1.2A 至**示例 6.1.2C** 说明了在不同情况下主体如何确定一系列可明确区分的商品或服务是否实质上相同。

[TRG 议题]

示例 6.1.2A
实质上相同的一系列可明确区分的商品或服务——指定数量的可明确区分的商品或服务

A 公司向 Z 客户提供为期一年的月度工资处理服务,并认为每一项月度服务:(1)可明确区分;(2)满足在一段时间内确认收入的标准;(3)采用相同的方法来计量履约进度。此外,A 公司得出结论认为,该项安排是向客户提供指定数量的可明确区分的商品或服务(即,提供 12 次可明确区分的工资处理服务)。

在确定其提供的是 12 次可明确区分的工资处理服务之后,A 公司认为即使每月处理的雇员工资数据的实际数量可能存在差异,但客户在每一项月度交易中消耗的利益(即,处理该月的工资)实质上相同。

因此,A 公司得出结论认为各月工资服务实质上相同,并符合 IFRS 15:22(b)所述的作为单一履约义务进行会计处理的要求。

示例 6.1.2B
实质上相同的一系列可明确区分的商品或服务——合同期内未予界定的服务(酒店管理服务)

B 公司向 Y 客户提供酒店管理服务,包括聘用及管理雇员、采购商品和服务以及酒店业务的广告与营销。在某个特定日期,B 公司可能提供客房清洁服务、进行营销活动以提高入住率以及进行礼宾部的运营活动。

B公司得出结论认为，合同的性质是在合同期内提供整合酒店管理服务，且并未指定服务的具体数量（即，未明确规定每天必须清洁100间客房）。各天之间提供酒店管理服务的相应活动可能存在显著差异；然而，每天的服务均属于为履行B公司提供整合酒店管理服务之义务所必需的活动。因此，在每一期间内向客户转让的整合酒店管理服务实质上相同，因为Y客户在各期间取得的利益实质上相同（即，向客户转让的模式相同）。

B公司得出结论认为，每阶段的服务（即，一天或一周的服务）可明确区分、满足在一段时间内确认收入的标准，并采用相同的方法来计量履约进度，因此，该酒店管理服务符合IFRS 15∶22（b）所述的作为单一履约义务进行会计处理的标准。

示例6.1.2C
实质上相同的一系列可明确区分的商品或服务——合同期内未予界定的服务（IT外包服务）

C公司向X客户提供为期五年的信息技术（IT）外包服务。IT外包服务包括向X客户提供服务器存储空间、维护客户软件组合及向客户开放可供其访问的IT帮助台。

C公司考虑了向X客户提供的承诺的性质，并认为其属于提供持续供客户使用的整合IT外包解决方案，而非提供指定数量的服务（如，每天处理100项交易）。各天之间提供IT外包服务的相应活动可能存在显著差异；然而，每天的服务均属于为履行C公司提供整合IT外包服务之义务所必需实施的活动，因而实质上相同。C公司得出结论认为，在每个期间：（1）其提供整合IT外包服务；（2）客户持续取得实质上相同的、可明确区分的利益（即，向客户转让的模式相同）；（3）每个时间段提供的服务实质上相同（即，在每个时期均提供相同的整合IT外包解决方案）。

C公司得出结论认为，每个可明确区分的时间段所提供的服务均满足在一段时间内确认收入的标准，并采用相同的方法来计量履约进度，因此，该IT外包服务符合IFRS 15∶22（b）所述的作为单一履约义务进行会计处理的标准。

6.1.3 识别履约义务——经济动因和可选项目

> 某些业务模式包括下列安排：卖方向客户销售商品或服务的同时向该客户提供在未来购买与该次销售商品或服务相关的其他可明确区分的商品或服务的选择权（例如，专门用途设备及购买该设备运作可能需要的易耗品的选择权）。此类安排可能包括产生一定程度经济动因的特征，从而能够在很大程度上确信客户将行使该选择权。
>
> 与选择权相关的额外的商品或服务不应作为该合同下的履约义务处理——即使是在购买极有可能发生或甚至能够基本肯定客户将行使该选择权的情况下，也是如此。**IFRS 15：BC186** 解释了对客户选择权的处理，其中理事会澄清"交易价格不包括源自未来行使对额外商品或服务的选择权的估计金额"，而并未提及行使这些选择权的概率。因此，无论客户选择购买额外商品或服务的可能性如何，报告主体均不应将这些商品或服务作为初始合同规定的履约义务处理，而是应当评价该客户选择权以确定其是否产生一项重大权利（请参见 **6.3.5**）。
>
> ［TRG 议题］

6.2 客户合同中的承诺

6.2.1 合同中清晰列明和隐含的承诺

客户合同通常清晰列明了拟向客户转让的商品或服务。但是，在客户合同中识别出的履约义务可能并不限于合同清晰列明的商品或服务。这是由于客户合同还可能包含主体的商业惯例、已公布的政策或特定声明所隐含的承诺（如果在合同订立时，此类承诺导致客户形成主体将向其转让某项商品或服务的有效预期的话）。［IFRS 15：24］

> **示例 6.2.1**
> 合同中清晰列明和隐含的承诺
> ［IFRS 15：IE59 – IE65A，示例 12］

某制造商主体向分销商（即其客户）出售产品，后者再将产品出售给最终客户。

案例A——清晰列明的服务承诺

在与分销商订立的合同中，主体承诺提供维修服务，且不会向自分销商购买产品的任何方（即最终客户）收取额外对价（即"免费"）。主体将维修服务的履约外包给分销商，并向代主体提供此类服务的分销商支付商定的金额。如果最终客户不使用维修服务，则主体并无义务向分销商进行支付。

与客户订立的合同包含两项已承诺的商品或服务：（1）产品；（2）维修服务。维修服务的承诺是未来转让商品或服务的承诺，并构成主体与分销商协定的交换的一部分。主体根据 IFRS 15：27（请参见 **6.3**）评估各项商品或服务是否可明确区分。主体确定产品及维修服务二者均满足 IFRS 15：27（a）的标准。主体定期单独出售产品，这表明客户可以从单独使用产品中获益。客户可以从将维修服务与客户已从主体取得的资源（即，产品）一起使用中获益。

根据 IFRS 15：29（请参见 **6.3**）中的原则及因素，主体进一步确定转让产品的承诺与提供维修服务的承诺可单独区分［根据 IFRS 15：27（b）］。产品及维修服务并非合同中组合项目的投入。由于本合同中同时存在的产品及服务并未导致任何额外或组合的功能，因此主体未提供重大整合服务。此外，产品及服务相互之间并未作出定制或修订。最后，由于合同中的每项承诺能够与合同中的其他承诺分开履行（即，即使客户不要求提供维修服务，主体仍能转让产品并对之前通过其他分销商出售的产品提供维修服务），因此产品及服务相互之间并非高度依赖或高度关联。在应用 IFRS 15：29 的原则时，主体还认为其提供维修的承诺对于产品继续向客户提供重大利益而言并非必要。因此，主体将交易价格分摊至合同中两项履约义务中的每一项（即，产品和维修服务）。

案例B——隐含的服务承诺

主体过往曾在不收取额外对价（即"免费"）的情况下向自分销商购买主体产品的最终客户提供维修服务。主体并未在与分销商的协商过程中明确承诺提供维修服务，且主体与分销商之间的最终合同并未明确规定此类服务的条款或条件。

然而，基于主体的商业惯例，主体在合同开始时确定，作为与分销商协定的交换的一部分，其已作出隐含的提供维修服务的承诺。即根据 IFRS 15:24，主体以往提供此类服务的惯例导致主体的客户（即分销商和最终客户）形成了有效预期。因此，主体应评估维修服务承诺是否为一项履约义务。基于与案例 A 相同的原因，主体确定产品及维修服务均为单独的履约义务。

案例 C——服务并非一项已承诺的服务

在与分销商订立的合同中，主体并未承诺提供任何维修服务。此外，主体通常不提供维修服务，因此在订立合同时，主体的商业惯例、已公布的政策或特定声明并未形成向其客户提供商品或服务的隐含承诺。主体向分销商转移了对产品的控制，因此该合同已完成。然而，在向最终客户销售前，主体主动提出将向从分销商处购买产品的任何方提供维修服务，且不会收取任何额外对价。

主体与分销商订立的合同在开始时并未包括维修承诺。即根据 IFRS 15:24（参见上文），主体并未以明确或隐含的方式承诺向分销商或最终客户提供维修服务。因此，主体并未将提供维修服务的承诺识别为履约义务。相反，提供维修服务的义务应按照《国际会计准则第 37 号——准备、或有负债和或有资产》进行会计处理。

尽管在当前的合同中维修服务并非一项已承诺的服务，但在未来与客户订立的合同中，主体应评估其是否已形成了一项导致提供维修服务的隐含承诺的商业惯例。

6.2.2 并非履约义务的合同活动

主体为履行合同而必须实施的活动并非履约义务，除非该活动向客户转让了商品或服务。例如，服务提供方可能需要执行各类行政任务以便为合同的订立做好准备。这些任务的执行并未在其实施时向客户转让一项服务。因此，这些准备活动并非履约义务。[IFRS 15:25]

6.2.3 生产前活动

在某些长期供应安排中，在商品能够交付给客户之前，主体可能必须实施诸如"前期"工程与设计等生产前活动（如，开发新技术或调整现有技术以满足客户需求)。鉴于相关任务的性质,生产前活动往往是在一段时间内实施。

如果生产前活动在实施过程中向客户转让了商品或服务,(在遵循IFRS 15其他规定的前提下)在生产前活动的实施过程中确认收入则是适当的。此类生产前活动可能本身构成一项履约义务或者可能是更大的履约义务的一部分。

如果生产前活动并未在实施过程中向客户转让商品或服务,则不应在此类活动实施过程中确认任何收入。取而代之的是,相关成本应当予以资本化[若符合IFRS 15:95所述的标准(请参见12.3)]或者在其发生时确认为费用。

主体应当识别向客户作出的承诺的性质以确定生产前活动是属于下列哪一种情况:

- 向客户转让的已承诺商品或服务(或部分已承诺商品或服务);或者
- 并未向客户转让商品或服务的履约活动。

在作出上述区分时,主体需要运用判断。除了关于识别履约义务的指引之外(请参见6.1),主体可能需要参照关于在一段时间内履行的履约义务的指引(请参见9.2)。

在一段时间内履行的履约义务的其中一种情况为客户在主体履约行为的同时取得及消耗主体履约所提供的利益(IFRS 15:35(a)——请参见9.2.1)。如果客户在主体实施生产前活动的同时取得及消耗相关利益,则表明生产前活动构成(或者属于)一项履约义务。根据IFRS 15:B4(请参见9.2.2),在评估是否符合IFRS 15:35(a)所述的条件时,考虑另一主体在向客户履行剩余的履约义务时是否需要在实质上重新执行生产前活动可能会有所帮助。出于执行该评估的目的,应当假定在合同终止时其他主体无法获得继续由主体控制的任何资产的利益。

在一段时间内履行的履约义务的另一种情况为主体的履约行为创造或改良了客户在资产被创造或改良时就控制的资产。如果生产前活动创造或改良了客户在资产被创造或改良时就控制的资产,则表明生产前活动构成(或者属于)一项履约义务。

[TRG议题]

示例6.2.3
评估生产前活动是否构成已承诺商品或服务交付的一部分

主体与客户订立一项开发和生产新产品的合同。作为为客户开发新产品的一部分，主体需要实施工程与开发活动。合同条款明确规定客户将拥有此类活动所形成的知识产权（专利）。因此，主体确定工程与开发活动创造了客户在资产被创造时就控制的资产。据此，主体得出结论认为工程与开发活动在一段时间内向客户转让商品或服务，并且此类活动构成客户合同规定的履约义务的一部分。

[TRG 议题]

6.3 可明确区分的商品或服务

6.3.1 确定商品或服务是否"可明确区分"

已承诺的商品或服务可能包括但不限于：

[IFRS 15:26]

（a）销售主体所生产的商品（例如，制造商的存货）；

（b）销售主体所购买的商品（例如，零售商的货物）；

（c）销售主体所购买的对商品或服务的权利［例如，主体作为当事人（请参见 **3.6**）转销的票券］；

（d）为客户执行合同所议定的一项或多项任务；

（e）提供一项准备向客户提供商品或服务（例如，未列明的在可供使用时将予以提供的软件更新），或者使商品或服务在客户决定使用时可供其使用的服务；

（f）提供为另一方安排向客户转让商品或服务的服务［例如，作为另一方的代理人（请参见 **3.6**）］；

（g）授予对在未来提供的商品或服务的权利，而客户可将该权利再出售或提供给其客户（例如，向零售商销售产品的主体承诺向从零售商购买该产品的个人转让额外的商品或服务）；

（h）代表客户建造、制造或开发一项资产；

（i）授予许可证（请参见**第 11 章**）；以及

（j）授予购买额外商品或服务的选择权［若该选择权向客户提供了重大权利（请参见 **6.3.5**）］。

▶▶《国际财务报告准则第 15 号——客户合同收入》应用指引

可明确区分的商品或服务必须同时符合下列两项标准：

[IFRS 15∶27]

（a）客户能够从单独使用该商品或服务，或将其与客户易于获得的其他资源一起使用中获益（即，该商品或服务本身能够明确区分）；以及

（b）主体向客户转让该商品或服务的承诺可与合同中的其他承诺区分开来（即，在基于相关合同进行考虑时该转让商品或服务的承诺可明确区分）。

对于某些商品或服务而言，客户可以从单独使用该商品或服务中获益（即，如果商品或服务可以被使用、消耗或按大于其残值的金额出售，或者以其他产生经济利益的方式持有）；而对于其他商品或服务而言，客户则仅可通过将其与易于获得的其他资源相结合使用才能获益。易于获得的资源是指（由主体或另一主体）单独出售的商品或服务，或客户已从主体取得的（包括主体根据该合同已向客户转让的商品或服务）或来自其他交易或事项的资源。

多种因素均可提供证据证明客户能够从单独使用商品或服务，或将其与易于获得的其他资源一起使用中获益。如果主体经常单独出售某项商品或服务，则可能表明客户能够从单独使用该商品或服务，或将其与易于获得的其他资源一起使用中获益。[IFRS 15∶28]

在考虑 IFRS 15∶27（b）（参见上文）的标准时，目标旨在确定在基于相关合同进行考虑时，承诺的性质是单独转让每一项商品或服务，还是转让以已承诺商品或服务作为投入而形成的一个或多个组合项目。可能表明向客户转让商品或服务的两项或多项承诺不可明确区分的因素包括：

[IFRS 15∶29]

（a）主体提供重大的服务以将这些商品或服务与合同所承诺的其他商品或服务整合为一揽子商品或服务，该一揽子商品或服务代表客户订立合同所要求的一项或多项组合产出。换言之，主体以这些商品或服务作为投入以生产或交付客户所要求的一项或多项组合产出。一项或多项组合产出可能包括不止一个阶段、要素或单元；

（b）合同所承诺的一项或多项商品或服务对其他一项或多项商品或服务作出重大修订或定制，或因其他一项或多项商品或服务而作出重大修订或定制；以及

（c）这些商品或服务相互之间高度依赖或高度关联（即，每一项商品或服务均在很大程度上受合同中的一项或多项其他商品或服务影响）。例如，在某些情况下，两项或多项商品或服务之间存在重大的相互影响，因为主体无法通过单

独转让每一项商品或服务来履行其承诺。

> **示例 6.3.1**
>
> **确定商品或服务是否可明确区分**
>
> [IFRS 15：IE49-58K，示例 11]
>
> 案例 A——可明确区分的商品或服务
>
> 某软件开发商主体与客户订立一项合同，约定转让软件许可证、实施安装服务并在两年期间内提供未明确规定的软件更新和技术支持（通过在线和电话方式）。主体单独出售许可证、安装服务和技术支持。安装服务包括为各类用户（例如，市场营销、库存管理和信息技术）更改网页屏幕。安装服务通常由其他主体执行，并且不会对软件作出重大修订。该软件在没有更新和技术支持的情况下仍可正常运行。
>
> 主体根据 IFRS 15：27 评估向客户承诺的商品和服务以确定哪些商品和服务可明确区分。主体认定软件是在其他商品和服务之前交付，并且在没有更新和技术支持的情况下仍可正常运行。客户能够从将更新与在合同开始时转让的软件许可证一起使用中获益。因此，主体得出结论认为，客户能够从单独使用各项商品和服务，或将其与可易于获得的其他商品和服务一起使用中获益，并且符合 IFRS 15：27（a）的标准。
>
> 主体还考虑了 IFRS 15：29 所述的原则及因素，并确定向客户转让各项商品和服务的承诺可与其他承诺单独区分开来[因此符合 IFRS 15：27（b）的标准]。
>
> 在作出这一决定时，主体认为虽然其将软件整合纳入客户系统，但由于安装服务是常规性的且能够从其他供应商取得，因此，安装服务并不会显著影响客户使用软件许可证及从软件许可证中获益的能力。在许可证有效期内软件更新不会对客户使用软件许可证及从软件许可证中获益的能力产生重大影响。主体进一步认为，任一已承诺的商品或服务均不会对其他已承诺的商品或服务作出重大修订或定制，主体亦不提供将软件及服务整合为组合产出的重大服务。最后，主体得出结论认为，软件及服务相互之间不会产生重大影响，因此二者并非高度依赖或高度关联，因为转让初始软件许可证的承诺能够与主体之后提供安装服务、软件更新或技术支持的承诺分开履行。

基于上述评估，主体识别出合同中关于下列商品或服务的四项履约义务：

(a) 软件许可证；

(b) 安装服务；

(c) 软件更新；以及

(d) 技术支持。

主体应用 IFRS 15:31-38（请参见**第 9 章**）来确定关于安装服务、软件更新和技术支持的每一项履约义务是在某一时点还是在一段时间内履行。同时，主体根据 IFRS 15:B58（请参见 **11.2**）评估其转让软件许可证的承诺的性质。

案例B——重大定制

已承诺的商品和服务与案例 A 中的相同，但合同明确规定，作为安装服务的一部分，软件将作重大定制以增添重要的新功能，从而使软件能够与客户使用的其他定制软件应用程序相对接。定制安装服务可由其他主体提供。

主体根据 IFRS 15:27 评估向客户承诺的商品和服务以确定哪些商品和服务可明确区分。主体首先评估是否满足 IFRS 15:27(a) 中的标准。基于与案例 A 相同的原因，主体确定软件许可证、安装、软件更新及技术支持各项均满足该标准。接下来，主体通过评价 IFRS 15:29 中的原则和因素来评估是否满足 IFRS 15:27(b) 中的标准。主体认为合同条款导致一项提供重大服务的承诺，即通过实施合同规定的定制安装服务将授予许可证的软件与现有软件系统相整合。换言之，主体使用许可证和定制安装服务作为投入以生产合同所列明的组合产出（即具特定功能的集成软件系统）［参见 IFRS 15:29(a)］。有关服务将对软件作出重大修订和定制［参见 IFRS 15:29(b)］。因此，主体确定转让许可证的承诺不可与定制安装服务单独区分开来，因此不符合 IFRS 15:27(b) 的标准。因此，软件许可证和定制安装服务不可明确区分。

根据与案例 A 中相同的分析，主体得出结论认为，软件更新和技术支持可与合同中的其他承诺明确区分开来。

基于上述评估，主体识别出合同中关于下列商品或服务的三项履约义务：

(a) 软件定制（包括软件许可证及定制安装服务）；

(b) 软件更新；以及

（c）技术支持。

主体应用 IFRS 15:31-38（请参见**第9章**）以确定每一项履约义务是在某一时点还是在一段时间内履行。

案例C——可单独区分的承诺（安装）

主体与客户订立了出售一台设备及安装服务的合同。设备可在没有任何定制或修订的情况下正常运作。所需的安装并不复杂，且能够由多名其他服务供应商履行。

主体识别出合同中的两项已承诺商品和服务：（1）设备；（2）安装。主体评估了 IFRS 15:27 的标准，以确定各项已承诺的商品或服务是否可明确区分。主体确定设备及安装二者均满足 IFRS 15:27（a）的标准。客户可以从单独使用设备或按高于残值的金额转售设备或将其与易于获得的其他资源（例如，易于从其他供应商取得的安装服务）一起使用中获益。客户也可以从将安装服务与客户已从主体取得的其他资源（例如，设备）一起使用中获益。

主体进一步确定转让设备的承诺与提供安装服务的承诺二者均可单独区分开来［根据 IFRS 15:27（b）］。在确定设备和安装服务并非本合同中组合项目的投入时，主体考虑了 IFRS 15:29 中的原则和因素。在本例中，IFRS 15:29 的各项因素有助于得出设备和安装服务可单独区分的结论（但单独考虑时并非决定性因素），具体如下：

（a）主体并未提供重大整合服务。换言之，主体承诺交付设备及随后安装设备；主体能够将履行转让设备的承诺与其后安装设备的承诺区分开来。主体并未承诺以将设备和安装服务转换为组合产出的方式对设备及安装服务进行组合。

（b）主体的安装服务不会对设备作出重大修订或定制。

（c）虽然客户仅在取得对设备的控制后才可以从安装服务中获益，但由于主体能够将履行转让设备的承诺与提供安装服务的承诺区分开来，因此安装服务不会对设备产生显著影响。由于设备和安装服务相互之间不会产生显著影响，因此，二者相互之间并非高度依赖或高度关联。

基于上述评估，主体识别出合同中有关下列商品或服务的两项履约义务：

（i）设备；以及

(ⅱ）安装服务。

主体应用 IFRS 15：31-38（请参见**第 9 章**）以确定每一项履约义务是在某一时点还是在一段时间内履行。

案例 D——可单独区分的承诺（合同限制）

除合同要求客户使用主体的安装服务外，其他假设同案例 C。

使用主体安装服务的合同要求并未改变本例中对已承诺的商品和服务是否可明确区分的评价结果。这是因为使用主体安装服务的合同要求并未改变商品或服务本身的特征，亦未改变主体对客户的承诺。尽管客户需要使用主体的安装服务，但设备和安装服务可明确区分［即，二者均满足 IFRS 15：27（a）的标准］并且主体提供设备的承诺与提供安装服务的承诺可单独区分，即，二者均满足 IFRS 15：27（b）的标准。主体对此进行的分析与案例 C 一致。

案例 E——可单独区分的承诺（易耗品）

主体与客户订立一项合同，约定提供一台现成的设备（即，设备在没有重大定制或修订的情况下可正常运行）及在接下来三年内按预定的时间间隔提供设备所使用的特殊易耗品。该易耗品仅由主体生产，但主体会将其单独出售。

主体确定客户可以从将设备与易于获得的易耗品一起使用中获益。易耗品由主体定期单独出售（即，通过向之前采购设备的客户补充订单），因此，易耗品根据 IFRS 15：28 易于获得。客户可以从将按合同交付的易耗品与依照合同最初转让给客户的设备一起使用中获益。因此，设备和易耗品根据 IFRS 15：27（a）可明确区分。

主体根据 IFRS 15：27（b）确定，其转让设备的承诺与在三年内提供易耗品的承诺可单独区分。在确定设备和易耗品并非该合同中组合项目的投入时，主体认为其并未提供将设备和易耗品转换为组合产出的重大整合服务。此外，设备和易耗品相互之间并未作出重大定制或修订。最后，主体得出结论认为，由于设备和易耗品相互之间并未产生重大影响，因此它们相互之间并非高度依赖或高度关联。尽管本合同中客户仅在取得对设备的控制后才可以从易耗品的使用中获益（即，没有设备，易耗品将没有用处），并且设备需要易耗品才能正常运作，但设备和易耗品相互之间并未产生重大影响。这是因为合同中的每项承诺能够与合同中的其他承诺分开履行。换言之，即使客户不采购任何易耗品，主体仍能履行转让设备的承诺；即使客户单独购买设备，主体仍能履行提供易耗品的承诺。

基于上述评估，主体识别出合同中有关下列商品或服务的两项履约义务：

（a）设备；以及

（b）易耗品。

主体应用 IFRS 15：31-38（请参见**第9章**）以确定每一项履约义务是在某一时点还是在一段时间内履行。

6.3.2 对于被视为例行公事或无足轻重的商品或服务无会计处理上的豁免

主体可能订立一项承诺向客户转让产品A和项目B的合同。产品A和项目B符合 IFRS 15：27 所述的被视为可明确区分的标准，且不符合 IFRS 15：22（b）的标准［即，不构成实质上相同并且按相同模式向客户转让的一系列可明确区分的商品或服务（请参见**6.1.1**）］。项目B可能是该安排中的一项实质性承诺（如，为产品A提供两年免费维修）或是一项无足轻重的承诺（如，承诺参加联合委员会、提供安装/培训手册、仅需开箱和插接的简单安装服务、简单检查服务等）。

IFRS 15：BC89-BC90 澄清，因订立合同而承诺向客户提供的**所有**商品或服务均形成履约义务，因为这些承诺构成主体与其客户议定的交易的一部分。

尽管主体可能将这些商品或服务视为营销激励措施或附带商品或服务，但客户会为此类商品或服务进行支付，如果符合履约义务的定义，则主体出于收入确认目的应将对价分摊至此类商品或服务。虽然项目B可能被视为例行公事或无足轻重，但主体不得将其忽略，而是应当评估该履约义务是否如《国际会计准则第8号——会计政策、会计估计变更和差错》（IAS 8）所述对其财务报表而言并不重要。

6.3.3 不可明确区分的商品和服务

如果已承诺的商品或服务不可明确区分，主体应当将该商品或服务与其他已承诺的商品或服务合并，直至其能够识别出可明确区分的一组商品或服务为止。

在某些情况下，这将导致主体将合同承诺的所有商品或服务作为单一履约义务进行会计处理。[IFRS 15：30]

> **示例 6.3.3**
> **不可明确区分的商品和服务**
> [IFRS 15：IE45–IE48C，示例 10]
> *案例 A——重大整合服务*
> 主体作为承包商与客户订立一项建造医院的合同。主体负责项目的总体管理并识别各类已承诺的商品和服务，包括工程技术、场地清理、地基构建、采购、建筑架构、管道和管线的铺设、设备安装及装修等。
>
> 已承诺的各项商品和服务根据 IFRS 15：27（a）能够明确区分。换言之，客户能够从单独使用该商品或服务或将其与客户易于获得的其他资源一起使用中获益。这可以通过主体或主体的竞争对手经常向其他客户单独出售许多此类商品和服务的事实得到证明。此外，客户能够通过使用、消耗、出售或持有这些个别商品或服务而从中产生经济利益。
>
> 然而，根据 IFRS 15：27（b）段，转让这些商品和服务的承诺无法单独区分（基于 IFRS 15：29 所述的因素）。这可以通过主体根据客户合同提供一项将上述商品和服务（投入）整合到医院（组合产出）的重大服务这一事实得到证明。
>
> 由于未能满足 IFRS 15：27 中的两项标准，因此上述商品和服务不可明确区分。主体应将合同中的所有商品和服务作为单一履约义务进行会计处理。
>
> *案例 B——重大整合服务*
> 主体与客户订立一项将导致交付一个高度复杂专门设备的多个单元的合同。合同条款要求主体建立生产流程以生产合同的标的单元。设备规格系基于客户所拥有的定制设计（其依照不构成当前协定交换一部分的单独合同的条款开发），只能供客户使用。主体负责合同的总体管理，必须履行并整合各类活动，包括采购物料、识别和管理分包商以及进行生产、组装和测试。
>
> 主体对合同中的承诺进行评估，并确定各项已承诺的设备根据 IFRS 15：27（a）可明确区分，因为客户可以从单独使用各项设备中获益。这是因为各个单元能够独立于其他单元正常运作。
>
> 主体认为，其承诺的性质是按照客户指定的规格建立生产流程并提供生

产客户合同规定的全套设备的服务。主体认为其负责合同的总体管理以及提供将各类商品和服务（投入）整合纳入总体服务及产出设备（组合产出）的重大服务，因此，根据 IFRS 15∶27（b）及 IFRS 15∶29，设备与生产这些设备所必需的各类承诺的商品和服务无法单独区分。在这种情况下，主体提供的生产流程是特别针对该客户合同的。此外，主体履约的性质，尤其是各类活动的重大整合服务，意味着主体生产设备的活动中的某一项活动发生变化将会显著影响生产高度复杂专门设备所需的其他活动，从而主体的活动相互之间存在高度依赖或高度关联。由于未能满足 IFRS 15∶27（b）中的标准，因此主体提供的上述商品和服务无法单独区分，从而不可明确区分。主体应将合同中承诺的所有商品和服务作为单一履约义务进行会计处理。

6.3.4 质保

主体往往会为产品（不论是商品还是服务）销售提供质保。不同行业及合同的质保性质可能差别很大。某些质保向客户提供相关产品符合约定规格，因而能按各方预期正常使用的保证（"保证类"的质保）；其他质保则向客户提供产品符合约定规格的保证之外的服务（"服务类"的质保）。[IFRS 15∶B28]

如果客户可选择单独购买质保（例如，由于质保是单独定价或议定的），因为主体承诺向客户提供除具有合同所述功能的产品之外的服务，此类质保是可明确区分的服务。在这种情况下，所承诺的质保应作为单独的履约义务进行会计处理。这要求将部分交易价格分摊至所提供的质保服务（请参见**第8章**）。[IFRS 15∶B29]

> 在客户没有单独购买质保的选择权的情况下，如果质保除了向客户提供转让的商品或服务能按预期正常使用并符合约定规格的保证外还提供了服务，则该质保也包含一项单独的履约义务（见下文）。
> [TRG 议题]

如果客户无法单独购买质保，应当按照《国际会计准则第 37 号——准备、或有负债和或有资产》（IAS 37）对质保进行会计处理，除非所承诺的质保或所承诺的质保中的部分是服务类的质保。[IFRS 15∶B30]

在考虑所提供的质保是否属于服务类的质保时，主体应当考虑诸如下列因素：[IFRS 15∶B31]

《国际财务报告准则第 15 号——客户合同收入》应用指引

（a）质保是否为法律要求——如果法律要求主体提供质保，这一法律的存在即表明所承诺的质保不是一项履约义务，因为这些要求的存在通常是为了保护客户免于承担购买不合格产品的风险；

（b）质保涵盖期间的长度——质保期越长，所承诺的质保就越可能是一项履约义务，因为其更有可能提供产品符合约定规格的保证之外的服务；以及

（c）主体承诺履行的任务的性质——如果主体有必要履行特定的任务以提供保证类的质保（例如，有瑕疵产品退回的运输服务），则这些任务可能不会形成履约义务。

如果一项质保或其中一部分属于服务类的质保，则应将其作为单独履约义务进行会计处理，并将部分交易价格分摊至该质保。如果主体同时承诺了保证类的质保和服务类的质保，但无法合理地对这两类质保分别进行会计处理，主体应当将这两类质保合并为单一的履约义务进行会计处理。[IFRS 15：B32]

要求主体在产品造成损害或损失的情况下支付赔偿的法律规定不会产生履约义务。例如，制造商在某司法管辖区内出售产品，其法律规定制造商对客户按预期目的使用产品而可能造成的损失（例如，私人财产损失）承担责任。类似地，主体承诺对因专利权、版权、商标或其他涉及主体产品侵权的索赔所产生的责任及损失向客户作出赔偿也不会产生履约义务。应当按照 IAS 37 对此类义务进行会计处理。[IFRS 15：B33]

> **示例 6.3.4A**
> **根据 IAS 37 进行会计处理的保证类质保**
>
> 某行李箱制造商依照商业惯例向所有客户提供为期一年的质保，该质保并非可选项目且仅涵盖制造缺陷。
>
> 该项质保并不代表单独的履约义务；其仅提供行李箱符合约定规格因而能按预期正常使用的保证。这属于一项应根据 IAS 37 进行会计处理的保证类质保。不应向该质保分摊任何交易价格。

> **示例 6.3.4B**
> **根据 IAS 37 进行会计处理的保证类质保及作为单独履约义务处理的服务类质保**
>
> 某行李箱制造商向所有客户提供终身质保，该质保涵盖所有缺陷和损坏，

包括正常"损耗"导致的损坏。

除根据 IAS 37 进行会计处理的保证类质保（参见**示例 6.3.4A** 的讨论）之外，该项安排同时包括一项应作为单独履约义务进行会计处理的服务类质保，因为制造商同意对所有损坏进行维修（即，同意提供一项就行李箱的所有损坏予以维修的服务，该服务超出了修正制造缺陷的范围）。该行李箱制造商应确定该维修服务的单独售价，将交易价格的适当部分分配至该服务，并在交付相关服务的期间内将所分摊的部分确认为收入。

示例 6.3.4C

质保

[IFRS 15：IE223 – IE229，示例 44]

某制造商主体向其客户提供购买产品的质保。此项质保保证产品符合约定规格且自购买日起一年内能按承诺运行。这份合同同时为客户提供获得最多 20 小时有关如何操作该产品的培训服务的权利（不收取额外费用）。

主体评估合同中的商品和服务以确定其是否可明确区分并形成单独的履约义务。

根据 IFRS 15：27（a）和 IFRS 15：28，由于客户可以从单独使用该产品（不接受培训服务）及从将培训服务和主体已转让的产品一起使用中获益，因此，该产品及培训服务二者能够明确区分。主体经常单独出售该产品且未附加培训服务。

主体接下来根据 IFRS 15：27（b）和 IFRS 15：29 评估转让产品的承诺和提供培训服务的承诺是否可单独区分。主体并未提供将培训服务与产品进行整合的重大服务 [参见 IFRS 15：29（a）]。培训服务及产品相互之间不会作出重大修订或定制 [参见 IFRS 15：29（b）]。产品及培训服务相互之间并非高度依赖或高度关联 [参见 IFRS 15：29（c）]。转让产品的承诺能够与之后提供培训服务的工作分开履行，并且主体可以向之前购买其产品的任何客户提供培训服务。因此，主体得出结论认为，转让产品的承诺和提供培训服务的承诺并非组合项目的投入，因此可单独区分。

根据 IFRS 15：27，产品和培训服务两者均可明确区分并形成两项单独的履约义务。

> 最后，主体评估提供质保的承诺，认为质保为客户提供产品按预期正常使用一年的保证。根据 IFRS 15：B28-B33，主体得出结论认为该质保不会向客户提供除这一保证之外的商品或服务，因此主体未将其作为一项履约义务进行会计处理。主体按照 IAS 37 的要求对该保证类质保进行会计处理。
>
> 因此，主体将交易价格分摊至两项履约义务（产品和培训服务）并在这些履约义务得到履行时（或履约过程中）确认收入。

6.3.5 客户对额外商品或服务的选择权（重大权利）

6.3.5.1 客户对额外商品或服务的选择权——一般规定

客户可免费或按折扣取得额外商品或服务的选择权有多种形式，包括销售激励措施、客户奖励积分、续约选择权或针对未来商品或服务的其他折扣。[IFRS 15：B39]

如果主体在合同中向客户提供取得额外商品或服务的选择权，仅当该选择权向客户提供了客户不订立这一合同就无法获得的重大权利时（例如，超过通常在这一地域或市场中针对这些商品或服务向此类客户提供的折扣幅度的折扣），该选择权才构成一项合同中的履约义务。如果选择权向客户提供了重大权利，客户实际上是就未来的商品或服务预先向主体进行了支付。因此，分摊至该选择权的收入应予递延，直至这些未来商品或服务被转让或选择权失效时才予以确认。[IFRS 15：B40]

如果客户拥有按反映商品或服务单独售价的价格购买额外的商品或服务的选择权，则该选择权并未向客户提供重大权利，即使这一选择权仅可通过订立之前的合同才能行使也是如此。在这种情况下，主体只是提出了一项销售要约，仅在客户行使该选择权来购买额外商品或服务时，主体才应按照 IFRS 15 进行会计处理。[IFRS 15：B41]

6.3.5.2 评价合同中的选择权是否提供一项重大权利

> 主体在正常业务经营过程中经常向客户授予取得额外商品和服务的选择权（如，对未来商品或服务的销售激励措施或折扣）。根据 TRG 的讨论，在评价该选择权是否提供一项重大权利（因而产生单独的履约义务）时，应同时考虑定量和定性因素。这与 IFRS 15：BC87 所述的概念相一致，即，主体在识别已

承诺的商品或服务时应考虑客户的有效预期,而客户有关何为重大权利的观点可能考虑定性因素。

此外,在评价客户选择权是否形成一项重大权利时,主体应考虑所有事实和情况(包括超出与客户当前交易范围的事实和情况)。这可能包括考虑与该客户已进行或将进行的当前、过往及未来交易,包括某项权利如何在一段时间内累积。

例如,主体的客户忠诚度计划允许客户在每次购买商品或服务时累积积分。所累积的积分随后可予兑现以获取主体未来的商品或服务。

在评估兑现积分以购买额外商品或服务的选择权是否向客户提供一项重大权利时,除评价定量和定性因素之外,主体还应当评价客户的当前、过往及未来交易,特别是一段时间的累积(即,进行多次交易)之后是否会形成重大权利。因某一特定交易授予客户的忠诚度积分在数量上不一定重大,但忠诚度计划旨在影响客户的购买行为这一事实可能是一个表明该选择权提供一项重大权利的定性指标。

[TRG 议题]

示例 6.3.5.2

未向客户提供重大权利的选择权(额外商品或服务)

[IFRS 15:IE254 – IE256,示例 50]

某电信业主体与客户订立了一项合同,以提供一部手机和为期两年的月度网络服务。网络服务包括每月至多 1,000 分钟通话时间和 1,500 条短信,按月收取固定费用。合同规定了客户可选择在任何月份购买的额外通话时间或短信的费用。这些服务的价格与其单独售价相同。

主体确定提供手机和网络服务的承诺均为单独的履约义务。这是因为根据 IFRS 15:27(a),客户可以从单独使用手机和网络服务,或将其与客户易于获得的其他资源一起使用中获益。此外,根据 IFRS 15:27(b)的标准,手机和网络服务可单独区分开来(基于 IFRS 15:29 所述的因素)。

主体确定购买额外通话时间和短信的选择权并未向客户提供在不订立合同的情况下无法获得的重大权利(参见 IFRS 15:B41)。这是因为,额外通话时间和短信的价格反映了这些服务的单独售价。由于额外通话时间和短信的选择权并未授予客户重大权利，主体得出结论认为其并非合同中的履约义务。因此，主体并未将任何交易价格分摊至额外通话时间或短信的选择权。主体仅当其提供这些服务时才确认额外通话时间或短信的收入。

6.3.5.3 将交易价格分摊至客户对额外商品或服务的选择权

IFRS 15：74 要求主体基于单独售价的相对比例将交易价格分摊至履约义务（请参见**第 8 章**）。如果客户取得额外商品或服务的选择权的单独售价无法直接观察到，则主体应对其作出估计。该估计应当反映客户在行使该选择权时可获得的折扣，并就下列两项进行调整：

[IFRS 15：B42]

（a）客户无须行使选择权即可获得的折扣；以及

（b）行使选择权的可能性。

IFRS 15 提供了一项可在有限情况下采用的实务上估计单独售价的可选方法（请参见 **6.3.5.4**）。

示例 6.3.5.3A

向客户提供重大权利的选择权（折扣券）

[IFRS 15：IE250 - IE253，示例 49]

主体订立了一项以 CU100 出售产品 A 的合同。作为该合同的一部分，主体向客户提供一张 40% 的折扣券，可以用于未来 30 天内不超过 CU100 的任何购买。作为季节性促销的一部分，主体计划在未来 30 天内针对所有销售提供 10% 的折扣。该 10% 的折扣不得与 40% 的折扣券同时使用。

由于所有客户在未来 30 日内购买时均将享有 10% 的折扣，唯一向客户提供重大权利的折扣是 10% 之外的增量折扣（即，额外 30% 的折扣）。主体将提供增量折扣的承诺作为销售产品 A 的合同中的一项履约义务进行会计处理。

为按照 IFRS 15：B42 估计折扣券的单独售价，主体估计客户兑现折扣券的可能性为 80%，且每位客户将平均购买 CU50 的额外产品。因此，主体估计折扣券的单独售价为 CU12（额外产品的平均购买价格 CU50 × 增量折扣 30% × 行使选择权的可能性 80%）。产品 A 和折扣券的单独售价以及交易价格 CU100 相应的分摊结果如下：

履约义务	单独售价	
	CU	
产品 A	100	
折扣券	12	
合计	112	
	分摊的交易价格	
产品 A	89	（CU100÷CU112×CU100）
折扣券	11	（CU12÷CU112×CU100）
合计	100	

主体将 CU89 分摊至产品 A 并在控制转让时确认产品 A 的收入。主体将 CU11 分摊至折扣券并在客户将折扣券兑现为商品或服务时或在折扣券到期时确认相应的收入。

示例 6.3.5.3B
按折扣购买商品的选择权——在有或者没有初始购买要求的前提下提供的优惠券

为提高销售额，B 超市向其客户提供两项单独的促销计划：

促销计划 1——所有光顾 B 超市的客户（无论是否购买任何商品）均可获赠一张优惠券，使其能够在购买产品 X（通常售价为 CU10）时获得 CU1 的折扣。

促销计划 2——购买产品 W 的客户（通常售价为 CU7）将获赠一张优惠券，使其能够在购买产品 X 时获得 CU5 的折扣。

产品 X 的任何购买均只能使用一张优惠券。B 超市确定授予产品 W 购买者按 CU5（而非 CU9——即兑现 CU1 优惠券时的购买价格）购买产品 X 的选择权向这些客户提供了一项重大权利。

B 超市应如何对上述两类不同的优惠券进行会计处理？

根据促销计划 1 提供的 CU1 优惠券不属于 IFRS 15 的范围。由于客户在获赠 CU1 优惠券时并未形成任何可执行的承诺，因此 CU1 优惠券并未产生任何合同。

因此，当客户使用 CU1 优惠券购买产品 X 时，B 超市只需将 CU1 作为价格的抵减处理。因此，如果客户使用 CU1 优惠券按 CU9 的价格购买产品 X，将确认 CU9 的收入，因为这是 B 超市因提供产品 X 而有权获得的（扣减 CU1 优惠券之后的）对价。

然而，根据促销计划 2 提供的 CU5 优惠券属于 IFRS 15 的范围，因为作为销售交易（即，购买产品 W 的合同）的一部分客户有权获得 CU5 优惠券。

因此，在对 CU5 优惠券进行会计处理时，B 超市应考虑 IFRS 15：B39 – B43 的规定。根据这些规定，由于 CU5 优惠券向客户提供了一项不订立购买产品 W 的合同就无法获得的重大权利，因此属于单独的履约义务。

在（按照 IFRS 15：B42 的规定——参见上文）评估 CU5 优惠券的单独售价时，B 超市应考虑：（1）未购买任何商品的客户仍可获赠 CU1 优惠券（因此，CU5 优惠券向客户提供的增量价值为 CU4）；（2）CU5 优惠券兑现的可能性。

据此，CU5 优惠券的单独售价（用于将 CU7 的交易价格分摊至产品 W 和折扣优惠券的履约义务）将不会超过 CU4 的额外折扣，并且取决于优惠券预计兑现的比例，其金额可能会更低）。主体应在产品 X 转让给客户时确认与 CU5 优惠券相关的收入，并考虑 IFRS 15：B44 – B47 有关预计不会兑现的优惠券的指引（请参见 **7.7.3**）。

6.3.5.4　当选择权是针对额外的类似商品或服务时的可选实务操作方法

如果客户享有取得未来商品或服务的重大权利，未来商品或服务类似于合同中的原商品或服务，且未来商品或服务按原合同条款提供，IFRS 15 提供了一种估计选择权单独售价的可选实务操作方法。在这种情况下，可以通过参照预计提供的商品或服务及相应的预计对价将交易价格分摊至可选的商品或服务。IFRS 15 的示例 51 说明了这一简化方法（请参见**示例 6.3.5.4**）。通常，此类选择权是以续约为目的。[IFRS 15：B43]

示例 6.3.5.4

向客户提供重大权利的选择权（续约选择权）

[IFRS 15：IE257 – IE266，示例 51]

主体与客户订立 100 份单独的合同，每份合同规定以 CU1,000 提供 1 年的维修服务。合同条款规定每一客户在第 1 年年末均有通过额外支付 CU1,000 将维修合同在第 2 年续约的选择权。已进行第 2 年续约的客户同时被授予以 CU1,000 进行第 3 年续约的选择权。对于在最初（即当产品为新产品时）未订购维修服务的客户，主体将收取显著较高的维修服务价格。即若客户未在最初购买该服务或未对该服务续约，则主体针对第 2 年和第 3 年的年度维修服务将分别收取 CU3,000 和 CU5,000。

主体得出结论认为，续约选择权向客户提供了在不订立合同的情况下无法获得的重大权利，因为如果客户选择仅在第 2 年或第 3 年购买维修服务，则服务的价格将显著提高。每位客户在第 1 年支付的 CU1,000 中的部分付款实际上是针对后续年度将收到的服务的不可返还的预付款。因此，主体得出提供选择权的承诺是一项履约义务的结论。

续约选择权旨在延续维修服务，且这些服务按照现有合同的条款提供。主体并未直接确定续约选择权的单独售价，而是根据 IFRS 15：B43，通过确定主体因交付所有预期提供的服务而预计收取的对价金额来分摊交易价格。

主体预计有 90 位客户在第 1 年年末续约（占已售合同的 90%），并有 81 位客户在第 2 年年末续约（在第 1 年年末续约的 90 位客户中，有 90% 的客户仍将在第 2 年年末续约，占已售合同的 81%）。

在合同开始时，主体确定每项合同的预计对价为 CU2,710 ［CU1,000 + (90% × CU1,000) + (81% × CU1,000)］。主体同时确定，基于已发生成本相对于预计成本总额确认收入能够反映向客户转让的服务。3 年合同的估计成本如下：

	CU
第 1 年	600
第 2 年	750
第 3 年	1,000

因此，在每一份合同开始时预计的收入确认模式如下：

	针对合同续约可能性作出调整的预计成本 CU		分摊的预计对价 CU
第1年	600	（CU600×100%）	780	（CU600/CU2,085×CU2,710）
第2年	675	（CU750×90%）	877	（CU675/CU2,085×CU2,710）
第3年	810	（CU1,000×81%）	1,053	（CU810/CU2,085×CU2,710）
合计	2,085		2,710	

因此，在合同开始时，主体将迄今为止已收取的对价 CU22,000 分摊至第 1 年年末的续约选择权［现金 CU100,000 – 第 1 年拟确认的收入 CU78,000（CU780×100）］。

假设主体的预期未发生变动，且如之前所预计的，有 90 位客户续约，在第 1 年年末，主体已累计收取 CU190,000［（100 × CU1,000）+（90 × CU1,000）］的现金，并且确认收入 CU78,000（CU780×100），及确认合同负债 CU112,000。

因此，在第 1 年年末续约时，主体将 CU24,300 分摊至在第 2 年年末续约的选择权［累计现金 CU190,000，减去第 1 年已确认的收入及在第 2 年将确认的收入合计 CU165,700（CU78,000 + CU877×100）］。

如果实际的合同续约数量不同于主体预期，则主体需更新交易价格并相应地调整所确认的收入。

6.3.5.5　区分可选的购买与可变对价

如 6.3.5.1 至 6.3.5.3 所述，如果合同包含客户获得"额外商品或服务"的选择权，应对该选择权进行评价以确定其是否代表一项重大权利。如是，应将部分交易价格分摊至该重大权利并递延确认这部分收入。交付此类额外商品或服务本身并非该合同下的履约义务；但如果购买那些商品或服务的选择权代表一项重大权利，则应将该选择权作为履约义务处理。客户行使选择权时可能产生的任何额外对价不应包括在初始合同的交易价格中。

IFRS 15 单独阐述了在合同所承诺的对价包含可变金额的情况下"可变对价"的适当会计处理（请参见 **7.2**）。最终应付的可变对价金额可能取决于多种因素。特别是，如果依照合同提供的商品或服务数量的变动性将影响根据合同应付的对价金额,则在某些(但非所有)情况下,这将作为可变对价处理,相应地,可变对价的估计值纳入合同的交易价格(但须遵循 7.2.8 所述的有关可变对价估计限制的要求)。主体需要评价合同中的承诺的性质,并运用判断来确定合同是包含购买额外商品或服务的选择权(进而需要对其进行评价以确定其是否代表一项重大权利),还是合同包含了一项将交付的商品或服务的数量在开始时无法确定的履约义务(从而应作为可变对价处理)。

如果合同包含的是额外商品或服务的选择权,客户具有选择购买**可明确区分**的额外商品或服务的现时权利。在客户行使该权利之前,主体并无义务提供这些商品或服务,客户也并无义务对其进行支付。

如果属于已承诺商品或服务的可变对价的情况,主体有义务转让相关商品或服务且客户有义务对其进行支付。导致产生额外对价的未来事件是在商品或服务控制权转移之后或转移过程中发生的。

在运用判断时,下列指标可能是有帮助的。

- 如果客户可就**可明确区分**的额外商品或服务作出单独购买决策,并且若客户不行使其权利则卖方并无义务提供相关商品或服务,这表明其属于针对额外商品或服务的选择权。例如,主体与客户签订一项为期五年的主供应协议以提供客户在其产品中使用的零部件。客户可在协议期内的任何时间购买零部件,但并无义务购买任何零部件。客户每一次选择购买一个零部件均构成供应商的单独履约义务。

- 相反,如果未来事件(可能包括客户自身的行为)不会导致卖方提供**可明确区分**的额外商品或服务的义务(因为承诺的性质是总体服务,相关的可变商品或服务不可明确区分),则该事件触发的额外对价应作为可变对价进行会计处理。例如,主体可能同意为客户处理所有交易,而服务收费的确定部分基于所处理的交易量,但交易量在合同开始时无法知悉,其将取决于超出主体及客户控制范围的因素。在这种情况下,履约义务是向客户提供在合同期内处理交易的总体服务,且所处理的个别交易并非可明确区分的服务,而是处理所有交易这一单一履约义务的部分履约。

[TRG 议题]

6.3.5.6 不会失效的针对额外商品或服务的选择权

主体可能向客户提供一项购买额外商品或服务的选择权,该选择权授予客户重大权利且不存在失效日期。重大权利是否存在失效日期不会对 IFRS 15 的要求构成影响。因此,针对不存在失效日期的选择权的适当会计处理将取决于重大权利是(1)包括在主体提供的类似权利组合之中,还是(2)作为单项权利进行会计处理。然而,在重大权利不存在失效日期的情况下,很可能需要运用更多判断来评估该权利在未来被行使的可能性。

如果重大权利包括在类似权利组合之中,与预期不会行使的选择权相关的收入应根据该组合中客户行使权利的模式按比例予以确认(请参见**示例 6.3.5.6A**)。

如果客户选择权属于单项权利,主体应在客户行使该选择权的可能性极低时确认归属于未行使的重大权利的收入(请参见**示例 6.3.5.6B**)。

有关客户未行使的权利("放弃的权利")的进一步指引,请参见 **7.7**。

示例 6.3.5.6A
与不会失效的选择权相关的收入的确认——忠诚度计划积分

主体有一项忠诚度积分计划,客户每支出 CU1 将获得 1 个积分;授予客户的积分永久有效。客户在未来购买主体产品时可使用 10 个积分来抵扣 CU1 的价格。

在报告期内,客户按 CU100,000 的价格(其反映产品的单独售价)购买产品并获得 100,000 个可抵扣未来购买的积分。主体预计将有 95,000 个积分被兑现。

积分授予客户若不订立合同则无法获得的重大权利(请参见 **6.3.5.2**)。因此,主体得出结论认为向客户提供积分的承诺是一项履约义务。

主体根据 IFRS 15:B42(请参见 **6.3.5.3**),基于积分被兑现的可能性估计每个积分的单独售价为 CU0.095(总价为 CU9,500)。

- 在合同开始时,主体对 CU100,000 的交易价格作出如下分摊:产品 = CU91,324(CU100,000 × 单独售价 CU100,000 ÷ CU109,500)
- 忠诚度计划积分 = CU8,676(CU100,000 × 单独售价 CU9,500 ÷ CU109,500)

针对所授予的忠诚度计划积分确认 CU8,676 的合同负债。

第 1 年年末

1 年后有 20,000 个积分被兑现，且主体继续预计总共将有 95,000 个积分被兑现。因此，主体针对已兑现的 20,000 个积分确认 CU1,827 的收入（20,000 个已兑现积分 ÷ 预计将被兑现的 95,000 个总积分 × CU8,676）。在第 1 年年末，有关未兑现积分的合同负债余额为 CU6,849（CU8,676 – CU1,827）。

第 2 年年末

2 年后共有 50,000 个积分被兑现。主体重新评估预计客户将兑现的积分数量。新的预计为总共将有 70,000 个积分被兑现。为计算第 2 年内针对重大权利确认的收入，主体基于只有 70,000 个积分将被兑现的最新预计，确定原分摊至重大权利的交易价格（CU8,676）中有多少在第 2 年年末应已累计确认为收入，然后扣减在第 1 年已针对重大权利确认的收入。因此，主体在第 2 年确认 CU4,370 的收入（50,000 个已兑现的总积分 ÷ 70,000 个预计将被兑现的总积分 × CU8,676 – 在第 1 年已确认的 CU1,827）。在第 2 年年末，有关未兑现积分的合同负债余额为 CU2,479（CU6,849 – CU4,370）。

第 3 年年末

3 年后共有 55,000 个积分被兑现，且主体继续预计总共将有 70,000 个积分被兑现。因此，主体在第 3 年针对已兑现的 5,000 个积分确认 CU620 的收入（55,000 个已兑现的总积分 ÷ 70,000 个预计将被兑现的总积分 × CU8,676 – 在第 1 年已确认的 CU1,827 – 在第 2 年已确认的 CU4,370）。在第 3 年年末，有关未兑现积分的合同负债余额为 CU1,859（CU2,479 – CU620）。

第 4 年年末

4 年后并无任何进一步的积分被兑现，且主体断定客户兑现任何剩余积分的可能性极低。在第 4 年就重大权利确认的总收入为 CU1,859 的剩余合同负债余额。

示例 6.3.5.6B
与不会失效的选择权相关的收入的确认——单一客户的选择权

主体与客户订立一项以 CU100 销售产品 A 的合同。作为所议定交易的一部分，客户同时取得一张可按 50% 折扣购买产品 B 的优惠券；该优惠券永久有效。主体未向其他客户提供类似的优惠券。

主体认为按 50% 折扣购买产品 B 的优惠券向客户提供了一项重大权利（请参见 **6.3.5.2**）。因此，主体得出结论认为（1）该选择权是一项履约义务，及（2）应将部分交易价格分摊至该选择权。

产品 B 的单独售价为 CU60。主体估计客户兑现该优惠券的概率为 70%。根据 IFRS 15：B42（请参见 **6.3.5.3**），基于兑现的可能性估计的优惠券单独售价为 CU21（产品 B 的售价 CU60 × 50% 折扣 × 70% 的兑现概率）。

在合同开始时，主体对 CU100 的交易价格作出如下分摊：
- 产品 A = CU83（CU100 × 单独售价 CU100 ÷ CU121）
- 产品 B（优惠券）= CU17（CU100 × 单独售价 CU21 ÷ CU121）

该选择权在签发后的 4 年内均未被行使，且没有针对该重大权利确认任何收入。在第 4 年年末，主体确定客户兑现该优惠券的可能性极低，并根据 IFRS 15：B46（请参见 **7.7**）将 CU17 确认为收入。

6.3.5.7 在购买交易后立即提供的零售商优惠券

零售店有时会在客户进行交易后立即向客户提供零售商签发的优惠券（有时被称为"抵金券"）。这些优惠券基于自动化程序在出纳机打印并在客户完成购买后提供给客户；自动化程序基于各类因素（如，客户购买的商品或花费的金额）来确定是否向客户提供指定优惠券。向客户提供的优惠券仅可在未来购买中使用（往往用于按折扣购买指定产品）。

在某些情况下，客户能够预先知悉其在进行购买之后有权取得特定优惠券。例如，零售商可能已经广而告之其目前正开展一项价差补贴活动，客户可按其购买商品支付的价格与自竞争对手购买相同商品会支付的价格之间的价差获得一张等值优惠券。该优惠券之后可用于抵扣客户在未来向主体购买的商品价格。

然而，客户在进行购买时对于是否会从零售商取得优惠券或者优惠券的具体内容往往很少或不会有任何预期。

根据 IFRS 15：B40（请参见 **6.3.5.1**），仅当其向客户提供一项若不订立交易则无法获得的重大权利时，这种性质的优惠券才会产生一项履约义务。这意味着针对未来商品或服务的折扣通常应属于与客户订立的现有合同下所议定的交换交易的一部分。为确定所提供的优惠是否属于现有合同下所议定的交换交易的一部分，零售商可参照 IFRS 15：24（请参见 **6.2.1**），其规定"……在与客户之间的合同中识别出的履约义务可能并不限于合同清晰列明的商品或服务。这是由于与客户之间的合同还可能包含主体的商业惯例、已公布的政策或特定声明所隐含的承诺（如果在合同订立时，此类承诺导致客户形成主体将向其转让某项商品或服务的有效预期的话）"。

因此，主体需要基于特定事实和情况并运用判断来确定其所作的承诺（如，通过广告或其商业惯例）是否会导致客户形成在进行购买后将取得特定优惠券的有效预期。在评估优惠券对于客户是否具有重大价值从而有可能构成一项重大权利时，主体可能还希望考虑关于将优惠券用于抵扣未来购买金额的客户数量的历史数据。

在上述的价格补贴活动示例中，如果价格补贴活动导致客户形成将因现行交易中任何超额支付的部分取得优惠券的有效预期，则未来购买时可用于抵减价款的优惠券可能产生一项属于初始销售一部分的重大权利（请参见 **6.3.5.2**）。

然而，如果客户对可从零售商取得任何优惠券的预期较低或并无任何预期，则很可能并不存在属于初始销售一部分的重大权利。特别是，客户在购买时将取得可用于抵扣未来购买金额的优惠券的可能性，不大可能会对客户的购买决策产生任何有意义的影响。在这种情况下，该优惠券类似于基于客户购买习惯向特定群体分发的优惠券。此类优惠券应根据 IFRS 15：72（请参见 **7.6.1**）在其兑现之时进行会计处理。

6.3.5.8 属于重大权利的选择权行使的会计处理

如果客户合同包含一项以购买额外商品或服务的选择权形式提供的重大权利，IFRS 15：B39－B43 要求主体将部分交易价格分摊至该项权利，并在转让相应的未来商品或服务或选择权失效时确认相关的收入（请参见 **6.3.5.1** 和 **6.3.5.3**）。

89

TRG考虑了主体在后续客户行使权利（选择权）时应如何进行会计处理，并得出结论认为IFRS 15中的指引支持采用两种方法（如下文所述）。尽管大部分TRG成员支持采用方法A，但他们同意方法B也是可以接受的。主体应将所采用的方法一致地应用于涉及相似事实和情况的相似类型的重大权利。

方法A

重大权利的行使应作为合同的延续进行会计处理，因为现有合同已考虑该重大权利所涵盖的额外商品或服务。因此，在客户行使该重大权利时，主体应当更新合同的交易价格以包括主体因客户行使该权利而预计有权获得的任何额外对价。该额外对价应分摊至与该重大权利相关的履约义务，并在该履约义务得到履行时（或履约过程中）确认为收入。因此，分摊至重大权利的金额应当与客户因行使重大权利而须额外支付的金额相加，且相应得出的总金额应分摊至相关的额外商品或服务。无须修改此前已分摊至合同中其他商品和服务的金额。

方法B

重大权利的行使应作为合同修订进行会计处理。在客户行使重大权利时所取得的额外对价和/或所提供的额外商品或服务代表合同范围和/或价格变更。主体应当应用IFRS 15∶18–21有关合同修订的指引（请参见**第10章**）。

[TRG议题]

示例6.3.5.8
重大权利行使的会计处理

A主体与客户订立一项合同，以CU200提供产品X及以CU100提供服务Y；合同同时包括一项客户可以CU300购买服务Z的选择权。产品X、服务Y和服务Z的单独售价分别为CU200、CU100和CU450。A主体得出结论认为按折扣购买服务Z的选择权向客户提供了一项重大权利。A主体估计该选择权的单独售价（根据IFRS 15∶B42（请参见**6.3.5.3**），同时考虑客户无须行使选择权即可获得的折扣以及行使选择权的可能性）为CU100。

A主体将CU300的交易价格（产品X的售价CU200+服务Y的售价CU100）分摊至合同项下的每一项履约义务，具体如下：

	交易价格 CU	单独售价 CU	分摊 %	分摊 CU
产品 X	—	200	50	150
服务 Y	—	100	25	75
选择权	—	100	25	75
	300	400	100	300

之后，在 A 主体已交付产品 X 及 60% 的服务 Y 时，客户行使了以 CU300 购买服务 Z 的选择权。

<u>方法 A</u>

A 主体应更新交易价格以反映额外向客户收取的对价。在行使选择权后应付的额外对价 CU300 加上此前已分摊至购买服务 Z 的选择权的金额 CU75，得出总金额为 CU375。CU375 应在服务 Z 转让的期间内确认为收入。

不应对已分摊至产品 X 和服务 Y 的金额作出任何修改。针对服务 Y 尚未确认的收入（40%×CU75=CU30）应在服务 Y 转让给客户的剩余期间内确认为收入。

<u>方法 B</u>

A 主体将客户购买服务 Z 的选择权的行使作为合同修订进行会计处理。A 主体并未将该合同修订作为单独合同进行处理，因为合同价格的增加并未反映代表服务 Z 单独售价的金额（请参见 **10.2**）。因此，在确定合同修订后拟提供的剩余服务与合同修订前向客户转让的服务可明确区分之后，主体应用 IFRS 15∶21（a）（请参见 **10.3**）。就产品 X 已确认的收入（CU150）及就 60% 的服务 Y 已确认的收入（CU75×60%=CU45）不予调整。

在合同修订后，尚未确认的收入如下：

	CU
调整后的交易价格（CU300+CU300）	600
减：已确认的收入（CU150+CU45）	(195)
尚未确认的收入	405

该金额应分摊至剩余的履约义务，具体如下：

	交易价格 CU	单独售价* CU	分摊 %	分摊 CU
服务 Y（40%×CU100）	—	40	8.2	33
服务 Z	—	450	91.8	372
	405	490	100	405

＊A 主体已重新考虑在选择权被行使时服务 Y 与服务 Z 的单独售价，并得出结论认为自合同开始后其单独售价未发生任何变化。

不应对已分摊至产品 X 的收入金额作出任何修改。针对服务 Y 尚未确认的收入（CU33）应在服务 Y 转让给客户的剩余期间内确认为收入，而分摊至服务 Z 的 CU372 则应在服务 Z 转让的期间内确认为收入。

6.3.5.9 因重大权利而导致存在重大融资成分

如果客户合同包含一项以购买额外商品或服务的选择权形式提供的重大权利，主体必须将部分交易价格分摊至该项权利，并在转让相应的未来商品或服务或选择权失效时确认相关的收入（请参见 6.3.5.1 和 6.3.5.3）。

主体需要根据 IFRS 15：60-64（请参见 7.4）所述的指引，考虑该选择权是否导致存在重大融资成分。例如，如果额外商品或服务转让的时间是由客户自行决定，则不存在重大融资成分。在某些情况下，可采用 IFRS 15：63 所述的便于实务操作的方法（请参见 7.4.2）。

[TRG 议题]

示例 6.3.5.9

因重大权利而导致存在重大融资成分

C 主体与客户订立一项合同，合同规定客户立即取得产品 W 并具有在 5 年后购买产品 X 的选择权。根据该合同，客户必须在一开始支付 CU340，并且若客户选择行使该选择权，还必须在 5 年后额外支付 CU300。

产品 W 和产品 X 的单独售价分别为 CU200 和 CU600C。主体得出结论认为购买产品 X 的选择权向客户提供一项重大权利。然而，由于客户一开始便需针对该重大权利进行支付但在 5 年后才能行使该选择权，C 主体还断定该合同包含其视之为重大的融资成分。C 主体确定该选择权单独售价的现值（同时考虑不购买产品 W 即可获得的折扣以及行使选择权的概率）为 CU155。折现率为每年 10%。

C 主体将 CU340 的交易价格分摊至产品 W 与该选择权，具体如下：

	交易价格 CU	单独售价 CU	分摊 %	分摊 CU
产品 W	—	200	56.3	192
选择权	—	155	43.7	148
	340	355	100	340

据此，C 主体在交付产品 W 时确认收入 CU192，并确认与该重大权利相关的负债 CU148。

在每一年，C 主体按 10% 的折现率确认涉及该重大权利的折现额回拨，具体如下：

	期初余额 CU	折现额回拨－利息费用 CU	期末余额 CU
第 1 年	148	15	163
第 2 年	163	16	179
第 3 年	179	18	197
第 4 年	197	20	217
第 5 年	217	22	239
	—	91	—

据此，在 5 年期间内，C 主体确认的利息费用总额为 CU91。该金额加上最初分摊至该选择权的 CU148，得出第 5 年年末的期末余额为 CU239。

在第 5 年年末，客户行使该选择权并额外支付 CU300。C 主体运用 **6.3.5.8** 所述的方法 A 并将重大权利的余额（CU239）及额外支付的 CU300 分摊至产品 X。因此，主体将在交付产品 X 时确认 CU539 的收入。

6.3.5.10 由第三方运作的客户忠诚度计划

> **示例 6.3.5.10**
> **由第三方运作的客户忠诚度计划**
>
> 零售商 A 主体参与一项由第三方（客户忠诚度计划运营商）运作的客户忠诚度计划。根据该计划，在登记参加该计划的客户从 A 主体的商店购买商品时，A 主体将向其授予忠诚度积分。所授予的积分随后可被客户用于抵扣未来自参与该计划的任何零售商（包括但不限于 A 主体）购买商品的部分或全额价款。
>
> A 主体须就授予其客户的每个积分向客户忠诚度计划运营商支付 CU1 的现金，并在客户于 A 主体的商店使用积分（该积分可通过向 A 主体或参与计划的任何零售商购买商品获得）抵扣购买价款时有权自该计划运营商收取现金（也是每个积分 CU1 的现金）。
>
> A 主体向客户销售产品 X 并取得 CU50。根据客户忠诚度计划条款，客户通过该购买有权获得 2 个积分。A 主体随后必须就该 2 个积分向客户忠诚度计划运营商支付 CU2。
>
> A 主体应就产品 X 的销售确认收入 CU48，并同时确认应付给客户忠诚度计划运营商的负债 CU2。
>
> 在本例中，A 主体并未控制忠诚度积分向客户的转让（事实上 A 主体无法接触积分，而是仅代表客户就相应积分向客户忠诚度计划运营商进行支付），且并非对履行积分所代表的义务承担主要责任（因为客户忠诚度计划运营商负责管理该计划并在相关积分使用后向零售商进行支付）。因此，根据 IFRS 15：B36-B37（请参见 3.6.2 和 3.6.3），A 主体被视为客户忠诚度计划运营商的代理人并协助其向客户销售积分。
>
> 据此，代表客户忠诚度计划运营商收取的 CU2 不应纳入销售产品 X 的交易价格（IFRS 15 附录一中"交易价格"的定义不包括"代第三方收取的金额"），取而代之的是，向客户忠诚度计划运营商支付现金的合同义务应确认为一项金融负债。

6.3.6 不可返还的预付费用

主体在合同开始时或接近合同开始时可能会向客户收取一笔不可返还的预付

费用（如，健康俱乐部成员合同中的入会费、电信合同中的开通费、某些服务合同中的准备费及某些供货合同中的先期费用）。［IFRS 15：B48］

主体应当评估该费用是否与转让代表一项单独履约义务的已承诺的商品或服务有关。即使不可返还的预付费用与主体为履行合同而必须在合同开始时或临近合同开始时开展的活动相关，但在许多情况下这些活动并不会导致向客户转让已承诺的商品或服务（请参见 **6.2**）。相反，预付费用是针对未来商品或服务的预付款，从而应在提供相关未来商品或服务时确认为收入。如果主体授予客户续约选择权并且这一选择权向客户提供了一项重大权利（请参见 **6.3.5**），则收入确认期间应延长至超出最初的合同期。［IFRS 15：B49］

如果不可返还的预付费用与某项商品或服务相关，主体应当评价是否应将该商品或服务作为一项单独履约义务进行会计处理。［IFRS 15：B50］

主体可能会收取一笔不可返还的费用，部分作为对合同准备过程中或其他行政任务所发生的成本的补偿。如果这些准备活动并未履行履约义务，则主体在计量履约进度以评估何时确认收入时应忽略这些活动（及相关成本）（请参见 **9.3.3**）。这是因为这些准备活动成本并未反映对客户的服务转让。同时，有必要考虑在合同准备过程中所发生的成本是否应当予以资本化（请参见 **12.3**）。［IFRS 15：B51］

> 根据 IFRS 15，收入确认的时间并非基于收取或支付现金的具体时间，主体应在其通过向客户转移对已承诺商品或服务的控制来履行履约义务时（或履约过程中）确认收入。
>
> 如果主体在相关履约义务履行之前取得对价，则直至其履行义务之前，该预付款不应确认为收入。取而代之的是，主体应在财务状况表内将已取得的对价确认为合同负债（即，递延收入）。

> **示例 6.3.6A**
>
> **不可返还的预付费用**
>
> ［IFRS 15：IE272 – IE274，示例 53］
>
> 主体与客户订立一份关于一年交易处理服务的合同。主体的合同具有适用所有客户的标准条款。合同要求客户支付预付费用，以在主体的系统和流程中对客户进行设置。这一费用是名义金额并且不可返还。客户可每年对合同进行续约且无须支付额外费用。
>
> 主体的设置活动并未向客户转让商品或服务，因此并未形成一项履约义务。

《国际财务报告准则第15号——客户合同收入》应用指引

> 主体得出结论认为，续约选择权并未向客户提供在不订立合同的情况下无法获得的重大权利（参见 IFRS 15：B40）。实际上，预付费用是针对未来交易处理服务的预付款。因此，主体确定交易价格包括不可返还的预付费用，并在交易处理服务提供过程中确认收入。

示例 6.3.6B
在订立合同时取得的预付费用——俱乐部会员费

主体经营一个健身俱乐部。与客户的合同安排主要条款如下。

- 客户在订立合同时必须支付 CU100 的入会费。
- 每项合同期限为一年。在合同期内，客户必须每月支付 CU100 的费用（无论其在该月内是否使用俱乐部的服务）。
- 入会费不可返还，即使客户在一年合同期内从未使用俱乐部的服务。

鉴于入会费不可返还，主体是否应在取得入会费时将其确认为收入？

否。根据 IFRS 15，主体应在其通过向客户转让已承诺的商品或服务来履行履约义务时（或履约过程中）确认收入。

在上述情况下，客户需支付入会费及每月费用以使用健身俱乐部提供的设施。因此，履约义务为提供健身俱乐部设施供客户使用，而入会费是客户为在未来使用该设施所支付的对价的一部分。在取得入会费时并未履行任何履约义务，因此，不应在该时点确认任何收入。

取而代之的是，入会费应确认为合同负债。该对价应纳入交易价格并在相关的履约义务得到履行时（或履约过程中）确认为收入。

如**示例 6.3.6C** 所示，在预付费用并非单独履约义务因而作为合同负债予以递延的情况下，主体需要考虑确认该预付费用的适当期间。

示例 6.3.6C
不可返还的预付费用的会计处理

X 主体同意为客户每月提供服务，其每月收取的价款 CU400 须在每个月初支付。在合同开始时，X 主体还向客户收取不可返还的一次性预付费用 CU50（并未就此预付费用转让任何单独的商品或服务）。客户可在不支付罚款的情况下随时取消该合同，但客户无权就任何已支付的款项获得退款。X 主体未就未来月份服务的价格水平作出任何承诺。X 主体的平均客户关系存续期为 2 年。

该预付费用本身并未导致向客户转让商品或服务，因此其本身并非一项履约义务，而是代表对 X 主体的服务预先支付的款项，该款项应予递延并在未来提供服务时予以确认。

将该预付费用确认为收入的期间取决于预付费用是否向客户提供了一项涉及续订 X 主体服务（即，通过不取消合同）的重大权利。在确定这一点时，X 主体应同时考虑定量和定性因素（如，比较续订价格与新客户需支付的价格）。

如果 X 主体得出结论认为预付费用确实提供了一项重大权利，该预付费用应在客户预期能够因续订服务时无须支付预付费用而受益的服务期间内予以确认。在本例中，该期间很可能是估计的 2 年客户关系存续期。

如果 X 主体得出结论认为预付费用并未向客户提供一项重大权利，则应根据 IFRS 15：B49 在服务提供的第 1 个月全额确认 CU450 的交易价格（包括 1 个月的最低服务费用及预付费用）。

[TRG 议题]

6.3.7 "随时准备履行"的义务

IFRS 15：26（e）将提供一项随时准备提供商品或服务的服务（"随时准备履行"的义务）作为主体应当评估以确定其是否属于可明确区分的履约义务的合同承诺的例子（请参见 6.3.1）。

如果主体在合同中承诺的性质是在一段时期内随时准备提供商品或服务，而非提供与履约义务相关的具体商品或服务，则会产生随时准备履行的履约义务。客户基于服务或资源在其需要或要求获得时即可供其使用的保证来消耗及取得源自随时准备履行的义务的利益。随时准备履行的义务的例子包括：

- 软件供应商承诺转让由其自行决定的未指定的未来升级。供应商承诺向客户提供未指定的（即，在可供使用时将提供的）软件升级，且该主体不存在有关提供更新的任何可辨别的模式。供应商这一承诺的性质实质上是向客户提供一项保证，确保向客户提供指定期间内开发的任何升级或更新。

- 对于此前获授许可证的知识产权，承诺将基于制药研发进展，在更新可供使用时向客户提供。
- 为机场跑道铲除积雪并每年收取固定费用。主体承诺在"需要时"提供铲除积雪服务。在此类安排中，主体无法知晓并且很可能无法合理地估计是否会下雪以及下雪的频率与降雪量。这表明主体承诺的性质是随时准备提供上述服务，而非实际承诺提供具体的服务。

为识别随时准备履行的义务，主体首先应当基于特定事实和情况识别合同中承诺的性质。主体的义务是提供既定的商品或服务，还是提供未知类型或数量的商品或服务，可能是反映主体在合同中承诺的性质的强有力指标。尽管在上述每一种情况下，主体均必须随时准备好在客户提出要求或者或有事件（如，下雪）发生时交付商品或服务，但主体无法知晓在合同期内客户将取得主体商品或服务的时间或程度的事实，可能是表明主体是随时准备履行有关义务的强有力指标。

示例 9.3.1.1 探讨了与健身俱乐部会员相关的随时准备履行的义务。该示例表明主体的承诺是提供健身俱乐部供客户使用的服务，因为客户使用健身俱乐部的程度并不影响客户有权获得的剩余商品和服务的数量。这与 IFRS 15：BC160 讨论的内容相一致。

有关计量在一段时间内随时准备履行的履约义务的履约进度的额外考虑事项，请参见 **9.3.2.3**。

[TRG 议题]

第7章 步骤3：确定交易价格

7.1 确定交易价格——一般规定

交易价格是指主体因向客户转让已承诺的商品或服务而预计有权获得的对价金额，不包括代第三方收取的金额（如，某些销售税）。客户合同所承诺的对价可能包括固定金额、可变金额或两者兼有。在确定交易价格时，需要同时考虑合同条款及主体的商业惯例。［IFRS 15：47］

客户所承诺的对价的性质、时间和金额会影响对交易价格的估计。在确定交易价格时，应考虑下列所有事项的影响：
［IFRS 15：48］

（a）可变对价（请参见 **7.2**）；

（b）对可变对价估计的限制（请参见 **7.2.8**）；

（c）合同中存在的重大融资成分（请参见 **7.4**）；

（d）非现金对价（请参见 **7.5**）；以及

（e）应付给客户的对价（请参见 **7.6**）。

下图提供了涉及每一项要素的例子。

IFRS 15 同时引入了一项限制，规定对于多数类型的可变对价，仅在与可变对价相关的不确定性之后被消除时已确认的累计收入金额极可能不会发生重大转回的情况下，才应将可变对价纳入交易价格（请参见 **7.2.8**）。［IFRS 15：56］

在确定交易价格时，应当假设商品或服务将根据现有合同按承诺转让给客户，且合同将不会被撤销、续期或修订。［IFRS 15：49］

步骤3：交易价格

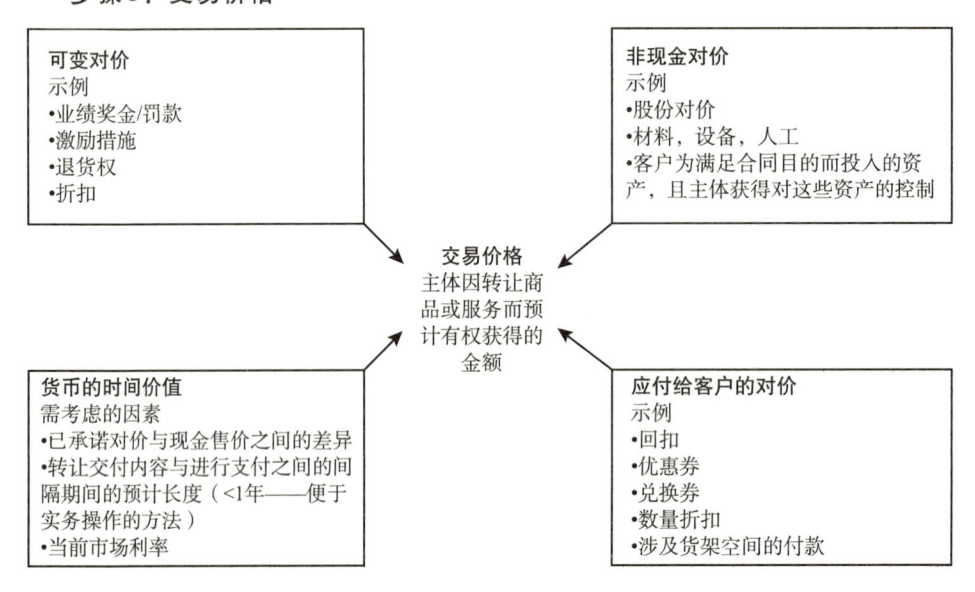

可变对价
示例
- 业绩奖金/罚款
- 激励措施
- 退货权
- 折扣

非现金对价
示例
- 股份对价
- 材料，设备，人工
- 客户为满足合同目的而投入的资产，且主体获得对这些资产的控制

交易价格
主体因转让商品或服务而预计有权获得的金额

货币的时间价值
需考虑的因素
- 已承诺对价与现金售价之间的差异
- 转让交付内容与进行支付之间的间隔期间的预计长度（<1年——便于实务操作的方法）
- 当前市场利率

应付给客户的对价
示例
- 回扣
- 优惠券
- 兑换券
- 数量折扣
- 涉及货架空间的付款

IAS 18 仅包含很少涉及可变对价及上文所列的其他主题的指引。此外，IAS 18 并未就在客户支付预付款的情况下是否应考虑货币的时间价值作出任何规定。

主体在确定用于就重大融资成分调整已承诺对价的折现率时，仅应考虑客户的信用风险。

IFRS 15∶47 规定，交易价格是指主体预计**有权获得**的金额，而非预期**收到**的金额。客户的违约风险（即，客户的信用风险）不会影响对主体预计**有权获得**的金额的确定。IFRS 15∶BC260 – 261 指出，采用该方法旨在令财务报表使用者能够分别分析"总"收入（即，主体有权获得的金额）和应收款管理的影响（或坏账）。

然而，如果合同规定的付款时间为客户提供了重大融资利益，则需要对交易价格作出调整以反映货币的时间价值。IFRS 15∶BC239 指出，在这种情况下，主体在确定所采用的适当折现率时应考虑客户的信用风险。如**示例 7.4.6D** 所述，该折现率将会影响就转让合同规定的商品或服务所确认的收入金额。

此外，客户的信用风险是确定是否存在合同时的考虑因素之一，因为 IFRS 15∶9 规定的识别合同的标准之一是主体很可能取得其有权获得的对价〔特别是 IFRS 15∶9（e）——请参见 **5.1.1**〕。

7.2 估计可变对价

7.2.1 可变对价

7.2.1.1 估计可变对价的要求——一般规定

如果合同所承诺的对价包括可变金额,主体应当估计其因向客户转让已承诺的商品或服务而有权获得的对价金额。[IFRS 15:50]

7.2.1.2 识别可变对价

可变对价的例子包括折扣、回扣、退款、抵免、价格折让(请参见**示例7.3A**)、激励措施(请参见**示例7.3B**)、业绩奖金和罚款(请参见**示例7.2.1.2**)。如果主体获得对价的权利以某一未来事件的发生或不发生为条件,对价也可能改变。有关例子包括产品销售附带退货权或承诺在实现特定里程碑时将支付固定金额作为业绩奖金。[IFRS 15:51]

> **示例 7.2.1.2**
>
> **产生可变对价的罚款**
>
> [IFRS 15:IE102-IE104,示例20]
>
> 主体与客户订立一项按 CU1,000,000 的价格建造一项资产的合同。此外,合同包含罚款条款,规定若建造未能在合同指定日期后的 3 个月内完工,则须支付 CU100,000 的罚款。
>
> 主体得出结论认为,合同所承诺的对价包含 CU900,000 的固定金额及(因罚款产生的)CU100,000 的可变金额。
>
> 主体根据 IFRS 15:50-54 对可变对价进行估计,并考虑 IFRS 15:56-58(请参见 **7.2.8**)中有关可变对价估计限制的要求。

对价可变的事实可能已在合同中明确列示。然而,若存在下列情况之一,则合同也会包含可变对价:

[IFRS 15:52]

(a) 主体的商业惯例、已公布的政策或特定声明导致客户形成主体将接受低于合同指定价格的对价金额的有效预期(即,预计主体将提供价格折让)。视司法管辖区、行业或客户的不同,该要约可能被称为折扣、回扣、退款或抵免;或者

(b) 其他事实和情况表明主体在与客户订立合同时意图向客户提供价格折让。

7.2.1.3 选择估计可变对价的方法

应当使用下列方法之一估计可变对价的金额（具体取决于主体预计哪一种方法能更好地预测其有权获得的对价金额）：

[IFRS 15∶53]

（a）预期价值法——适用于主体拥有大量具有类似特征的合同的情况。预期价值是一系列可能发生的对价金额的概率加权金额的总和；以及

（b）最可能的金额——适用于合同仅有两个可能结果的情况（例如，基于是否能够实现业绩奖金目标而取得的金额）。最可能的金额是一系列可能发生的对价金额中最可能发生的单一金额（即，合同最可能产生的单一结果）。

> 主体并非可自由选择用于估计可变对价的方法；主体应当使用其中能更好地预测其有权获得的对价金额的方法。
>
> 如果合同仅有两个可能的结果，使用基于最可能的金额的方法来估计可变对价往往是恰当的。
>
> 如果主体拥有大量具有类似特征的合同，而每一项合同的结果独立于其他合同，则使用预期价值法可以更好地预测这些合同综合而言的总体结果。即使每一项合同仅有两个可能的结果（如，附带退货权的销售）也是如此。这是因为在存在大量类似交易时，主体往往拥有关于各类不同结果之概率的更完善的信息。
>
> 然而，重要的是审慎考虑每项合同的结果是否真正独立于其他合同。例如，如果合同仅会产生两个结果中的一个，但对所有合同而言该结果的确定取决于同一事件的发生或不发生（即，要么所有合同均收得到可变金额，要么所有合同均收不到），则预期价值很可能并非预测总体结果的较好方法，主体需要使用最可能的金额法来估计合同中的可变对价。

> **示例 7.2.1.3A**
> 选择估计可变对价的方法
>
> 每一年度，X 主体的业绩均与特定司法管辖区内竞争对手的业绩进行比较并排名。X 主体的所有客户合同均明确规定，若 X 主体的排名位于前 25%，则客户将向 X 主体支付 CU500 的固定奖金。X 主体约有 1,000 份客户合同。

X 主体应当基于最可能的金额来估计可变对价。尽管 X 主体拥有大量合同，但合同的结果并非相互独立，因为其全部均取决于相同的标准（即，X 主体相对于竞争对手的排名），因此只会产生下列两种结果之一：针对所有合同支付奖金，或不支付任何奖金。据此，合同综合而言的总体结果只会是上述两者之一，因而预期价值法并非预测总体结果的好方法。

示例 7.2.1.3B

估计可变对价

[IFRS 15：IE105 – IE108，示例 21]

主体与客户订立一项建造定制资产的合同。该转让资产的承诺是一项在一段时间内履行的履约义务。已承诺的对价为 CU2,500,000，但视资产完工的时间，该金额有可能会减少或增加。具体而言，若资产于 20×7 年 3 月 31 日仍未完工，则每推后一天完成，已承诺的对价将减少 CU10,000；若资产于 20×7 年 3 月 31 日前完工，则每提前一天完成，已承诺的对价将增加 CU10,000。

此外，在资产完工后，将由第三方对资产实施检查并基于合同界定的标准给予评级。如果资产达到特定评级，主体将有权获得奖励性付款 CU150,000。

在确定交易价格时，主体运用 IFRS 15：53 所述的估计方法对其有权获得的可变对价的每一项要素单独进行估计：

（a）主体决定采用预期价值法来估计与按日计的罚金或奖励相关的可变对价（即 CU2,500,000，加上或减去每天 CU10,000）。这是因为主体预计该方法能更好地预测其有权获得的对价金额。

（b）主体决定采用最可能的金额来估计与奖励性付款相关的可变对价。这是因为只存在两种可能发生的结果（CU150,000 或 CU0），并且主体预计该方法能更好地预测其有权获得的对价金额。

主体考虑 IFRS 15：56 – 58（请参见 **7.2.8**）中有关可变对价估计限制的要求以确定是否应将估计的部分或全部可变对价纳入交易价格。

7.2.1.4 整个合同期间采用的估计可变对价的方法

在估计某项不确定性对主体有权获得的可变对价金额的影响时，主体应当对合同始终一致地采用同一种方法。此外，在评估可变对价金额时，主体应当考虑其可合理获取的所有信息（历史信息、当前信息和预测信息），并应当识别合理数量的可能发生的对价金额。用以估计可变对价金额的信息通常与管理层在投标及递交建议书过程中及确定已承诺商品或服务的价格时所使用的信息类似。[IFRS 15∶54]

7.2.1.5 使用一种以上的方法来估计一项合同中的可变对价

如果合同包含多项可变对价要素，主体可采用一种以上的方法（即，预期价值法和最可能的金额法）来估计拟纳入交易价格的可变对价金额。随同 IFRS 15 发布的示例 21（**示例 7.2.1.3B**）反映了主体应通过使用预期价值法或最可能的金额法（具体取决于哪一种方法能更好地预测主体有权获得的对价金额），针对合同中的**每一项**可变对价要素（即，每一种不确定性）确定单独的估计值。

由于 IFRS 15∶54（请参见 **7.2.1.4**）要求主体对合同中的每一项可变要素始终一致地采用同一种方法，因此在合同存续期内针对特定的可变要素变换所采用的方法（最可能的金额或预期价值法）是不恰当的。

主体还应考虑 IFRS 15∶56 – 58（请参见 **7.2.8**）中有关可变对价估计限制的指引，以确定是否应将部分或全部可变对价纳入交易价格。

示例 7.2.1.5
使用一种以上的方法来估计一项合同中的可变对价

X 主体是一家信息技术服务提供商，并与客户订立一项开发客户网站的合同。为鼓励 X 主体按时完成项目并为客户提供推动业务增长的解决方案，合同规定 X 主体的收费同时包括固定对价以及按下列方式确定的可变对价。

• 收费的其中一项要素是基于网站的业绩并通过使用介乎 CU500,000 ~ CU1,000,000 之间的浮动价格来确定的。X 主体所赚取的金额根据采用网站在完成并可全面投入运作之后两年期间的若干指标（如，所浏览的网页数量以及独一访客数量）的公式计算。

• 收费的另一项要素基于网站完工的及时性，并通过如下方式确定：

• 如果网站在签署合同后 90 天内完成并可全面投入运作，则支付 CU750,000；或

• 如果网站在签署合同的 90 天之后完成并可全面投入运作，则支付 CU350,000。

在考虑 IFRS 15∶53 中关于选择估计可变对价金额的适当方法的指引之后，X 主体针对合同中的每一项可变要素采用下列方法：

- 与客户网站业绩相关的对价金额采用预期价值法进行估计，因为 X 主体认为其有权获得的潜在对价金额的区间范围较广（介于 CU500,000 ~ CU1,000,000 之间的任何金额）；以及

- 与网站完工及时性相关的对价金额通过采用最可能的金额法进行估计，因为该可变对价要素仅有两个可能的结果（CU750,000——如果网站在 90 天内完成并可全面投入运作；或 CU350,000——如果网站在 90 天之后完成并可全面投入运作）。

X 主体应继续在整个合同存续期内针对每一项要素一致地采用所选择的方法。

7.2.1.6 预期价值法下基于类似合同估计可变对价与针对合同组合应用 IFRS 15 之间的区别

如果主体得出结论认为预期价值法是确定特定合同可变对价的适当方法（请参见 **7.2.1.3**），其在估计可变对价时可以考虑源自其他类似合同的证据。

根据 TRG 的讨论，在为估计特定合同可变对价的预期价值而考虑类似合同的历史经验时，主体并非在运用（如 **3.4** 所述的）针对合同组合的便于实务操作的方法。重要的是，这意味着 IFRS 15∶4 所述的运用针对合同组合的便于实务操作方法的限制（即，主体预计将 IFRS 15 应用于具有类似特征的合同组合得出的结果不会显著不同于将相关指引应用于该组合中单个合同的结果）并不适用。

[TRG 议题]

7.2.1.7 采用预期价值法确定的金额可能并非个别合同的可能结果

在某些情况下，在采用预期价值法利用数据组合估计可变对价时，所确定的金额不一定反映个别合同的可能结果。然而，根据 TRG 的讨论，预期价值并非个别合同的可能结果这一事实不是在选择最适当的方法时应考虑的因素。因此，即使所确定的金额不一定反映个别合同的可能结果，在利用数据组合估计可变对价时，也可以采用预期价值法。

[TRG 议题]

> **示例 7.2.1.7**
> **利用数据组合估计可变对价的预期价值法**
>
> B 主体与 C 客户订立一项以 CU50 销售产品 X 的合同。B 主体的政策允许客户在 30 天内退回未使用的产品并获得退款（请参见 **7.2.2**）。因此，合同包含可变对价。除与 C 客户进行的交易之外，B 主体同时具有大量附带相同退货权的产品 X 的类似销售（即，同质化的合同总体）。
>
> 在根据 IFRS 15:53 选择用于估计可变对价的方法时，B 主体得出结论认为预期价值法能更好地预测其有权获得的对价金额。在采用预期价值法时，B 主体考虑了包含产品 X 销售合同的历史数据组合。B 主体认为该历史数据对于与 C 客户订立的合同的特征具有相关性和一致性。该数据组合表明每 100 个产品会有 10 个产品被退回。通过利用该数据组合，B 主体估计向 C 客户销售产品 X 的预期价值为 CU45 [CU50 - (CU50 × 10%)]。
>
> 若基于整个总体进行考虑，CU45 的估计值很可能与产品退货权的相关不确定性最终被消除时的结果相一致。这是因为当存在大量类似交易（即，同质化的合同总体）时，主体关于其有权获得的对价金额的预期可通过参照类似数据组合所显示的各种结果的概率更好地预测。
>
> B 主体需要单独考虑是否须对可变对价的估计作出限制。该评估应基于与采用预期价值计量可变对价的逻辑相一致的方式，基于同质化的总体整体，考虑为确保收入极可能不会发生重大转回而应当纳入交易价格的可变对价金额（请参见 **7.2.8**）。请注意，在考虑是否需要对可变对价作出限制时，主体无须考虑将取得的最可能的金额，因为其已经确定预期价值法是估计该特定合同收入的适当方法（请参见 **7.2.8.3**）。

7.2.2 附带退货权的销售

在某些合同中，主体在向客户转移对产品控制的同时还赋予客户基于各类原因（如，对产品不满意）退回产品及取得以下各项的任一组合的权利：

[IFRS 15:B20]

(a) 全部或部分返还已支付的对价；

(b) 可与已欠或将欠主体的金额相抵扣的抵免；或者

(c) 换取另一产品。

为对转让附带退货权的产品（以及某些可予退款的服务）进行会计处理，主体应当确认下列各项：

［IFRS 15：B21］

（a）按照主体预计有权获得的对价金额，确认转让产品所形成的收入（因此，对于预计退回的产品不会确认收入）；

（b）按预计将返还的金额确认一项退款负债（请参见 **7.2.3** 和**第 13 章**）；以及

（c）就结算退款负债时向客户收回产品的权利确认一项资产（并相应调整销售成本）。

主体在退货期内随时准备接受所退回产品的承诺，不应作为提供退款的义务之外的履约义务进行会计处理。［IFRS 15：B22］

> 主体往往向客户提供在初始销售后的特定期间内退回产品的权利（前提是产品尚未使用或损坏）。IFRS 15：B22 规定"主体在退货期内随时准备接受所退回产品的承诺，**不应作为提供退款的义务之外的履约义务进行会计处理**"（本书加粗以示强调）。然而，客户退回产品的权利可能会影响确认的收入金额（交易价格），因为主体仅应就预计不会退回的商品确认收入。根据 IFRS 15：56，仅在与预期退货相关的不确定性消除后已确认的累计收入金额极可能不会发生重大转回的情况下，与退货权相关的销售金额才应纳入交易价格。
>
> 上述交易价格应使用与任何其他可变对价相同的方式，通过采用（如 **7.2.1** 所述的）最可能的金额或预期价值法进行估计（请参见**示例 7.2.2**），并反映主体预计有权获得的金额（该金额应作出调整以排除预计向客户返还或予以抵免的金额）。
>
> 例如，如果某零售店的政策允许客户在 30 天内（无论任何原因）退货，则不应将任何交易价格金额分摊至随时准备接受所退回产品的"服务"，而是应对交易价格作出估计，该估计值应以主体预计在与预期退货相关的不确定性消除时极可能不会发生重大转回的金额为限（请参见 **7.2.8**）。随后，在 30 天后知悉退货水平时或通过在退货期内的任何报告日对交易价格估计值作出更新时，确认一项对收入的调整。

应当应用 IFRS 15 有关确定交易价格的要求（包括有关可变对价估计限制的指引，请参见 **7.2.8**），来确定主体预计有权获得的对价金额（即，不包括预计退回的产品)。对于主体预计其无权获得的已收（或应收）金额，主体在向客户转让产品时不应当确认收入，而是应当将此类已收（或应收）金额确认为一项退款负债。主体应在后续的每一个报告期末重新评估其预计有权获得的金额，并相应变更交易价格，进而变更已确认的收入金额。[IFRS 15：B23]

主体应当在每个报告期末，按照预计退款金额的变动，对退款负债的计量进行更新。主体应将相应的调整确认为收入（或收入的减少）。[IFRS 15：B24]

就结算退款负债时主体向客户收回产品的权利所确认的资产应参照产品（例如，存货）的原账面金额减去收回该产品预计发生的成本（包括对主体而言所退回产品价值的可能减少）进行初始计量。在每一个报告期末，主体应当根据退回产品的相关预计变动，对该资产的计量进行更新。主体应将该资产与退款负债分开列报。[IFRS 15：B25]

示例 7.2.2

退货权

[IFRS 15：IE110 – IE115，示例 22]

主体与客户订立 100 项合同，每项合同涉及以 CU100 销售一个产品（共 100 个产品 × CU100 = 总对价 CU10,000）。主体在对产品的控制转移时取得现金。主体的商业惯例为允许客户在 30 天内退回任何未使用的产品并获得全额退款。主体就每个产品所发生的成本为 CU60。

主体对这 100 项合同的组合应用 IFRS 15 的要求，因为根据 IFRS 15：4，主体合理预计与对该组合中的单个合同应用 IFRS 15 相比，对该组合应用相关要求将不会对财务报表产生显著不同的影响。

由于合同允许客户退回产品，因此向客户收取的对价是可变的。为估计主体将有权获得的可变对价，主体决定使用预期价值法[参见 IFRS 15：53(a)]，因为主体预计该方法能更好地预测其有权获得的对价金额。在使用预期价值法时，主体估计 97 个产品将不会被退回。

主体同时考虑了 IFRS 15：56 – 58 中有关可变对价估计限制的要求，以确定是否能够将估计的可变对价金额 CU9,700（CU100 × 预计不会被退回的 97 个产品）纳入交易价格。主体考虑了 IFRS 15：57 所述的因素，并确定尽管退货超出主体的影响范围，但其拥有关于估计该产品及该客户群退货的大量经验。此外，不确定性将在短期（即 30 天的退货期）内消除。因此，主体得出结论认为，在不确定性消除时（即退货期失效后），已确认的累计收入金额（即 CU9,700）极可能不会发生重大转回。

主体估计收回产品所发生的成本并不重大，且预计被退回的产品可按高于成本的价格重新出售。

在 100 个产品的控制转移时，主体并未就其预计将被退回的 3 个产品确认收入。因此，根据 IFRS 15:55 和 IFRS 15:B21，主体确认下列各项：

(a) CU9,700 的收入（CU100 × 预计不会被退回的 97 个产品）；

(b) CU300 的退款负债（CU100 的退款 × 预计将被退回的 3 个产品）；以及

(c) CU180 的资产（CU60 × 3 个产品，反映主体在结算退款负债时向客户收回产品的权利）。

IFRS 15:56-58 中有关可变对价估计限制的要求请参见 **7.2.8**。

在应用 IFRS 15 时，客户以一个产品换取同一类型、质量、状况及价格的另一产品（例如，另一种颜色或尺寸的产品）不视为退货。[IFRS 15:B26]

客户可退回有瑕疵产品以换取正常产品的权利，应当应用有关质保的指引（请参见 **6.3.4**）进行会计处理。[IFRS 15:B27]

7.2.3 退款负债

如果主体向客户收取对价并预计将向该客户返还部分或全部对价，主体应当确认一项退款负债。退款负债应按主体预计**无权**获得的已收（或应收）对价金额（即，不包括在交易价格中的金额）计量。在每一报告期末，应当就具体情况发生的变化对退款负债（及交易价格和合同负债的相应变动）进行更新。对于与附带退货权的销售相关的退款负债，IFRS 15 包含特定的指引（请参见 **7.2.2**）。[IFRS 15:55]

7.2.4 现金折扣

示例 7.2.4
现金折扣

卖方针对立即或迅速付款（即，在正常赊销期结束之前支付）提供现金折扣。某项金额为 CU100 的销售付款期为 90 天。如果客户在 30 天内支付，将获得发票总金额 10% 的折扣。卖方按相同的赊销条款销售大量的类似项目（即，该交易是类似项目组合的一部分）。卖方选择应用 IFRS 15:63 规定的便于实务操作的方法（请参见 7.4.2），因此不会针对重大融资成分对已承诺的对价金额作出调整。

卖方应如何对该提前付款激励措施进行会计处理？

IFRS 15 将"交易价格"定义为"主体因向客户转让已承诺的商品或服务而预计有权获得的对价金额"。该金额可能因折扣、回扣、退款、抵免、激励措施、业绩奖金、罚款、价格折让或其他类似项目而发生变化。

在上述情况下，若不提供折扣，收入为 CU100；若提供折扣，则收入为 CU90。这导致主体有权获得的对价金额是可变的。

根据 IFRS 15，如果合同中的已承诺对价包含可变金额，主体应当（1）使用"预期价值"或"最可能的金额"法（具体取决于主体预计哪一种方法能更好地预测其有权获得的对价金额），及随后（2）根据 IFRS 15:56-58（请参见 7.2.8）考虑对可变对价估计限制的影响，来估计其有权获得的可变对价金额。

因此，卖方应在履约义务得到履行时（或履约过程中）确认收入，所确认的收入金额应扣除前段所述的预计提供的现金折扣。

例如，如果 40% 的交易中客户都使用了该折扣，则预期值计算如下：

（CU100 × 60%）+（CU90 × 40%）= CU96

如果使用折扣的交易比例总是接近 40%（即，折扣处于 40% 左右的较窄范围），则很可能无须对可变对价的估计作出限制，并且应确认 CU96 的收入。

但是，如果使用折扣的交易比例差异幅度较大，则有必要应用对可变对价估计的限制，从而导致确认较低的收入金额。例如，历史记录可能表明尽管长期平均比例为 40%，但各月之间的比例变动幅度较大，而采用折扣的比例经常可高达 70%（但从未超出这一比例）。在这种情况下，卖方可能得出结论认为仅应将 30% 的可变对价纳入交易价格，因为若包括更高的金额则可能会导致重大收入转回。在这种情况下，所确认的收入金额将以下列金额为限：

（CU100 × 30%）+（CU90 × 70%）= CU93

7.2.5 重新入库费及相关成本

在某些行业,客户在向卖方退回之前购买的产品时无权获得全额退款。实际上,卖方就接受退货收取费用(有时称为"重新入库费")。这些费用通常会在卖方与客户之间的合同中列明。

卖方可能出于各类目的收取重新入库费——收回某些在将退回的产品变为可销售存货过程中预计发生的成本(如,重新包装或运输成本)、补偿再出售时售价的降低,和/或防止客户退回产品。

确定的交易价格应当包括针对预计退货收取的重新入库费。主体需要考虑 IFRS 15:50 – 54 中有关估计可变对价的指引(请参见 **7.2.1**)。

根据 IFRS 15:B25,产品退回时预计发生的成本应在控制转移给客户当日确认为预计收回的资产账面金额的抵减。

[TRG 议题]

示例 7.2.5
重新入库费及相关成本

X 主体与 Y 客户订立一项合同,以 CU100 的单价出售 10 个组件。X 主体针对每个组件发生的成本为 CU75。Y 客户有权退回这些组件,但需支付 10%(即,每个组件 CU10)的重新入库费。X 主体预计所退回的每个组件在能够再出售之前将发生 CU5 的运输及重新包装成本。

鉴于 Y 客户具有退货权,X 主体断定合同所承诺的对价包含可变金额。X 主体采用预期价值法来估计可变对价,并估计 10% 的组件将被退回,且退货数量极有可能不会超过 10%。X 主体还预计被退回的组件在再出售时仍能产生利润。

在 10 个组件的控制转移给客户时,X 主体针对已出售的 9 个组件确认 CU900(CU100×9)的收入。对于预计将被退回的组件,X 主体将预计收取的重新入库费 CU10(CU100×10%)纳入交易价格,并确认一项 CU90 的退款负债(CU100 的交易价格减去 CU10 的重新入库费)。

		CU	CU
借	现金	1,000	
贷	收入		910
贷	退款负债		90

对于成本：

● 根据 IFRS 15：B25，X 主体就在结算退款负债时从 Y 客户收回组件的权利确认一项资产。该资产按存货项目的原账面金额减去收回该产品预计发生的成本计量。因此，X 主体确认 CU70 的资产（CU75 的存货成本，减去预计发生的 CU5 运输/重新包装成本）；以及

● 销售成本为 CU680，即下列两项的总和：（1）已出售且预计不会退回的项目成本 CU675（9 个组件×CU75），及（2）预计发生的运输/重新包装成本 CU5。

		CU	CU
借	预计退回的产品（资产）	70	
借	销售成本	680	
贷	存货		750

当 Y 客户退回组件时，X 主体支付 CU90 的退款，该组件重新变为存货。X 主体发生相关的运输/重新包装成本并将该成本纳入存货的账面金额，具体如下。

		CU	CU
借	退款负债	90	
贷	现金（向客户支付的退款）		90
借	存货	75	
贷	预计退回的产品		70
贷	现金（支付运输/重新包装成本）		5

7.2.6 包含外币对价的合同

> 尽管 IFRS 15 中可变对价的定义（请参见 **7.2.1**）涵盖范围较广，但以外币计价的固定对价不应被视为可变对价。这是因为合同所承诺的对价金额并非可变，而是该固定金额的对价需要重新折算为可变数额的主体功能货币。
>
> 因此，主体无须特别考虑汇率的潜在未来不利变动是否会导致须根据 IFRS 15∶56 的要求（请参见 **7.2.8**）对收入确认的金额加以限制，而是应当应用《国际会计准则第 21 号——汇率变动的影响》（IAS 21）中的原则。

7.2.7 可变对价的重新评估

在每一报告期末，主体应当更新所估计的交易价格（包括更新其对可变对价的估计是否受到限制的评估——请参见 **7.2.8**），以如实反映报告期末存在的情况及报告期内情况的变化。IFRS 15 对如何确认估计的交易价格变动作出了具体规定（请参见 **8.5**）。[IFRS 15∶59]

7.2.8 对可变对价估计的限制

7.2.8.1 对可变对价估计的限制——一般规定

对于客户为知识产权许可证支付的基于销售或使用的特许使用费的收入确认，IFRS15 包含单独的要求。相关讨论请参见 **11.2**。

对于所有其他类型的可变对价，仅在与可变对价相关的不确定性之后被消除时已确认的累计收入金额极可能不会发生重大转回的情况下，可变对价金额才应被纳入交易价格。[IFRS 15∶56]

在评估与可变对价相关的不确定性一旦消除后已确认的累计收入金额是否极可能不会发生重大转回时，主体应当同时考虑收入转回的可能性和金额量级。可能增加收入转回的可能性或转回金额量级的因素包括但不限于下列各项：
[IFRS 15∶57]

（a）对价金额极易受到超出主体影响范围之外的因素影响。例如，市场波动性、第三方的判断或行动、天气状况或者已承诺商品或服务较高的陈旧过时风险；

（b）关于对价金额的不确定性预计在较长时期内均无法消除；

（c）主体对类似类型合同的经验（或其他证据）有限，或相关经验（或其他证据）的预测价值有限；

（d）主体在实务中对相似情形下的类似合同提供了较多不同程度的价格折让或不同的付款条款和条件；以及

（e）合同具有大量且分布广泛的可能发生的对价金额。

7.2.8.2 在合同层次评估的对可变对价估计的限制

在确定纳入交易价格的可变对价金额时，应当在合同层次（而非履约义务层次）评估潜在收入转回的可能性和重要性。

如**第4部分**所述，合同的交易价格是在收入模型的步骤3确定，因此确定交易价格的计量单元是合同层次。对收入的限制构成交易价格确定的一部分，因此，潜在收入转回的可能性和重要性应当在合同层次进行评估。

[TRG 议题]

示例 7.2.8.2
在合同层次评估对可变对价的限制

主体与客户订立一项提供设备和咨询服务的合同。针对设备的合同价格为CU10,000,000。咨询服务费价格为CU100,000，其中CU55,000 为固定对价，而 CU45,000 则取决于在一年期间内客户的制造成本能否降低5%。

主体得出结论认为：

- 设备和咨询服务为两项单独的履约义务；以及
- 设备和咨询服务的单独售价分别为CU10,000,000 和 CU100,000。

主体认为其有权获得基于业绩的咨询服务费的概率为60%。因此，主体采用 IFRS 15：53（b）（请参见 **7.2.1.3**）所述的最可能的金额估计的可变对价金额为CU45,000。据此，在考虑可变对价的限制之前合同交易价格为CU10,100,000。

主体随后考虑对可变对价的限制，以确定已确认的累计收入金额是否极可能不会发生重大转回。主体在合同层次考虑收入转回的可能性和金额量级。

主体无法取得或有咨询服务费 CU45,000 的概率为40%。因此，主体断定其并非极有可能有权获得该可变对价。然而，CU45,000 的潜在收入转回的重要性应当基于合同整体层次（CU45,000 仅占交易价格 CU10,100,000 的0.45%），而非履约义务层次（CU45,000 占分摊至该履约义务的金额 CU100,000 的比例为 45%）进行评价。因此，主体得出结论认为所有可变对价均应纳入交易价格，因为极有可能不会发生**重大**收入转回。

7.2.8.3 预期价值法与可变对价限制之间的相互影响

如果主体得出结论认为预期价值法是确定可变对价的适当方法（请参见 **7.2.1.3**），则应当基于预期价值法应用 IFRS 15：56 中有关可变对价估计限制的要求。因此，主体在应用对可变对价估计的限制时，无须从预期价值法改为采用最可能的金额法。所以如果应用了限制，应用限制后得出的交易价格无须是个别合同的可能结果。

[TRG 议题]

示例 7.2.8.3
预期价值法与可变对价限制之间的相互影响

X 主体为大量客户提供某项标准服务。与客户订立的合同包含标准条款和条件及基于固定收费的定价，同时还包括一项绩效奖金，其支付金额将取决于服务提供的速度。根据 IFRS 15：53，X 主体得出结论认为预期价值法是计算可变对价的适当方法。基于主体有关其他类似合同的历史经验，能够取得绩效奖金的概率如下：

绩效奖金	概率
CU0	10%
CU75,000	50%
CU150,000	40%

通过采用预期价值法，X 主体计算出可变对价为 CU97,500｛[CU0 × 10%] + [CU75,000 × 50%] + [CU150,000 × 40%]｝。X 主体随后必须考虑当与合同相关的不确定性于未来日期消除时，按此金额确认相关收入是否极可能不会导致累计收入金额发生重大转回。然而，这并不意味着 X 主体所确定的可变对价金额应当以基于个别合同得出的极可能取得的实际金额（即，CU75,000）为限。取而代之的是，X 主体应基于与采用预期价值计量可变对价的逻辑相一致的方

115

式，基于整个总体考虑为确保收入极可能不会发生重大转回而应当纳入交易价格的可变对价金额。

7.3 可变对价——进一步的示例

示例 7.3A

价格折让

［IFRS 15：IE116 – IE123，示例 23］

主体于 20×7 年 12 月 1 日与一家分销商客户订立一项合同。主体在合同开始时转让 1,000 个产品，合同规定的价格为每个产品 CU100（总对价为 CU100,000）。客户在将这些产品销售给最终客户时向主体进行支付。主体的客户通常在取得产品后的 90 天内将其售出。对产品的控制于 20×7 年 12 月 1 日转移给客户。

基于主体的过往实务及为维护与该客户的关系，主体预计给予该客户价格折让，因为这将使客户能够为产品销售提供折扣从而使产品在分销链中流转。因此，合同的对价是可变的。

案例 A——可变对价的估计未受到限制

主体拥有销售该产品及类似产品的大量经验。可观察的数据表明主体以往针对此类产品的售价授予约 20% 的价格折让。当前市场信息表明 20% 的降价足以使产品在分销链中流转。主体多年来均未曾授予过远大于 20% 的价格折让。

为估计主体将有权获得的可变对价，主体决定使用预期价值法［参见 IFRS 15：53（a）］，因为主体预计该方法能更好地预测其有权获得的对价金额。在使用预期价值法时，主体估计交易价格为 CU80,000（CU80×1,000 个产品）。

主体同时考虑了 IFRS 15：56 – 58 中有关可变对价估计限制的要求，以确定是否能够将估计的可变对价金额 CU80,000 纳入交易价格。主体考虑了 IFRS 15：57 所述的因素，并确定其拥有大量有关该产品的过往经验且其估计能够获得当前市场信息的支持。此外，尽管存在超出其影响范围之外的因素所引致的若干不确定性，但基于其当前的市场估计，主体预计价格将可在短期内确定。因此，主体得出结论认为，在不确定性消除时（即，在价格折让总金额确定时），已确认的累计收入金额（即，CU80,000）极可能不会发生重大转回。据此，主体在产品于20×7年12月1日转让给客户时将CU80,000确认为收入。

案例B——可变对价的估计受到限制

主体拥有销售类似产品的经验。但是，主体的产品具有较高的陈旧过时风险，且主体对其产品的定价现正经历大幅波动。可观察的数据表明以往主体对同类产品授予的价格折让范围较广（销售价格的20%~60%）。当前市场信息还显示，为使产品在分销链中流转可能需要降价15%~50%。

为估计主体将有权获得的可变对价，主体决定使用预期价值法［参见IFRS 15:53（a）］，因为主体预计该方法能更好地预测其有权获得的对价金额。主体使用预期价值法，估计将提供40%的折扣，因此估计的交易价格为CU60,000（CU60×1,000个产品）。

主体同时考虑了IFRS 15:56-58中有关可变对价估计限制的要求，以确定是否能够将估计的可变对价金额CU60,000部分或全部纳入交易价格。主体考虑了IFRS 15:57所述的因素，认为该对价金额极易受到超出主体影响范围之外的因素（即，陈旧过时风险）影响，并且为使产品在分销链中流转主体可能必须授予范围较广的价格折让。因此，主体不能够将估计金额CU60,000（即，40%的折扣）纳入交易价格，因为主体无法断定已确认的累计收入金额极可能不会发生重大转回。尽管主体以往的价格折让范围为20%~60%，但当前市场信息显示有必要授予15%~50%的价格折让。在以往的类似交易中，主体的实际结果与当时的当前市场信息相一致。因此，主体断定如果将CU50,000的金额纳入交易价格（CU100的售价及50%的价格折让），已确认的累计收入金额极可能不会发生重大转回，从而应按该金额确认收入。因此，主体在产品转让时确认CU50,000的收入，并根据IFRS 15:59，在直至不确定性消除之前的每一个报告日重新评估该交易价格的估计值。

> 请注意，**示例7.3A**假设对产品的控制在合同开始时转移给分销商。然而，分销商仅在产品销售给最终客户时才有义务向主体进行支付的事实，可能表明该交易是一项委托代销安排。有关委托代销安排的讨论请参见**9.4.4**。

示例7.3B

数量折扣激励

[IFRS 15：IE124 – IE128，示例24]

主体于20×8年1月1日与客户订立一项出售产品A的合同（单价为CU100/件）。该合同规定，如果该客户在一个公历年内购买超过1,000件产品A，产品单价将追溯调整为CU90/件。因此，合同的对价是可变的。

在截至20×8年3月31日止的第一季度中，主体向该客户售出了75件产品A。主体估计该客户在本公历年内的购买总数不会超过可获得数量折扣的指定门槛（1,000件）。

主体考虑了IFRS 15：56 – 58中有关可变对价估计限制的要求，包括IFRS 15：57所述的因素。主体认为其拥有关于产品A和该客户购买模式的大量经验。因此，主体得出结论认为，在不确定性消除时（即在获悉购买总量时），已确认收入的累计金额（即，CU100/件）极可能不会发生重大转回。因此，主体在截至20×8年3月31日止的季度确认的收入金额为CU7,500（75件×CU100/件）。

20×8年5月，主体的客户收购了另一家公司。在截至20×8年6月30日止的第二季度中，主体向该客户售出了另外500件产品A。鉴于这一新的事实，主体估计该客户在本公历年内的购买总数将超过可获得数量折扣的指定门槛（1,000件）。因此，产品单价须予以追溯调整并减至CU90/件。

因此，主体在截至20×8年6月30日止的季度确认的收入金额为CU44,250。该金额是以500件产品A的销售金额CU45,000（500件×CU90/件）减去与截至20×8年3月31日止的季度所售出件数相关的收入减少所导致的交易价格变动金额CU750（75件×CU10的价格折扣）后计算得出的（参见IFRS 15：87 – 88）。

示例7.3C

受限制的管理费

[IFRS 15：IE129 – IE133，示例25]

主体于20×8年1月1日与客户订立一项提供为期五年的资产管理服务的合同。主体基于截至每季度末所管理的客户资产价值收取每季度2%的管理费。此外，若在五年期内该基金的回报超过可观察市场指数的回报，则主体可获得相当于基金超额回报20%的基于业绩的奖励费。因此，合同中的管理费和业绩奖励费均为可变对价。

主体根据IFRS 15：22（b）将该服务作为单一履约义务进行会计处理，因为其提供实质上相同并且按相同模式转让的一系列可明确区分的服务（这些服务在一段时间内向客户转让，并使用相同的方法来计量履约进度，即基于时间计量履约进度）。

在合同开始时，主体考虑了IFRS 15：50 – 54中有关估计可变对价的规定，以及IFRS 15：56 – 58中有关可变对价估计限制的要求，包括IFRS 15：57所述的因素。主体认为已承诺的对价取决于市场，因此极易受到超出主体影响范围之外的因素影响。此外，与奖励费相关的可能的对价金额数量多且分布广泛。主体同时断定，尽管其拥有针对类似合同的经验，但该经验在确定未来市场业绩方面不具有预测价值。因此，在合同开始时，主体无法得出结论认为如果将估计的管理费或奖励费纳入交易价格，已确认收入的累计金额极可能不会发生重大转回。

在每一个报告日，主体更新其对交易价格所作的估计。因此，在每一季度末，主体认为其能够将实际收取的每季度管理费金额纳入交易价格，因为相关的不确定性已消除。但是，主体断定其无法在每一季度末将估计的奖励费纳入交易价格。这是因为自合同开始以来相关评估并未发生变化——奖励费的变化是以市场指数为基础，这表明主体无法得出结论认为如果将估计的奖励费纳入交易价格，已确认收入的累计金额极可能不会发生重大转回。在20×8年3月31日，主体管理的客户资产价值为CU1亿。因此，相应的季度管理费和交易价格为CU2百万。

在每一季度末，主体按照IFRS 15：84（b）和IFRS 15：85（请参见**8.5**）将每季度的管理费分摊至该季度内提供的可明确区分的服务。这是因为管理费特别与主体在该季度内转让服务的工作相关,这些工作与其他季度内提供的服务可明确区分开来,并且该分摊与 IFRS 15:73 所述的分摊目标相一致。因此,主体在截至 20×8 年 3 月 31 日止的季度确认 CU2 百万的收入。

示例 7.3D
提成佣金的会计处理(保险代理商或经纪商)

保险代理商 A 主体受承保人 B 主体委托,作为 B 主体的代理人与一般公众签订 B 主体所签发的保险合同。

B 主体基于"提成佣金"向 A 主体支付报酬,具体如下:

- 对于 A 主体代表 B 主体与其签订保险合同的每一个客户,获得初始佣金 CU100;以及
- 对于未来年度每次客户与 B 主体进行的保单续约,获得年度佣金 CU50。

A 主体代表 B 主体与许多客户签订合同,因此 A 主体拥有大量同质化的交易以及关于消费者保单续约模式的历史信息。

在初始保险销售之后,A 主体不具有为 B 主体或客户提供额外服务的持续义务。特别是,A 主体并不参与客户现有保单的续约工作。

上述安排所承诺的对价同时包括固定金额与可变金额。A 主体与客户签订合同时获得的初始佣金属于固定对价并且应当纳入交易价格。此外,交易价格还包括若客户后续进行保单续约而应付的(每年 CU50)潜在额外佣金形式的可变对价。A 主体根据 IFRS 15:50 – 54 中的指引估计可变对价(请参见 **7.2**)。由于 A 主体拥有大量同质化的合同作为估计的依据,因此采用预期价值法。

鉴于 A 主体拥有可据以作出估计的数据总体,A 主体考虑源自其他类似合同的证据采用预期价值法来确定可变对价的估计值。

A 主体同时考虑 IFRS 15:60 – 65 中的指引以评估合同是否包含重大融资成分〔如是,则意味着预期取得的年度佣金应就货币时间价值的影响作出调整(请参见 **7.4**)〕。

最后,A 主体考虑 IFRS 15:56 – 59 中有关限制应纳入交易价格的可变对价金额的指引(请参见 **7.2.8.1**)。A 主体在评估与可变对价相关的不确定性之后被消除时已确认的累计收入金额是否极可能不会发生重大转回时,同时考

虑收入转回的可能性和金额量级。如果 A 主体确实需要对已确认的收入金额作出限制，所确认的收入应当以极可能不会发生重大转回的金额为限。

> **示例 7.3E**
> 提成佣金的会计处理（投资管理人）

投资管理人（IM）聘请财务顾问 X（X 顾问）向一般公众销售由 IM 管理的基金单位。IM 基于"提成佣金"向 X 顾问支付报酬，这意味着 X 顾问在完成基金单位销售时不会取得任何现金，而是每季度收取服务费（具体计算方式为：在 X 顾问引入的投资者保持投资于该基金的期间内，IM 从该投资者赚取的管理费的 1.25%）。IM 收取的管理费的计算是基于基金资产净值（NAV）增长率的百分比，因此极易受到超出 X 顾问影响范围的因素［如，市场波动性及特定投资者保持投资于该基金的时间长度（即"客户流失率"）］影响。IM 向 X 顾问支付的每季度服务费不涉及任何回扣。

如果由 X 顾问引入的投资者赎回其基金单位并退出基金投资，IM 将不再就该投资者向 X 顾问支付佣金。在基金单位销售完成后，X 顾问不向 IM 或投资者提供任何额外服务。

由于提成佣金与基金单位销售相关且不会提供任何额外服务，因此 X 顾问在基金单位销售完成后已履行其履约义务。X 顾问需要确定与销售基金单位相关的对价金额。

由于本例中提成佣金总额的确定是基于（1）基金 NAV 的增长率，及（2）客户流失率，因此对价是可变的。X 顾问应考虑 IFRS 15:56–59（请参见 **7.2.8.1**）中有关限制应纳入交易价格的可变对价金额的指引。在考虑 IFRS 15:57 所述的可能会增加收入转回的可能性和金额量级的因素时，X 顾问考虑所有相关的事实和情况并运用判断来执行该评价。对价极易受到超出主体控制范围的因素（如，市场波动性及客户流失率）影响，若未对可变对价的估计作出限制，则 X 顾问预计有权获得的提成佣金金额估计值的后续变动可能会导致收入金额大幅下调。

X 顾问根据 IFRS 15:56 评价基础资产的性质及投资者退出基金投资的任何限制，以确定是否存在某一较低的对价金额——将该金额纳入交易价格，在与可变对价相关的不确定性消除时收入极可能不会发生重大转回。基于对该基金的评估，X 顾问断定在销售发生时并无任何金额能够满足可纳入交易价格的门槛，且在销售基金单位时并未确认任何收入。

取而代之的是，X 顾问在不确定性被消除时（即，在 IM 收取管理费的每个期间末，因为仅在该时点才能获悉投资者流失率的影响以及基金的业绩）才确认收入。在本例中，IM 每季度收取管理费，因此 X 顾问能够在每个季度末，当与基金 NAV 增长率及客户流失率相关的不确定性消除时确认收入。

7.4 重大融资成分

7.4.1 重大融资成分——含义

如果合同各方商定的付款时间为客户或主体提供涉及向客户转让商品或服务的重大融资利益，则在确定交易价格时，应当就货币的时间价值影响对已承诺的对价金额作出调整。在这种情况下，合同包含重大融资成分。无论融资的承诺是在合同中明确列示或是隐含于合同各方商定的付款条款，重大融资成分均可能存在。[IFRS 15：60]

7.4.2 便于实务操作的方法——对于期限为一年或更短的合同无须就融资成分作出调整

如果在合同开始时主体预计向客户转让商品或服务与客户就此类商品或服务进行支付之间的间隔期间为一年或更短期间，IFRS 15 并不要求就重大融资成分的影响调整对价。[IFRS 15：63] 如果采用该便于实务操作的方法，则应当针对具有类似特征的合同及相似的情形一致地应用。[IFRS 15：3]

> **示例 7.4.2**
> **对应收账款进行折现的要求**
>
> A 主体是一家零售商并向客户提供免息融资。取决于所购买的产品类型，融资安排向客户提供 12 个月、15 个月或 18 个月的免息融资。客户自购买日起在融资期间内每月支付等额的分期付款。这是 A 主体经营所在国行业的通用惯例，且其他零售商也提供类似的融资安排。不存在任何 A 主体可据以对现金售

价作出可靠估计的近期现金交易。根据相关市场的现行利率，A 主体估计客户能够按 18% 的利率从其他来源借款。

根据 IFRS 15∶61（b）（请参见 **7.4.3**），A 主体认为结合下列两项考虑：(1) 主体向客户转让商品与客户进行支付之间的间隔期间长度，及 (2) 客户获得其他融资须支付较高的利率，该安排包含重大融资成分。

A 主体是否必须调整其所有免息融资销售协议的交易价格以反映货币时间价值的影响？

根据 IFRS 15∶60，即使合同中的重大融资成分无法明确识别，主体也必须调整已承诺的对价金额。然而，IFRS 15∶63 提供了一个便于实务操作的方法，其适用于在合同开始时预计向客户转让商品与客户进行支付之间的间隔期间为一年或更短期间的包含重大融资成分的合同。

据此，在上述情况下，A 主体必须调整除合同期为 12 个月或更短期间的安排以外的所有安排的售价。对于合同期为 12 个月或更短期间的安排，允许 A 主体在识别出重大融资成分时对售价作出调整（主体可能出于与其他合同保持一致的目的而希望这样做），但不强制要求主体作出该调整。

如果 A 主体运用了 IFRS 15∶63 规定的便于实务操作的方法，则必须针对相似情形下具有类似特征的所有合同一致地应用该方法。

7.4.3 识别重大融资成分

7.4.3.1 与重大融资成分识别相关的因素

IFRS 15∶60 的规定旨在使主体所确认的收入金额能够反映若客户在承诺的商品或服务转让时（或过程中）就该商品或服务支付现金的话，客户会支付的价格（即，现金售价）。在评估（1）合同是否包含融资成分，及（2）该融资成分对合同而言是否重大时，应当考虑所有相关的事实和情况，包括考虑以下两个方面：

［IFRS 15∶61］

(a) 已承诺的对价金额与已承诺商品或服务的现金售价之间的差额（如有）；以及

(b) 下列两项的共同影响：

(i) 主体向客户转让已承诺商品或服务与客户就此类商品或服务进行支付之间的间隔期间的预计长度；以及

（ⅱ）相关市场的现行利率。

> 在某些情况下，由于安排的内含利率为零（即，免息融资），因此在未来日期取得的对价相当于现金售价［即，选择在商品或服务交付时（或过程中）支付现金的客户所支付的金额］。
>
> 在这种情况下，不应自动假设合同不包含重大融资成分。已承诺的对价金额与现金售价之间的差额仅是主体在确定是否存在重大融资成分时应当考虑的其中一个指标。主体提供看似零息的融资利率的事实，不一定意味着现金售价等同于选择在一段时间内进行付款的另一客户将支付的价格。因此，主体可能需要运用判断来确定与在一段时间内支付的客户相关的现金售价。
>
> ［TRG 议题］

7.4.3.2 确定评估融资成分"重大性"的具体层次

IFRS 15：61 特别要求主体在评估合同是否包含融资成分及该融资成分**对合同而言是否重大**时考虑所有相关的事实和情况。据此，融资成分的重大性应当基于个别合同（而非诸如类似合同组合或者履约义务层次）进行评估。

IFRS 15：BC234 阐述了该项要求的依据，摘录如下：

"在重新审议过程中，IASB 和 FASB 明确主体仅应在合同层次上考虑融资成分的**重大性**，而不应在组合层次上考虑融资是否**重要**。IASB 和 FASB 认为，在融资成分就个别合同而言不重要，但其就类似合同组合的综合影响对主体整体而言重要的情况下，要求主体对此类融资成分进行处理将带来不必要的负担。"

据此，某些融资成分将不被识别为重大，并因此不会对已承诺的对价金额作出调整，即使其对类似合同组合的综合影响可能是重要的。

尽管融资成分仅能通过考虑个别履约义务加以**量化**，但融资成分的**重要性**不应在履约义务层次进行评估。例如，主体可能通常采用延长赊销期的方式出售产品 X 并在某一时点确认收入，因此如果产品 X 单独出售，则合同包含重大融资成分。主体可能还在捆绑销售合同中一并出售产品 X 和产品 Y，并要求客户在控制权转移时支付产品 Y 的全额价款，但针对产品 X 授予相同的延长赊销期。如果产品 Y 的价值比产品 X 的价值高很多，则相对于整体价值较高的捆绑销售合同而言，涉及产品 X 的任何融资成分将不足以被评估为重大。因此在这种情况下，主体应当：

- 在产品 X 单独出售时,针对重大融资成分调整已承诺的对价;但
- 在产品 X 与产品 Y 在单一合同中捆绑销售时,不针对重大融资成分调整已承诺的对价。

根据 TRG 的讨论,在某些情况下,可合理地将重大融资成分归属于合同中的一项或多项(但非全部)履约义务。在实务中,当主体考虑上述操作的依据时,主体可适当地类推应用(1)分摊折扣的指引(请参见 **8.3**),或(2)分摊可变对价的指引(请参见 **8.5**)。

当主体考虑是否有可能将重大融资成分归属于合同中的一项或多项(但非全部)履约义务时,需要运用判断来确定该方法在该合同的具体情况下是否合理。特别是,根据 IFRS 15:85(b),重要的是应确保基于对合同中所有履约义务及付款条款的考虑而将重大融资成分归属于一项或多项(但非全部)履约义务符合 IFRS 15 的分摊目标(请参见 **8.1**)。

[TRG 议题]

7.4.3.3 不重大的融资成分

尽管准则并不要求主体在融资成分不被视为对合同重大的情况下就货币的时间价值作出调整,但也并未禁止主体这样做。

[TRG 议题]

7.4.4 不会导致重大融资成分的情形

如果存在下列任一因素,则与客户之间的合同不包含重大融资成分:
[IFRS 15:62]

(a)客户预先就商品或服务进行支付,且这些商品或服务的转让时间由客户自行决定;

(b)客户所承诺的对价金额很大一部分是可变的,且对价的金额或时点是基于未来某一事件的发生或不发生,该事件几乎不受客户或主体控制(例如,如果对价是基于销售的特许使用费);或者

(c)已承诺对价与商品或服务的现金售价(如 IFRS 15:61 所述——请参见 **7.4.3.1**)之间的差额是由向客户或主体提供融资以外的其他原因所致,且该两项金额之间的差额与产生差额的原因相称(请参见**示例 7.4.4A** 和示例 **7.4.4B**)。

例如，付款条款可能向主体或客户提供保护以防止另一方未能依照合同充分履行其部分或全部义务。

> IFRS 15 并未假定在转让商品或服务与支付已承诺对价之间存在时间差的情况下将存在重大融资成分。IFRS 15：62（c）规定，如果已承诺对价与商品或服务的现金售价之间的差额"是由向客户或主体提供融资以外的其他原因所致，且该两项金额之间的差额与产生差额的原因相称"，则合同不包含重大融资成分。
>
> 主体应当运用判断来确定（1）付款条款是旨在提供融资还是出于其他真实有效的原因，及（2）已承诺对价与商品或服务的现金售价之间的差额与产生差额的原因是否相称。
>
> [TRG 议题]

示例 7.4.4A

长期合同的保留款

[IFRS 15：IE141 和 IE142，示例 27]

主体订立一项建造一幢建筑物的合同，该合同规定了在三年合同期内对主体履约的预定里程碑付款。履约义务将在一段时间内履行，且预定的里程碑付款与主体预计的履约相一致。合同规定，客户在整个合同期内保留（即不予支付）每一里程碑付款的特定比例，并仅当建筑物建造完成后才支付给主体。

主体得出结论认为，该合同并未包含重大融资成分。里程碑付款与主体的履约进度相一致，且合同规定保留的金额是出于 IFRS 15：62（c）所述的提供融资之外的其他原因。保留每一里程碑付款的特定比例旨在为客户提供保护，以免承建商不能充分完成其合同义务。

示例 7.4.4B

预付款

[IFRS 15：IE152 – IE154，示例 30]

某技术产品制造商主体与客户订立一项合同，约定主体在提供技术产品的同时提供为期三年的全球电话技术支持及维修服务。客户在购买产品的同时购买该支持服务。该服务的额外对价为 CU300。选择购买该服务的客户必须预先支付相关款项（即不可选择每月分期付款）。

为确定合同是否存在重大融资成分，主体考虑了所提供服务的性质及付款条款的目的。主体收取一次性预付款的主要目的并非旨在从客户处获得融资，而是最大限度地提高利润（考虑到与提供服务相关的风险）。特别是，如果客户可每月分期付款，其续约的可能性将降低，且后续年度继续使用该支持服务的客户将减少，进而客户群的多样性会降低（即过往选择续约的客户是更多地使用该服务的客户，从而将增加主体的成本）。此外，如果客户每月分期付款而非支付预付款，则将倾向于更多地使用服务。最后，主体将发生更高的管理成本（如管理续约和收取每月付款的成本）。

在评估 IFRS 15：62（c）的要求时，主体确定制定该付款条款的主要原因并非为主体提供融资。主体就该服务收取一次性预付款是因为其他付款条款（如每月付款计划）将影响主体提供服务所承担风险的性质，并且可能使提供服务不具有经济效益。根据这一分析，主体得出结论认为该合同并不存在重大融资成分。

7.4.5　当交易包含重大融资成分时收入金额的计量

如果识别出重大融资成分，IFRS 15：60 要求"主体应当就货币的时间价值影响对已承诺的对价金额作出调整"。

IFRS 15：61 作出如下规定。

"就重大融资成分调整已承诺的对价金额旨在使主体所确认的收入金额能够反映若客户在已承诺的商品或服务转让时（或过程中）对该商品或服务支付现金的话，客户会支付的价格（即，现金售价）。"

然而，IFRS 15：64（请参见 **7.4.6**）规定（部分摘录）：

"在就重大融资成分调整已承诺的对价金额时，为符合 IFRS 15：61 所述的目标，主体应当使用主体与其客户在合同开始时进行的单独融资交易所反映的折现率。该折现率应反映合同中取得融资一方的信用特征以及客户或主体提供的担保品或抵押，包括合同所转让的资产。"

IFRS 15：64 同时规定，"主体**可能**能够通过识别将已承诺对价的名义金额折现为商品或服务转让予客户时（或过程中）客户会支付的现金价格的利率来确定该折现率"（本书加粗以示强调）。

据此，尽管 IFRS 15∶61 所述的目标是确定"现金售价"，但 IFRS 15∶64 明确规定该现金售价必须与通过使用适当折现率对已承诺的对价进行折现后确定的价格相一致。

因此，在实务中，主体可通过下列两种方式之一对收入金额作出初始估计：

（a）确定适当的折现率（请参见 **7.4.6**），并使用该折现率对已承诺的对价金额进行折现；或者

（b）直接估计现金售价——但仅适用于内含的折现率同主体与其客户之间的单独融资交易所反映的折现率相一致的情况。

无论采用哪一种方法，如果所估计的金额看似不合理或与其他与交易相关的证据不符，则主体可能需要执行进一步分析。

- 如果主体通过对已承诺对价进行折现来估计收入，若该估计看似不合理或与有关现金售价的其他证据不符，则可能须执行进一步分析。例如，如果估计的收入金额看似显著高于正常现金售价，这可能表明折现率并未按适当的基础确定。

- 如果主体通过直接估计现金售价来估计收入，若所形成的折现率看似不合理或与有关主体与其客户之间的单独融资交易所反映的折现率的其他证据不符，则可能须执行进一步分析。如果该折现率显然显著低于或高于单独融资交易所反映的折现率，参照现金售价来计量收入将是不恰当的；相反，主体应通过按适当估计的折现率对已承诺的对价进行折现来估计收入。

7.4.6 确定折现率

为符合 IFRS 15∶61（请参见 **7.4.3.1**）所述的目标，所使用的折现率应当反映主体与其客户在合同开始时进行的单独融资交易所用的折现率。该折现率应反映合同中取得融资一方的信用特征以及客户或主体提供的担保品或抵押，包括合同所转让的资产。该折现率可通过识别将已承诺对价的名义金额折现为商品或服务转让予客户时（或过程中）客户会支付的现金价格的利率来确定。在合同开始后，不应就利率或其他情况（如，客户的信用风险评估结果）的变化更新折现率。［IFRS 15∶64］

示例7.4.6A
确定折现率

[IFRS 15：IE143 – IE147，示例28]

主体与客户订立一项设备销售合同。对设备的控制在合同签订时转移给客户。合同规定的价格为CU1,000,000加上5%的合同利率。合同价款分60个月支付，每月须支付CU18,871。

案例A——合同折现率反映单独的融资交易的利率

在评价包含重大融资成分的合同的折现率时，主体认为5%的合同利率反映了在合同开始时主体与其客户进行单独的融资交易所使用的利率（即5%的合同利率反映了客户的信用特征）。

该项融资符合市场条款意味着设备的现金售价为CU1,000,000。该金额在对设备的控制转移给客户时确认为收入及应收贷款。主体按照IFRS 9对该应收款进行会计处理。

案例B——合同折现率并未反映单独的融资交易的利率

在评价包含重大融资成分的合同的折现率时，主体认为5%的合同利率显著低于在合同开始时主体与其客户进行单独融资交易会使用的12%的利率（即，5%的合同利率并未反映客户的信用特征）。这表明现金售价低于CU1,000,000。

根据IFRS 15：64，主体通过使用反映客户信用特征的12%的利率调整反映合同付款额的已承诺对价金额来确定交易价格。据此，主体确定交易价格为CU848,357（60个月的每月分期付款额CU18,871按12%进行折现）。主体将该金额确认为收入及应收贷款。主体按照IFRS 9对该应收贷款进行会计处理。

对于尚未采用IFRS 9的主体，**示例7.4.6A**所提及的准则应被理解为IAS 39。

示例7.4.6B
对个别合同中的重大融资成分进行会计处理时适当折现率的确定

X主体依照合同向客户销售工业产品，合同价款在交货后的第24个月支付。

X主体确定合同条款为客户购买工业产品提供了重大融资利益。因此，根据

IFRS 15:60，X 主体就货币的时间价值影响对交易价格以及相应确认的商品销售收入金额作出调整。

X 主体在确定该融资利益的影响时并不打算运用组合法。

X 主体可如何确定应用于向客户收取的付款额的适当折现率？

根据 IFRS 15:64，X 主体应当使用 X 主体与其客户在合同开始时进行的单独融资交易所反映的折现率。X 主体识别该折现率的方式取决于其针对个别客户可获得的信息类型。

在确定该折现率时，X 主体可能认为考虑以下各项很有帮助：

• X 主体向该客户提供抵押贷款或无抵押贷款（其中适当的一种）时的一般利率（如，任何对于 X 主体向该客户提供贷款而言正常的利率）；

• 其他主体向该客户提供抵押贷款或无抵押贷款（其中适当的一种）时的一般利率（如，银行向该客户提供贷款时所收取的利率）。然而需要注意的是，IFRS 15:64 要求该利率为主体与其客户之间融资交易的特定利率；

• 就该产品向具有类似客户群体特征的客户收取的现金售价；

• 与客户之间的合同所列明的利率。然而，这并非始终是适当的利率（如，若向客户提供免息信贷，或者采用较低利率以作为针对该客户的激励措施）；

• X 主体通过其尽职调查流程（如，获得信用评级）了解到的有关客户信用特征的确定程度；以及

• 有关该客户的任何违约或延迟付款的历史证据。

如果与上述任一因素相关的利率与相关交易的利率并非直接可比，则应对其作出适当调整。

示例 7.4.6C
对运用组合法的合同中的重大融资成分进行会计处理时适当折现率的确定

X 主体从事零售业务并与单个客户订立大量类似的产品销售合同，合同价款在交货后的 24 个月内支付。

X 主体确定合同条款为客户购买产品提供了重大融资利益。因此，根据 IFRS 15:60，X 主体就货币的时间价值影响对交易价格以及相应的已确认商品销售收入金额作出调整。

第三部分 具体指引

> X 主体能合理预计计算应用于合同组合的折现率与计算应用于单个合同的折现率对财务报表的影响不会显著不同。因此,主体打算运用 IFRS 15:4 所述的组合法(请参见 **3.4**)。
>
> X 主体可如何确定适用于合同组合的适当折现率?
>
> 根据 IFRS 15:64,X 主体应当使用 X 主体与其客户在合同开始时进行的单独融资交易所反映的折现率。
>
> **示例 7.4.6B** 讨论了确定该折现率时可能相关的考虑因素。然而,在运用组合法时,X 主体将需要考虑该客户组别内的客户群体特征来估计基于组合的折现率。如果该组别内的客户群体特征存在显著差异,将其作为单一组合进行处理可能并不恰当,主体在作出确定时可能有必要对客户群进行进一步的细分。

示例 7.4.6D

预付款和对折现率的评估

[IFRS 15:IE148 – IE151,示例 29]

主体与客户订立一项出售资产的合同。对资产的控制将于两年后转移给客户(即履约义务将在一个时点履行)。合同包括两种可供选择的付款方式:在两年后当客户获得对资产的控制时支付 CU5,000,或在合同签订时支付 CU4,000。客户选择在合同签订时支付 CU4,000。

鉴于客户就资产进行付款与主体将资产转让给客户之间的时间间隔及现行市场利率,主体得出结论认为该合同包含重大融资成分。

该交易内含的利率为 11.8%,这是为使这两种可供选择的付款方式从经济角度而言等价而需采用的利率。但是,主体认为根据 IFRS 15:64,在调整已承诺对价时应采用 6% 的利率(这是主体的增量借款利率)。

下述会计分录说明了主体如何对该重大融资成分进行会计处理:

a. 就在合同开始时取得的 CU4,000 付款确认一项合同负债:

现金 CU4,000	
合同负债	CU4,000

131

b. 自合同开始至转让资产的两年期间内，主体（根据 IFRS 15:65）对已承诺的对价金额作出调整，并按 6% 确认两年期内 CU4,000 产生的利息并增加合同负债：

利息费用	CU494[a]		
	合同负债		CU494

（a）CU494 = 合同负债 CU4,000 ×（两年内每年 6% 的利息）。

c. 确认转让资产产生的收入：

合同负债	CU4,494		
	收入		CU4,494

示例 7.4.6E
预付款和货币的时间价值

A 主体是一家住宅建造商，其对一幢尚未完工的新楼宇的住宅单元进行销售。建造的估计完工时间为 18 个月。A 主体得出结论认为其履约义务（即，交付住宅单元）将在建造完工时履行，届时住宅单元的物权及实际所有权均将转移给客户。建造完工时的现金售价为 CU500,000。若客户预先支付全额价款，将可在现金售价基础上获得 CU75,000 的折扣；因此，针对支付预付款的客户的售价为 CU425,000。

A 主体在对合同进行分析后得出结论认为，该预付款代表重大融资成分（即，客户为主体提供融资以支付建造成本）。基于市场利率，A 主体认为 10% 的年利率反映了 A 主体与其客户进行的单独融资交易所使用的利率。据此，A 主体确定将现金售价（即，CU500,000）折现为"预付"售价（即，CU425,000）的折现率约为 10%。

在取得客户支付的预付现金款项时，A 主体确认 CU425,000 的合同负债。随后，A 主体累计该负债余额所产生的利息，以使负债余额在直至其预计履约义务得到履行时的 18 个月期间内增加至 CU500,000。A 主体根据《国际会计准则第 23 号——借款费用》（IAS 23）将利息予以资本化。当住宅单元的控制权转移给客户时，A 主体将 CU500,000 确认为收入。

下述会计分录说明了 A 主体如何对该重大融资成分进行会计处理:

		CU	CU
借	现金	425,000	
贷	合同负债		425,000

记录在合同开始时取得的合同负债CU425,000。

		CU	CU
借	存货	75,000	
贷	合同负债		75,000

记录在自合同开始后至转让资产的18个月内针对合同负债所累计的利息。

		CU	CU
借	合同负债	500,000	
贷	收入		500,000

记录在控制转移给客户时住宅单元销售所产生的收入。

示例 7.4.6F
递延对价:基于利率进行折现

在 20×1 年 1 月 1 日,B 主体按照 CU100,000 的价格根据一项未列明利率的融资协议销售一个设备项目。在销售当日,B 主体将设备的控制权转移给客户,并且 B 主体得出结论认为该合同符合 IFRS 15:9(请参见 **5.1**)的标准(包括可收回性标准)。合同价款在五年内的每年年底分期支付,第一期款项 CU20,000 须于销售日的一年后,即 20×1 年 12 月 31 日支付。不收取利息的政策与一般行业惯例相一致。

B 主体确定该交易包含重大融资成分(请参见 **7.4.3**)。为通过对未来收款进行折现来估计交易价格,B 主体使用"B 主体与其客户在合同开始时进行的单独融资交易所反映的折现率"。B 主体确定适当的年利率为 10%。假设交易产生的应收款在初始确认后按摊余成本计量。

计算各笔付款额的净现值

如果不存在首付款,分五年支付的每笔分期付款额为 CU20,000 且利率为 10%,则构成对价的各笔付款额的净现值为 CU75,816。因此,在设备控制权转移时,应将 CU75,816 确认为销售商品产生的收入,并同时确认相关的应收款。

计算各期间赚取的利息金额

CU100,000 与 CU75,816 之间的差额(即,CU24,184)应在每年的分期付款额到期时确认为利息收入,具体计算如下:

	于 1 月 1 日的应收款 CU A	利息收入 CU B =(A×10%)	取得的付款额 CU C	于 12 月 31 日的应收款 CU A + B − C
20×1	75,816	7,581	20,000	63,597
20×2	63,397	6,340	20,000	49,737
20×3	49,737	4,974	20,000	34,711
20×4	34,711	3,471	20,000	18,182
20×5	18,182	1,818	20,000	—
		24,184	100,000	

会计分录

		CU	CU
借	应收账款	75,816	
贷	收入		75,816

记录在设备的控制转移给客户时销售产生的收入。

		CU	CU
借	现金	20,000	
贷	应收账款		12,419
贷	利息收入		7,581

记录在购买日一年后到期支付的第一笔分期付款额。

在每一个后续年度末，B 主体应使用以上所列的金额记录相同的会计分录。

请注意，本例并未考虑根据 IFRS 9（或者 IAS 39，对于尚未采用 IFRS 9 的主体而言）的要求需进行的任何减值评估。

示例 7.4.6G
递延对价：折现为当前现金售价

有关事实与**示例 7.4.6F** 相同。

如果买方在设备转让的时点支付全额价款的话，B 主体估计现金售价会是 CU76,000。

假设交易产生的应收款在初始确认后按摊余成本计量。

确定针对客户的折现率

IFRS 15：64 指出，卖方主体可能能够"通过识别将已承诺对价的名义金额折现为商品或服务转让予客户时（或过程中）客户会支付的现金价格的利率"来确定用于调整交易价格的折现率。因此，B 主体确定在五年期间内将 CU100,000 折现为 CU76,000（即，现金售价）的利率（不存在首付款且分五年支付的每年分期付款额为 CU20,000）。计算得出的年利率约为 9.91%，B 主体判断认为该利率和 B 主体与其客户进行的单独融资交易所反映的折现率相一致。在设备转让时，B 主体将 CU76,000 确认为销售商品产生的收入，并同时确认相关的应收款。

计算各期间赚取的利息金额

CU100,000 与 CU76,000 之间的差额（即，CU24,000）应在每年的分期付款额到期时确认为利息收入，具体计算如下：

《国际财务报告准则第 15 号——客户合同收入》应用指引

	于 1 月 1 日的应收款 CU A	利息收入 CU B =（A×9.91%）	取得的付款额 CU C	于 12 月 31 日的应收款 CU A + B − C
20×1	76,000	7,528	20,000	63,528
20×2	63,528	6,292	20,000	49,820
20×3	49,820	4,935	20,000	34,755
20×4	34,755	3,443	20,000	18,198
20×5	18,198	1,802	20,000	—
		24,000	100,000	

会计分录：

		CU	CU
借	应收账款	76,000	
贷	收入		76,000

记录在设备的控制转移给客户时销售产生的收入。

		CU	CU
借	现金	20,000	
贷	应收账款		12,472
贷	利息收入		7,528

记录在购买日一年后到期支付的第一笔分期付款额。

在每一个后续年度末，B 主体应使用以上所列的金额记录相同的会计分录。

请注意，本例并未考虑根据 IFRS 9（或者 IAS 39，对于尚未采用 IFRS 9 的主体而言）的要求需进行的任何减值评估。

7.4.7 融资影响的列报

主体应当在综合收益表中将融资影响（利息收入或利息费用）同客户合同收入分开列报。仅在对与客户之间的合同进行会计处理时确认了合同资产（或应收款）或者合同负债的情况下，才应确认利息收入或利息费用。[IFRS 15：65]

> **示例 7.4.7**
> **重大融资成分和退货权**
> [IFRS 15：IE135 – IE140，示例 26]
>
> 主体向客户销售一个产品，CU121 的价款须在交货后的 24 个月内支付。客户在合同开始时获得对该产品的控制。合同允许客户在 90 天内退回产品。该产品是一个新产品，且主体没有任何相关的产品退货历史证据或任何其他可获得的市场证据。
>
> 该产品的现金售价为 CU100（代表在合同开始时若按相同条款和条件出售相同产品，于交货时客户须支付的金额）。主体就该产品发生的成本为 CU80。
>
> 主体并未在将对产品的控制转移给客户时确认收入。这是因为存在退货权并且缺乏相关的历史证据，这意味着根据 IFRS 15：56 – 58 主体无法得出结论认为已确认的累计收入金额极可能不会发生重大转回。因此，主体在 3 个月后退货权失效时确认收入。
>
> 根据 IFRS 15：60 – 62，该合同包含重大融资成分。这可由已承诺对价 CU121 与商品转让给客户之日的现金售价 CU100 之间的差额得到证明。
>
> 该合同包含 10% 的隐含利率（即在 24 个月内将已承诺对价 CU121 折现为现金售价 CU100 的利率）。主体评价了该利率，并认为该利率与在合同开始时主体与其客户进行单独的融资交易所反映的折现率相一致。下述会计分录说明了主体如何根据 IFRS 15：B20 – B27 对该合同进行会计处理。
>
> a. 当产品转让给客户时，根据 IFRS 15：B21：
>
> | | |
> |---|---|
> | 就收回被退回产品的权利确认的资产 | CU80[a] |
> | 存货 | CU80 |
>
> (a) 本例并未考虑收回资产预计发生的成本。

b. 在客户具有退货权的三个月内，根据 IFRS 15：65 不确认任何利息，因为并未确认任何合同资产或应收款。

c. 当退货权失效（产品不会被退回）时：

应收款	CU100[a]	
收入		CU100
销售成本	CU80	
就收回被退回产品的权利确认的资产		CU80

（a）所确认的应收款应根据 IFRS 9 进行计量。本例假设合同开始时的应收款公允价值与退货权失效时确认的应收款公允价值不存在重大差异。此外，本例未考虑对应收款减值的会计处理。

直至取得客户支付的现金付款之前，主体会根据 IFRS 9 确认利息收入。在根据 IFRS 9 确定实际利率时，主体会考虑剩余的合同存续期。

对于尚未采用 IFRS 9 的主体，示例 7.4.7 所提及的准则应被理解为 IAS 39。

7.5 非现金对价

如果客户承诺支付非现金形式的对价，主体应当以公允价值计量非现金对价（或支付非现金对价的承诺）。[IFRS 15：66]

如果无法合理估计非现金对价的公允价值，主体应通过间接参照为获取该对价而向客户（或客户类别）承诺的商品或服务的单独售价来计量该对价。[IFRS 15：67]

非现金对价的公允价值可能因对价的形式而发生变动（例如，主体有权向客户收取的股票价格的变动）。如果客户承诺支付的非现金对价的公允价值因仅为对价形式之外的原因而发生变动（例如，公允价值可能因主体的履约行为而发生变动），主体应当应用关于可变对价估计限制的要求（请参见 7.2.8）。[IFRS 15：68]

如果客户投入商品或服务（例如，材料、设备或人工）以协助主体履行合同，主体应当评估其是否取得了对此类投入商品或服务的控制。如是，则主体应当将这些投入的商品或服务作为从客户收取的非现金对价进行会计处理。[IFRS 15：69]

> **示例 7.5**
>
> **获得非现金对价的权利**
>
> [IFRS 15，IE156 – IE158，示例 31]
>
> 主体与客户订立一项合同，约定在一年内每周向客户提供服务。合同于 20×1 年 1 月 1 日签订且相关工作立即开始。主体根据 IFRS 15：22（b）得出结论认为该服务是一项单一履约义务，因为主体提供实质上相同并且按相同模式转让的一系列可明确区分的服务（该服务在一段时间内向客户转让，并使用相同的方法来计量履约进度，即基于时间计量履约进度）。
>
> 作为服务对价，客户承诺就每周的服务提供其 100 股普通股（即针对该合同共提供 5,200 股股票）。合同条款规定股票必须在每周服务成功完成时交付。
>
> 主体在每周服务完成后计量其履约义务的履约进度。为确定交易价格（及应确认的收入金额），主体计量在每周服务完成时取得的 100 股股票的公允价值。主体并未在收入中反映已收（或应收）股票公允价值的任何后续变动。

7.6 应付给客户的对价

7.6.1 应付给客户的对价——一般规定

应付给客户的对价包括主体向客户（或向客户购买主体商品或服务的其他方）支付或预计支付的现金金额。应付给客户的对价还包括可与欠主体（或向客户购买主体商品或服务的其他方）的金额相抵的抵免或其他项目（例如，优惠券或兑换券）。主体应当将应付给客户的对价作为交易价格（以及收入）的抵减处理，除非向客户支付的款项是为了取得客户向主体转让的可明确区分的商品或服务（如 IFRS 15：26 – 30 所述——请参见 **6.3**）。如果应付给客户的对价包括可变金额，主体应当根据 IFRS 15：50 – 58（请参见 **7.2**）对交易价格（包括评估可变对价的估计是否受到限制）进行估计。[IFRS 15：70]

如果应付给客户的对价是对来自客户的可明确区分的商品或服务进行的支付，则主体应当按其对向供应商进行的其他采购相同的方式对该商品或服务的购买进行会计处理。如果应付给客户的对价金额超出主体从客户取得的可明确区分的商品或服务的公允价值，则应当将该超出的部分作为交易价格的抵减处理。如果无法合理估计从客户取得的商品或服务的公允价值，主体应当将应付给客户的所有对价作为交易价格的抵减处理。[IFRS 15：71]

相应地，如果应付给客户的对价是作为交易价格的抵减处理，主体应当在以下两者中较晚发生的事件发生时（或过程中）确认收入的减少：
[IFRS 15：72]

（a）主体确认向客户转让相关商品或服务的收入；

（b）主体支付或承诺支付对价（即使支付取决于未来事件）。该承诺可能隐含于主体的商业惯例之中。

> 因收入合同中（明示或隐含）的义务而产生或在经济上与客户收入合同挂钩的所有向客户（或向客户购买主体商品或服务的其他方）支付的款项，应当适用 IFRS 15：70 的要求。
>
> 尽管不要求主体单独评估及记录向在某一时点购买其商品或服务的一方支付的每笔款项，但主体不应忽略超出与客户订立的特定收入合同范围的付款，而是应当运用合理判断来确定某笔款项是否与收入合同挂钩，因而须适用有关应付给客户的对价的指引。
>
> 例如，主体可能在一项单独交易中以显著超出其公允价值的金额向客户购买商品。在这种情况下，主体应确定所支付的超额价款是否应当归属于另一项交易（即，与客户订立的收入合同）。
>
> 一旦识别出应付给客户的对价，应当执行评估以确定其是用以换取可明确区分的商品或服务（请参见 **7.6.2**），还是应作为收入的抵减进行会计处理。
>
> [TRG 议题]

7.6.2 应付给客户的对价——"可明确区分"的商品或服务的含义

> IFRS 15：70 提及参照 IFRS 15：26-30 中有关识别可明确区分的商品或服务的指引（请参见 **6.3**）。特别是，对于应付给客户的对价，如果同时符合下列两项标准，应用 IFRS 15：27 将导致商品或服务被确定为可明确区分：
>
> • 卖方能够从单独使用客户所提供的商品或服务，或将其与卖方易于获得的其他资源一起使用中获益；

> • 客户向卖方转让该商品或服务的承诺可与合同中的其他承诺区分开来（即，在基于相关合同进行考虑时该转让商品或服务的承诺可明确区分，并且卖方拟取得的利益可与卖方向客户进行的商品销售区分开来）。
>
> IFRS 15：BC256 指出，评估商品或服务是否可明确区分的原则类似于此前 USGAAP 中应用的"可辨认利益"的概念。可辨认利益被描述为"可充分与［客户］对卖方产品的购买单独区分开来，即卖方原本可与除其产品或服务购买方外的其他方进行交换交易来取得该利益"的商品或服务。
>
> **示例 7.6.5A** 至**示例 7.6.5D** 探讨了零售行业内常见的涉及卖方付款的交易，以及在此类交易中客户提供的商品或服务是否应被视为可明确区分。
>
> 如果卖方断定应付给客户的对价是为取得可明确区分的商品或服务，卖方还必须评估其能否合理估计这些商品或服务的公允价值（请参见 **7.6.4**）。

7.6.3　应付给客户的对价——识别"客户"

IFRS 15：70 指出应付给客户的对价包括"向客户（或向客户购买主体商品或服务的其他方）"的付款，阐明有关要求不仅适用于直接客户，而且适用于分销或供应链下游进一步涉及的各方。例如，在制造商向零售商销售商品时，"应付给客户的对价"可能不仅包括制造商向零售商支付的款项，而且包括制造商支付给向该零售商购买制造商商品的客户的款项。

作为代理人（请参见 **3.6**）安排供应商（当事人）向第三方（终端客户）供应商品的主体，可能会将支付给上述两方的款项视为"应付给客户的对价"。

此外，从代理人角度而言，代理人依照代理人与当事人之间的协议规定向当事人终端客户支付的款项将构成应付给客户的对价。无论代理人是否得出当事人的终端客户同时是其自身客户的结论，该原则均适用。

［TRG 议题］

> **示例 7.6.3**
> **识别"客户"以应用有关"应付给客户的对价"的要求**
>
> A 主体订立一项安排，并据此代表 B 主体安排产品 A 的销售。在考虑 IFRS 15：B34-38（请参见 **3.6**）的指引后，A 主体确定其在该项交易中担任代理人。

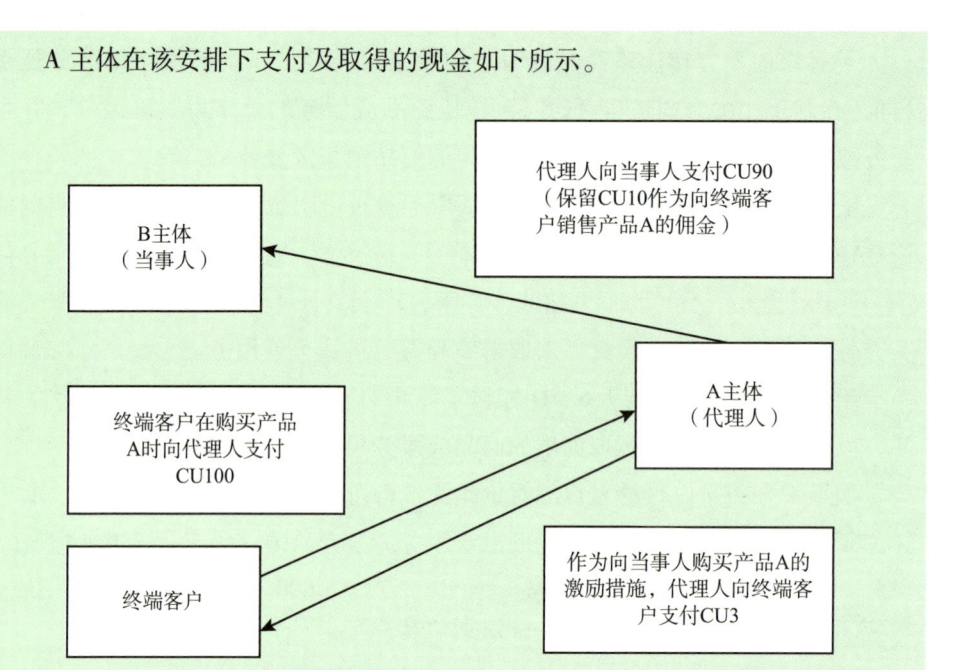

A主体在该安排下支付及取得的现金如下所示。

```
          ┌─────────┐              ┌──────────────────────────┐
          │  B主体   │              │ 代理人向当事人支付CU90    │
          │（当事人）│◄─────────────│（保留CU10作为向终端客    │
          └─────────┘              │ 户销售产品A的佣金）       │
                                   └──────────────────────────┘

      ┌──────────────┐              ┌─────────┐
      │终端客户在购买产品│              │  A主体   │
      │A时向代理人支付 │─────────────►│（代理人）│
      │    CU100     │              └─────────┘
      └──────────────┘              
                                   ┌──────────────────────────┐
      ┌──────────────┐              │作为向当事人购买产品A的    │
      │   终端客户    │◄─────────────│激励措施，代理人向终端客   │
      └──────────────┘              │户支付CU3                 │
                                   └──────────────────────────┘
```

在本例中，如果 A 主体确定向终端客户支付的作为向当事人（B 主体）购买产品 A 之激励措施的 CU3 属于 IFRS 15：70 – 72（请参见 **7.6.1**）所述的应付给客户的对价，则应从向当事人收取的销售佣金 CU10 中减去 CU3，并确认 CU7 的收入。

7.6.4 应付给客户的对价——确定交易价格

如果卖方与客户订立产品销售协议，与客户议定的交易可能同时涉及客户向卖方提供商品或服务。合同的结构可设定为卖方就这些商品或服务应付给客户的对价可予单独识别；或者合同的结构也可设定为包含客户应付给卖方的单一金额（其反映卖方向客户提供的商品或服务与客户向卖方提供的商品或服务相抵后的净价值）。

卖方需要考虑是否应将该"净"对价作为收入进行会计处理，或者是否应当单独对这些商品或服务进行会计处理（并相应地增加卖方向客户提供的商品或服务的交易价格）。

如果符合下列条件，则客户所提供的商品或服务应当单独进行会计处理：

- 这些商品或服务"可明确区分"（请参见 **7.6.2**）；以及

- 卖方能够合理估计其拟取得的商品或服务的公允价值（该公允价值不一定与合同就这些商品或服务所列明的金额相一致）。

若同时符合上述两项条件，从客户取得的商品或服务的公允价值应作为非现金对价（根据 IFRS 15：66 – 69）纳入交易价格，并且应当根据其性质确认为费用或资产。如果就这些商品或服务应付给客户的任何对价超出其公允价值，该超出的部分应当作为交易价格的抵减处理。

若不符合上述两项条件中的任一项，就这些商品或服务应付给客户的任何对价应当作为交易价格的抵减处理。

因此，例如，如果卖方向客户销售商品并取得 CU10,000，而作为同一项安排的一部分，卖方将针对客户提供给卖方的服务向客户支付 CU1,000，则：

- 如果该服务被确定为可明确区分并且其公允价值能够合理估计（例如，CU600），则商品销售的交易价格应当减记为 CU9,600［CU10,000 减去 CU400（支付给客户的对价超出所取得服务的公允价值的部分）］；或者
- 如果该服务被确定为不可明确区分或者其公允价值无法合理估计，则商品销售的交易价格应当减记为 CU9,000（CU10,000 减去应付给客户的对价全额）。

无论与客户提供的商品或服务相关的对价在合同中是否单独识别，上述要求均适用。

7.6.5 应付给客户的对价——示例

示例 7.6.5A

应付给客户的对价

［IFRS 15：IE160 – IE162，示例 32］

某消费品制造商主体订立一项向一家全球大型连锁零售店客户销售商品的一年期合同。客户承诺在该年内购买至少价值 CU15,000,000 的产品。合同同时规定主体须在合同开始时向客户支付 CU1,500,000 的不可返还款项。该笔 CU1,500,000 的款项旨在就客户需更改货架以使其适合放置主体的产品向客户作出补偿。

主体考虑了 IFRS 15∶70－72 的要求，并得出结论认为，向客户支付的该笔款项并非旨在取得客户向主体转让的可明确区分的商品或服务。这是因为主体并未取得对客户货架任何相关权利的控制。因此，主体确定，根据 IFRS 15∶70，该 CU1,500,000 的付款额为交易价格的抵减。

主体应用 IFRS 15∶72 的要求并得出结论认为，该应付对价应在主体确认转让商品的收入时作为交易价格的抵减进行会计处理。因此，主体在向客户转让商品时，将每一商品的交易价格减少 10%，（CU1,500,000÷CU15,000,000）。因此，在主体向客户转让商品的第一个月，主体确认了 CU1,800,000 的收入（发票金额 CU2,000,000，减去应付给客户的对价 CU200,000）。

示例 7.6.5B
应付给客户的对价——"上架费"

X 主体与 Y 主体（零售商）订立一项产品销售合同。作为该合同的一部分，Y 主体承诺将产品在其商店最显眼的位置展示，以促进向终端客户销售这些产品（针对此类服务的付款通常被称为"上架费"）。

为确定适当的会计处理，X 主体考虑 Y 主体所提供的服务是否"可明确区分"。X 主体认为其从此类服务取得的唯一实质性利益是通过 Y 主体商店进行的额外销售，并且 X 主体不会与除其产品购买方外的其他方进行交换交易以取得该利益。因此，X 主体断定 Y 主体所提供的服务无法充分地与 Y 主体对 X 主体产品的购买单独区分开来从而无法被视为可明确区分。

因此，X 主体应根据 IFRS 15∶70－72，将为换取上架服务而向 Y 主体支付的任何款项或提供的折扣作为确认的交易价格的抵减进行会计处理（请参见 **7.6.4**）。

示例 7.6.5C
为纳入零售商的广告宣传单而应付给客户的对价

F 主体与 G 主体（零售商）订立一项产品销售合同。作为该合同的一部分，G 主体同意将 F 主体的产品纳入其每周派发的广告宣传单。

为确定适当的会计处理，F 主体考虑 G 主体所提供的广告服务是否"可明确区分"。F 主体认为其从此类服务取得的唯一实质性利益是通过 G 主体商店进行的额外销售,并且 F 主体不会与除其产品购买方外的其他方进行交换交易以取得该利益。因此,F 主体断定 G 主体所提供的服务无法充分地与 G 主体对 F 主体产品的购买单独区分开来从而无法被视为可明确区分。

因此,F 主体应根据 IFRS 15:70-72,将为换取将 F 主体的产品纳入 G 主体的每周广告宣传单而向 G 主体支付的任何款项或提供的折扣作为确认的交易价格的抵减进行会计处理(请参见 **7.6.4**)。

> **示例 7.6.5D**
> 为换取广泛宣传的广告而应付给客户的对价

J 主体与 K 主体(零售商)订立一项销售特定产品的合同。J 主体同时通过其他零售商销售该产品,并通过其网站直接向公众进行销售。作为该合同的一部分,K 主体同意在一份全国性报纸以及全国电视和广播上推出销售 J 主体产品的广告。

为确定适当的会计处理,J 主体考虑 K 主体所提供的广告服务是否"可明确区分"。J 主体认为其能够从 K 主体推出的广告中受益(这将增加销售该产品的所有零售商店(而非仅仅 K 主体的商店)的销售额以及通过 J 主体网站进行的销售),并且 J 主体会与除其产品购买方外的其他方进行交换交易以取得该利益(例如,其可以直接向全国性媒体渠道购买广告服务)。J 主体断定 K 主体所提供的服务可充分地与 K 主体对 J 主体产品的购买单独区分开来,因此可明确区分。

因此,J 主体应评估其能否合理估计拟取得的广告服务的公允价值(该公允价值不一定与合同就这些服务所列明的金额相一致)(请参见 **7.6.4**)。如果能够合理估计该公允价值,J 主体应将此类服务的公允价值作为非现金对价(根据 IFRS 15:66-69)纳入向 K 主体销售产品的交易价格,并同时在取得广告服务时将该金额确认为费用。

如果无法合理估计该公允价值,则 J 主体应当将应付给 K 主体的涉及广告服务的所有对价作为向 K 主体销售商品的交易价格的抵减处理(请参见 **7.6.4**)。

7.7 客户未行使的权利

7.7.1 客户未行使的权利——一般规定

根据 IFRS 15:106 的规定,在收到客户的预付款后,主体应当将(预付款中)就其在未来转让或随时准备转让商品或服务的履约义务所预付的金额确认为一项合同负债(请参见**第 13 章**)。在转让这些商品或服务(即,履约义务得到履行)时,终止确认该合同负债并确认收入。[IFRS 15:B44]

客户向主体支付的不可返还的预付款赋予客户一项在未来取得商品或服务的权利,并因此使主体承担在未来随时准备转让商品或服务的义务。但是,客户并非始终会行使其所有合同权利;这些未行使的权利通常被称为"放弃的权利"。[IFRS 15:B45]

如果主体预计将有权获得合同负债中放弃的权利金额,主体应当根据客户行使权利的模式按比例将预计放弃的权利金额确认为收入。如果主体预计无权获得放弃的权利金额,则主体应在客户行使其剩余权利的可能性极低时将预计放弃的权利金额确认为收入。在确定主体预计是否有权获得放弃的权利金额时,应考虑 IFRS 15:56-58(请参见 **7.3**)中关于可变对价估计限制的指引。[IFRS 15:B46]

对于主体所收取的与客户未行使权利相关的对价,如果主体须将该对价款转交其他方(例如,根据适用的关于无人认领财产的法律须转交给政府主体),则主体应当确认一项负债(而非收入)。[IFRS 15:B47]

7.7.2 在初始分摊收入后对放弃的权利预期的变化

> **示例 7.7.2**
> **在初始分摊收入后对放弃的权利预期的变化**
>
> A 主体向 B 客户销售产品,作为该项交易的一部分,A 主体授予 B 客户特定数量的忠诚度积分,这些积分可在未来日期当 B 客户向 A 主体购买额外产品时兑现。销售所得现金为 CU100,B 客户未使用的忠诚度积分将不可获得任何退款。

根据 IFRS 15，A 主体必须将收入分摊至已出售的产品与可在未来兑现的忠诚度积分（重大权利）。基于对不会兑现的忠诚度积分（即"放弃的权利"）水平的预期，A 主体确定将 CU80 分摊至已出售产品、将 CU20 分摊至忠诚度积分是恰当的。

如果在初始分摊收入后有关放弃的权利的估计发生变动，这不会导致对已出售产品与忠诚度积分之间的收入分摊进行修改。尽管 IFRS 15：B46 所述的有关放弃的权利的指引特别提及 IFRS 15：56 – 58 中关于可变对价估计限制的部分，但放弃的权利并非可变对价的一种形式，因为其并未影响交易价格（在本例中，A 主体始终有权获得原现金对价 CU100）。

鉴于不存在可变对价，因此 IFRS 15：59 规定的在每个报告期末重新评估交易价格的要求并不适用，据此，有关放弃的权利估计的变动不会导致修改初始分摊至已出售产品的 CU80 及分摊至忠诚度积分的 CU20。

然而，对放弃的权利的预期可能会影响分摊至忠诚度积分的 CU20 收入确认的时间（请参见 **7.7.3**）。这是因为根据 IFRS 15：B46，如果主体预计将有权获得放弃的权利金额，则必须"根据客户行使权利的模式按比例将预计放弃的权利金额确认为收入"（请参见 **7.7.1**）。

7.7.3　可能不会兑现的礼品券

零售商出售的礼品券可被其持有人用于购买不超过礼品券指定金额的商品。零售商应当评估在何时确认涉及这些礼品券的收入。

礼品券通常代表向主体支付的不可返还的预付款，其赋予客户在未来取得商品或服务的权利（并使主体承担随时准备转让商品或服务的义务）。根据 IFRS 15，应当在主体通过向客户转让已承诺的商品或服务履行履约义务时（或履约过程中）确认收入（请参见 **9.1**）。在本例中，零售商将在客户兑现礼品券且零售商向客户提供相关商品或服务时履行履约义务。因此，在收到客户的预付款后，零售商应就其在未来转让或随时准备转让商品或服务的履约义务确认一项合同负债。主体应当在其转让这些商品或服务并因而履行其履约义务时终止确认该合同负债（并确认收入）。

客户可能出于各种原因不会行使其所有合同权利。IFRS 15 指出这些未被行使的权利往往被称为"放弃的权利"。根据 IFRS 15:B44-B47,在某些情况下,放弃的权利所产生的收入可在卖方合法地解除相关义务之前予以确认。IFRS 15 特别探讨了下列情况:

● IFRS 15:B46 规定,"如果主体**预计将有权获得**合同负债中放弃的权利金额,主体应当根据客户行使权利的模式按比例将预计放弃的权利金额确认为收入"(本书加粗以示强调)。根据该方法,主体预计将不会兑现的礼品券的估计价值会在其余礼品券被兑现时按比例确认为收入。例如,假设零售商签发了 CU1,000 的礼品券,根据 IFRS 15:56-58(请参见 **7.2.8**),以组合为基础执行的评估表明所有已出售的礼品券中将有 20% 的价值不会被兑现,从而预计放弃的权利金额为 CU200。因此,预计不会兑现的礼品券价值与预计将被兑现的礼品券价值之间的比例为 20:80。每当有部分礼品券被兑现时,应将相当于已兑现金额面值 25%(20÷80)的放弃的权利金额确认为额外收入(例如,若兑现了 CU40 的礼品券,则转为收入的放弃的权利金额为 CU10,从而所确认的收入总额应为 CU50)。

主体不应在取得付款时立即将放弃的权利确认为收入,即使有历史证据表明特定比例的交易无须履约。在 IFRS 15:BC400 中,IASB 提到其否决了要求主体在取得客户的预付款时立即将估计的不会使用的权利确认为收入的方法。IASB 决定,由于主体尚未履约,因此确认收入将不能如实反映主体的履约,并且可能会低估主体随时准备提供未来商品或服务的义务。

为确定主体是否预计有权获得放弃的权利金额,主体应考虑 IFRS 15:56-58 中关于可变对价估计限制的要求。主体在应用该指引时应当运用判断并考虑所有具体事实和情况。

● IFRS 15:B46 还规定,"如果主体**预计无权获得**放弃的权利金额,则主体应在客户行使其剩余权利的可能性极低时将预计放弃的权利金额确认为收入"(本书加粗以示强调)。例如,假设零售商签发了 CU1,000 的礼品券并应用 IFRS 15:56-58 的指引,但得出结论认为其预计无权获得放弃的权利金额。在每一次有部分礼品券被兑现时,应将相当于已兑现金额面值的部分确认为收入。随后,当价值为 CU800 的礼品券被兑现后,主体可能确定剩余未兑现礼品券的余额被适时兑现的可能性极低。如果属于这种情况,主体应在此时将剩余的 CU200 合同负债转出并确认 CU200 的收入。

第 8 章 步骤 4：将交易价格分摊至合同中的履约义务

8.1 将交易价格分摊至履约义务——一般规定

将交易价格分摊至每一项履约义务的目标旨在使分摊的金额能够反映主体因向客户履行每一项履约义务而预计有权获得的对价。[IFRS 15：73]

IFRS 15 要求基于单独售价的相对比例（请参见 **8.2**）将交易价格分摊至在合同中识别的每一项履约义务，但分摊折扣（请参见 **8.3**）和分摊包含可变金额的对价（请参见 **8.5**）时所适用的例外情况除外。[IFRS 15：74]

分摊交易价格的规定不适用于合同仅包含一项履约义务的情况。但是，如果主体承诺转让按照 IFRS 15：22（b）（请参见**第 6 章**）识别为单一履约义务的一系列可明确区分的商品或服务且承诺的对价包含可变金额，则分摊包含可变金额的对价的规定（请参见 **8.5**）可能适用。[IFRS 15：75]

> IAS 18 未包含任何关于如何在交易的各个单独可辨认组成部分之间分摊收入的指引。
>
> 原则上，基于单独售价的分摊须对包含多于一项履约义务的每一份合同进行计算。对于拥有大量不同合同的主体而言，这可能会造成重大挑战和负担并且在某些情况下可能需要变更现有的系统。

8.2 基于单独售价进行分摊

8.2.1 确定可明确区分的商品或服务的单独售价

应在合同开始时确定合同内每一项履约义务所涉及的可明确区分的商品或服

务的单独售价，并按照此类单独售价的比例分摊交易价格。[IFRS 15∶76]

单独售价是指主体向客户单独出售一项已承诺的商品或服务的价格。单独售价的最佳证据是主体在相似情形下向类似客户单独出售一项商品或服务时该商品或服务的可观察价格。商品或服务的合同价格或标价可能是（但不应假定为）该商品或服务的单独售价。[IFRS 15∶77]

> **示例 8.2.1**
> **合同期内相同产品的不同售价**
>
> A 主体订立一项合同，规定在三年内每年向客户转让 1,000 个单位的产品 X。合同要求客户对第 1 年交付的每个单位支付 CU10，对第 2 年交付的每个单位支付 CU11，并对第 3 年交付的每个单位支付 CU12。
>
> A 主体应如何确定在第 1 年、第 2 年和第 3 年内出售的产品 X 的每单位单独售价？
>
> 如果合同标价代表特定期间内每项可明确区分的商品或服务的相应价值（即，被视为等同于单独售价），则主体可基于合同标价将对价分摊至各项履约义务。
>
> 在上述情况下，A 主体应当考虑该项安排的特定事实和情况，以及在合同期内设定不同售价的原因。例如，如果所设定的合同价格旨在反映预计在 3 年期间内产品 X 市场价格的变化，使用合同标价作为合同期内每一年产品 X 的单独售价可能是恰当的。相反，如果预计在 3 年期间内产品 X 的价格不会发生变化，则 A 主体可能需要确定适用于整个 3 年合同期的单一单独售价。

8.2.2　在单独售价无法直接观察到时对其进行估计

如果单独售价无法直接观察到，主体应当采用能够使交易价格的分摊符合 IFRS 15∶73（请参见 **8.1**）所述的分摊目标的金额来估计单独售价。在估计单独售价时，主体应考虑其可合理获得的所有信息（包括市场状况、主体特定因素以及有关客户或客户类别的信息）。同时，主体应最大限度地使用可观察的输入值并对相似情形一致地应用估计方法。[IFRS 15∶78]

如果商品或服务的单独售价无法直接观察到，则用于估计价格的适当方法包括但不限于：

[IFRS 15:79]

（a）经调整的市场评估法——通过评价主体出售商品或服务的市场，并对该市场中客户愿意为此类商品或服务支付的价格作出估计。该方法还可能包括参照主体竞争对手的类似商品或服务的价格，并对此类价格作出必要调整以反映主体的成本及毛利；

（b）预计成本加毛利法——通过预测因履行履约义务而预计发生的成本，再加上该商品或服务的适当毛利；以及

（c）余值法——通过参照交易价格总额减去合同所承诺的其他商品或服务的可观察单独售价总和后的余额来估计相关的单独售价。但是，仅在满足下列标准之一时才可采用余值法：

（i）主体（在同一时间或接近同一时间）以差异范围较大的金额向不同客户出售同一种商品或服务（即，售价的可变程度极高，因为无法从以往的交易或其他可观察的证据中辨别出具有代表性的单独售价）；或者

（ii）主体尚未对该商品或服务进行定价，且该商品或服务之前未曾单独出售过（即，售价尚不确定）。

8.2.3　结合采用多种方法来估计单独售价

如果合同中两项或两项以上的商品或服务具有可变程度极高或不确定的单独售价，则可能需要结合采用多种方法来估计合同所承诺的商品或服务的单独售价。例如，可采用余值法来估计此类单独售价可变程度极高或不确定的已承诺商品或服务的单独售价总和，然后可再采用其他方法进一步分析该余值，进而估计其中个别商品或服务的单独售价。[IFRS 15:80]

> 例如，合同可能包括两项单独的软件许可证（每项许可证均符合采用余值法来估计单独售价的标准）以及单独售价可直接观察到的其他商品和服务。出于根据 IFRS 15 确认收入的目的，每项软件许可证及其他商品和服务均被视为可明确区分的履约义务。
>
> 在这种情况下，可采用余值法来估计两项软件许可证单独售价的总和，然后采用其他方法（如，经调整的市场评估法）将所确定的单一余值在两项许可证之间进行分摊。

如果主体结合采用多种方法，主体应当评价按此类单独售价估计值分摊交易

价格的做法是否符合 IFRS 15∶73（请参见 **8.1**）所述的分摊目标以及 IFRS 15∶78 中有关估计单独售价的要求。［IFRS 15∶80］

> 如上所述，IFRS 15∶78 要求主体最大限度地使用可观察的输入值。

示例 8.2.3

分摊方法

［IFRS 15∶IE164 – IE166，示例 33］

主体与客户订立一项合同，以 CU100 的价格出售产品 A、B 和 C。主体将在不同时点履行针对每项产品的履约义务。主体经常单独出售产品 A，因此单独售价可直接观察。产品 B 和 C 的单独售价不可直接观察。

由于产品 B 和 C 的单独售价不可直接观察，主体必须对其进行估计。为估计单独售价，主体针对产品 B 采用经调整的市场评估法，并针对产品 C 采用预计成本加毛利法。在作出相关估计时，主体最大限度地使用可观察的输入值（根据 IFRS 15∶78）。主体对单独售价的估计如下：

产品	单独售价 CU	方法
产品 A	50	可直接观察（参见 IFRS 15∶77）
产品 B	25	经调整的市场评估法［参见 IFRS 15∶79（a）］
产品 C	75	预计成本加毛利法［参见 IFRS 15∶79（b）］
合计	150	

由于单独售价之和（CU150）超过所承诺的对价（CU100），因此客户实际上是因购买一揽子商品而获得了折扣。主体考虑了其是否有关于全部折扣归属于其中一项履约义务的可观察证据［根据 IFRS 15∶82（请参见 **8.3**）］，且得出其并没有相关可观察证据的结论。相应地，主体根据 IFRS 15∶76 和 IFRS 15∶81 将折扣在产品 A、B 和 C 之间按比例进行分摊。因此，该折扣的分摊和分摊后的交易价格如下：

产品	CU	分摊的交易价格
产品 A	33	（CU50 ÷ CU150 × CU100）
产品 B	17	（CU25 ÷ CU150 × CU100）
产品 C	50	（CU75 ÷ CU150 × CU100）
合计	100	

8.3　折扣的分摊

如果合同所承诺的商品或服务的单独售价之和超过合同所承诺的对价，则客户因购买一揽子商品或服务而取得了一项折扣。除非有可观察的证据表明并非全部折扣均与合同中的所有履约义务相关，否则该折扣应当按比例分摊至合同中的所有履约义务。［IFRS 15：81］

如果符合下列所有标准，则应将折扣全部分摊至合同中的一项或多项（而非全部）履约义务：

［IFRS 15：82］

（a）主体经常单独出售合同中每一项可明确区分的商品或服务（或每项可明确区分的一揽子商品或服务）；

（b）主体也经常将其中部分可明确区分的商品或服务作为一揽子商品或服务单独出售，其售价相对于该一揽子商品或服务中各项商品或服务的单独售价而言是一个折扣价；

（c）（b）所述的归属于每项一揽子商品或服务的折扣与合同中的折扣基本相同，且针对每项一揽子商品或服务中的商品或服务所作的分析就合同的全部折扣归属于哪一项（或哪几项）履约义务提供了可观察的证据。

如果按照 IFRS 15：82 将折扣全部分摊至合同中的一项或多项履约义务，则应当在根据 IFRS 15：79（c）（请参见 **8.2**）采用余值法估计商品或服务的单独售价之前分摊该折扣。［IFRS 15：83］

IFRS 15：82 通常仅适用于包含至少三项履约义务的合同。这是因为如果主体可获得一组已承诺商品或服务在共同出售时的单独售价的可观察信息，则主体可能能够证明折扣与其相关。IFRS 15 的结论基础指出，主体可能具备充足的证据使其能够按照 IFRS 15∶82 的标准仅将折扣分摊至一项履约义务，但 IASB 预计这种情况将极少发生。[IFRS 15∶BC283]

示例 8.3

分摊折扣

[IFRS 15∶IE167 – IE177，示例 34]

主体经常单独出售产品 A、B 和 C，从而确定单独售价如下：

产品	单独售价 CU
产品 A	40
产品 B	55
产品 C	45
合计	140

此外，主体经常以 CU60 的价格将产品 B 和 C 一同出售。

案例 A——将折扣分摊至一项或多项履约义务

主体与客户订立一项合同，以 CU100 的价格出售产品 A、B 和 C。主体将在不同时点履行针对每项产品的履约义务。

该合同包含针对整项交易的折扣 CU40，如按单独售价的相对比例分摊交易价格（根据 IFRS 15∶81），这一折扣将按比例分摊至全部三项履约义务。但是，由于主体经常以 CU60 的价格将产品 B 和 C 一同出售，且以 CU40 的价格出售产品 A，因此主体有证据证明应当根据 IFRS 15∶82 将全部折扣分摊至转让产品 B 和 C 的承诺。

如果主体在同一时点转移对产品 B 和 C 的控制，则主体在实务上可将该两个产品的转让作为单一履约义务进行会计处理。也就是说，主体可将 CU60 的交易价格分摊至这项单一履约义务，并在产品 B 和 C 同时转让给客户时确认 CU60 的收入。

如果合同要求主体在不同时点转移对产品 B 和 C 的控制，则 CU60 的分摊金额应单独分摊至转让产品 B（单独售价为 CU55）和产品 C（单独售价为 CU45）的承诺，具体如下：

产品	CU	分摊的交易价格
产品 B	33	（CU55÷单独售价总额 CU100×CU60）
产品 C	27	（CU45÷单独售价总额 CU100×CU60）
合计	60	

案例 B——适用余值法

如同案例 A，主体与客户订立一项出售产品 A、B 和 C 的合同。合同同时包含转让产品 D 的承诺。合同的总对价为 CU130。由于主体向不同客户出售产品 D 的价格差异范围较大（从 CU15 至 CU45 不等），因此产品 D 的单独售价可变程度极高［参见 IFRS 15∶79（c）］。据此，主体决定采用余值法估计产品 D 的单独售价。

在采用余值法估计产品 D 的单独售价前，主体根据 IFRS 15∶82-83 确定是否应将折扣分摊至合同中的其他履约义务。

如同案例 A，由于主体经常以 CU60 的价格将产品 B 和 C 一同出售，且以 CU40 的价格出售产品 A，因此主体有可观察的证据证明应当根据 IFRS 15∶82 将 CU100 分摊至这三种产品，并将 CU40 的折扣分摊至转让产品 B 和 C 的承诺。通过采用余值法，主体估计产品 D 的单独售价为 CU30，具体如下：

产品	单独售价 CU	方法
产品 A	40	直接可观察（参见 IFRS 15∶77）
产品 B 和 C	60	直接可观察且有折扣（参见 IFRS 15∶82）
产品 D	30	余值法［参见 IFRS 15∶79（c）］
合计	130	

主体认为相应分摊至产品 D 的 CU30 是在其可观察的售价范围（CU15~CU45）之内。因此，相应的分摊符合 IFRS 15∶73 的分摊目标及 IFRS 15∶78 的要求。

案例 C——不适用余值法

案例 C 与案例 B 的情况相同，但交易价格为 CU105 而非 CU130。相应地，采用余值法将导致产品 D 的单独售价为 CU5（交易价格 CU105 减去分摊至产品 A、B 和 C 的 CU100）。主体得出结论认为 CU5 不能如实反映主体因履行转让产品 D 的履约义务而预计有权获得的对价金额，因为 CU5 并不接近产品 D 的单独售价，产品 D 的单独售价在 CU15～CU45 的范围之内。所以，主体复核其可观察数据（包括销售和利润报告），以采用其他合适的方法估计产品 D 的单独售价。主体根据 IFRS 15:73-80 使用这些产品单独售价的相对比例将 CU130 的交易价格分摊至产品 A、B、C 和 D。

8.4　溢价的分摊

如 8.3 所述，如果多项要素安排中个别履约义务的单独售价之和超过所承诺的对价，IFRS 15:81 规定，除非主体有可观察的证据表明全部折扣仅与合同中的一项或多项（而非全部）履约义务相关，否则合同所授予的任何折扣应当按比例分摊至所有履约义务。IFRS 15:82 具体列明了为得出折扣无须按比例分摊至所有履约义务的结论而必须满足的标准。

然而，IFRS 15 并未明确探讨合同所承诺的对价超过个别履约义务的单独售价之和（从而表明客户就购买商品或服务支付一项溢价）的情况。尽管这种情况可能并不常见，但在某些情况下，例如主体按介乎较广区间范围的不同金额出售其商品或服务，则可能会产生上述情况。在这种情况下，主体可能针对合同中的每一项履约义务应用 IFRS 15:79 所述的经调整的市场评估法（请参见 8.2），其结果可能是所确定的合同总交易价格超过这些商品或服务单独售价的总价值。

上述情形预计相对少见。在评估如何分摊看似存在的溢价之前，主体应当考虑所执行的分析是否有可能存在诸如下列差错：

- 未识别出合同中的重大融资成分；
- 未识别出合同包含的激励措施（即，业绩奖金）；
- 未识别出额外的履约义务；或者
- 未正确地识别履约义务的单独售价。

> 如果主体在执行进一步评估之后确定存在一项溢价，则应采用与 IFRS 15 针对分摊折扣的要求相一致的方式对溢价进行分摊（即，根据 IFRS 15：74（请参见 **8.1**）基于单独售价的相对比例进行分摊，但 IFRS 15：81－83 所述的例外情况除外）。

8.5　可变对价的分摊

可变对价可能归属于整项合同或者合同的特定部分，例如以下任一项：
［IFRS 15：84］

（a）合同中的一项或多项（而非全部）履约义务（例如，是否获得奖金可能取决于主体是否在指定时期内转让特定的商品或服务）；或者

（b）在构成 IFRS 15：22（b）（请参见**第 6 章**）所述的单一履约义务的一部分的一系列可明确区分的商品或服务中，已承诺的一项或多项（而非全部）可明确区分的商品或服务（例如，为期两年的保洁服务合同承诺第二年的对价将根据指定的通货膨胀指数变动而提高）。

如果同时满足下列两项条件，则可变金额（及该金额的后续变动）应全部分摊至一项履约义务或构成 IFRS 15：22（b）所述的单一履约义务的一部分的一项可明确区分的商品或服务：
［IFRS 15：85］

（a）有关可变付款额的条款专门针对主体为履行该履约义务或转让该可明确区分的商品或服务所作的努力（或履行该履约义务或转让该可明确区分的商品或服务所导致的特定结果）；以及

（b）在考虑合同中的全部履约义务及付款条款后，认为将对价的可变金额全部分摊至该履约义务或可明确区分的商品或服务符合 IFRS 15：73（请参见 **8.1**）所述的分摊目标。

应当应用 IFRS 15：73－83 的分摊要求来分摊不满足 IFRS 15：85 所述标准的剩余交易价格金额。［IFRS 15：86］

> **示例 8.5**
> **分摊可变对价**
> ［IFRS 15：IE178－IE187，示例 35］

主体与客户订立一项针对两项知识产权许可证（许可证 X 和 Y）的合同，主体确定该合同代表两项履约义务，每项履约义务均在某一时点履行。许可证 X 和 Y 的单独售价分别为 CU800 和 CU1,000。

案例A——可变对价全部分摊至一项履约义务

合同针对许可证 X 所规定的价格为固定金额 CU800，而针对许可证 Y 所规定的对价则是客户销售使用了许可证 Y 的产品的未来销售额的 3%。在进行分摊时，主体根据 IFRS 15：53（请参见 **7.2.1.3**）估计其基于销售的特许使用费（即，可变对价）为 CU1,000。

为分摊交易价格，主体考虑了 IFRS 15：85 的条件，并得出可变对价（即基于销售的特许使用费）应当全部分摊至许可证 Y 的结论。主体基于以下原因得出满足 IFRS 15：85 的条件的结论：

a. 可变付款额明确地与转让许可证 Y 的履约义务的结果相关（即客户后续销售使用许可证 Y 的产品）。

b. 将预计特许使用费金额 CU1,000 全部分摊至许可证 Y 符合 IFRS 15：73 的分摊目标。这是因为主体对基于销售的特许使用费的估计值（CU1,000）接近许可证 Y 的单独售价，且固定金额 CU800 接近许可证 X 的单独售价。主体根据 IFRS 15：86 将 CU800 分摊至许可证 X。这是因为，基于对与两项许可证相关的事实和情况的评估，在全部可变对价之外，再分摊部分固定对价至许可证 Y 并不符合 IFRS 15：73 的分摊目标。

主体在合同开始时转让许可证 Y，并在一个月后转让许可证 X。在转让许可证 Y 时，由于分摊至许可证 Y 的对价是基于销售的特许使用费形式，所以主体并不确认收入。因此，根据 IFRS 15：B63（请参见 **11.3**），主体在发生后续销售时确认基于销售的特许使用费收入。

当转让许可证 X 时，主体将分摊至许可证 X 的 CU800 确认为收入。

案例B——基于单独售价分摊可变对价

合同针对许可证 X 所规定的价格为固定金额 CU300，而针对许可证 Y 所规定的对价则是客户销售使用了许可证 Y 的产品的未来销售额的 5%。在进行分摊时，主体根据 IFRS 15：53 估计其基于销售的特许使用费（即，可变对价）为 CU1,500。

为分摊交易价格，主体应用 IFRS 15：85 的要求以确定是否将可变对价（即基于销售的特许使用费）全部分摊至许可证 Y。在应用这些要求时，主体得出结论认为，虽然可变付款额明确地与转让许可证 Y 的履约义务的结果相关（即客户后续销售使用许可证 Y 的产品），但将可变对价全部分摊至许可证 Y 将不符合分摊交易价格的原则。将 CU300 分摊至许可证 X 并将 CU1,500 分摊至许可证 Y 不能反映出基于许可证 X 和许可证 Y 的单独售价（分别为 CU800 和 CU1,000）对交易价格进行的合理分摊。因此，主体应用 IFRS 15：76-80 所述的一般分摊要求。

主体基于单独售价的相对比例（分别为 CU800 和 CU1,000）将交易价格 CU300 分摊至许可证 X 和许可证 Y。主体同时基于单独售价的相对比例对与基于销售的特许使用费相关的对价进行分摊。但是，根据 IFRS 15：B63，如果主体提供知识产权许可证并以基于销售的特许使用费形式收取对价，则直至以下二者中较晚发生的事件发生之前，主体不得确认收入：（1）发生后续销售，或（2）履约义务得到履行（或部分得到履行）。

许可证 Y 在合同开始时转让给客户，而许可证 X 则在三个月后转让。在转让许可证 Y 时，主体将分摊至许可证 Y 的 CU167（CU1,000÷CU1,800×CU300）确认为收入。在转让许可证 X 时，主体将分摊至许可证 X 的 CU133（CU800÷CU1,800×CU300）确认为收入。

在第一个月，由客户的首月销售所产生的特许使用费为 CU200。据此，根据 IFRS 15：B63，主体应将分摊至许可证 Y（已转让给客户，因此是已履行的履约义务）的 CU111（CU1,000÷CU1,800×CU200）确认为收入。主体应针对分摊至许可证 X 的 CU89（CU800÷CU1,800×CU200）确认一项合同负债。这是因为尽管主体的客户已发生后续销售，但分摊特许使用费的履约义务尚未得到履行。

8.6 交易价格的变动

在合同开始后，交易价格可能因各种原因而发生变动，包括不确定事项的消除或环境的其他变化。[IFRS 15：87]

除合同的修订（请参见**第 10 章**）外，交易价格的任何后续变动应当运用在

《国际财务报告准则第15号——客户合同收入》应用指引

合同开始时采用的同样基础分摊至履约义务。因此,不应重新分摊交易价格以反映单独售价在合同开始后的变动。在交易价格发生变动的期间,分摊至已履行的履约义务的金额应确认为收入或收入的减少。[IFRS 15∶88]

仅在满足IFRS 15∶89(请参见**8.5**)中的分摊可变对价的标准时,才应将交易价格变动全部分摊至一项或多项(而非全部)履约义务或构成IFRS 15∶22(b)所述的单一履约义务的一部分的一系列商品或服务中可明确区分的已承诺商品或服务。[IFRS 15∶89]

应按照IFRS 15∶18–21(请参见**第10章**)对合同的修订所导致的交易价格变动进行会计处理。当交易价格在合同修订后发生变动时,IFRS 15 包含有关如何应用IFRS 15∶87–89的规定的额外指引。该额外指引请参见**10.6**。

第9章 步骤5：确定何时确认收入

9.1 履约义务的履行

9.1.1 在履行履约义务时（或履约过程中）确认收入

主体应当在其通过向客户转让已承诺的商品或服务（即，一项资产）来履行履约义务时（或履约过程中）确认收入。一项资产是在客户获得对该资产的控制时（或过程中）被转让的。[IFRS 15:31]

对于每一项履约义务，主体应当在合同开始时确定其是在一段时间内履行履约义务（请参见 **9.2**），还是在某一时点履行履约义务（请参见 **9.4**）。如果主体并非在一段时间内履行履约义务，则履约义务是在某一时点履行。[IFRS 15:32]

> IFRS 15 要求主体针对所有合同确定是在一段时间内履行履约义务（并确认收入），还是在某一时点履行履约义务（并确认收入），并未对诸如期限较短（如，短于一年）的合同等提供允许直接默认在某一时点确认收入的简便方法。
>
> 主体应当根据 IFRS 15:35 的要求对合同安排进行审慎分析，以确定履约义务是在一段时间内履行还是在某一时点履行（即使对于期限较短的合同也须如此）。

9.1.2 控制的含义

商品和服务在其被取得及使用（许多服务属于这种情况）时是资产（即使只是暂时性的）。对资产的控制是指能够主导资产的使用并获得资产几乎所有剩余利益的能力。控制包括防止其他主体主导资产的使用或获得资产所产生利益的能力。资产的利益为可通过诸如下列多种方式直接或间接地获取的潜在现金流量

（现金流入或现金流出的减少）：

［IFRS 15∶33］

- 使用该资产以生产商品或提供服务（包括公共服务）；
- 使用该资产以提升其他资产的价值；
- 使用该资产以清偿负债或减少费用；
- 出售或交换该资产；
- 将该资产作为贷款的抵押担保品；以及
- 持有该资产。

在评价客户是否取得对资产的控制时，主体应当考虑任何回购资产的协议（请参见 **3.7**）。［IFRS 15∶34］

9.1.3　IFRS 15 的收入确认模型的应用

与分别针对商品和服务规定了不同要求的 IAS 18 不同，IFRS 15 对所有收入交易采用（基于控制的）单一模型以确定应何时确认收入。根据 IFRS 15 的模型，此前作为商品进行会计处理的某些交付内容（如，某些按合同进行的制造）可能会在一段时间内确认收入；同样地，此前作为服务处理的某些交付内容（如，某些建造合同）则可能会在某一时点确认收入。

例如，交付商品的主体（如，合同制造商及其他客户制造安排）在某一特定时点确认收入可能不一定是恰当的。主体应当根据 IFRS 15∶35 的三项标准（请参见 **9.2.1**）对合同安排进行审慎分析，以确定合同中建造并向客户转让商品的承诺是在一段时间内履行还是在某一时点履行的履约义务。

如果主体生产定制产品的义务符合 IFRS 15∶35 所述的在一段时间内确认收入的标准之一（例如，主体的履约行为并未创造一项可被主体用于其他替代用途的资产，并且主体具有就迄今为止已完成的履约部分获得客户付款的可执行权利），则与该产品相关的收入应当在产品**制造**时确认，而非在产品**交付**给客户时确认。

例如，主体与原始设备制造商（OEM）订立一项为 OEM 的产品生产定制配件的合同，如果定制配件除作为 OEM 产品的配件外不存在其他替代用途，且主体"在合同存续期内的任何时点"均具有就迄今为止已完成的履约部分获得客户付款的可执行权利，则该合同满足在一段时间内确认收入的标准。IFRS 15：36-37 和 IFRS 15：B6-B13 就资产是否可被主体用于其他替代用途及主体是否具有就迄今为止已完成的履约部分获得客户付款的可执行权利提供了具体指引（请参见 **9.2.4**）。主体需要对合同安排及特定的事实和情况进行审慎分析以确定是否满足上述标准。

如果主体断定收入应在一段时间内确认，主体则必须选择最能如实反映主体迄今为止生产产品的履约情况的在一段时间内确认收入的方法（请参见 **9.3**）。因此，合同收入和相关的合同成本应在主体履约（即，生产产品）时，而非产品交付给客户时确认为收入和销售成本。

相反，提供服务（如，建造合同）的主体假设其符合在一段时间内确认收入的标准并非总是恰当的。此类主体也需要评估是否满足 IFRS 15：35 所述的标准（请参见 **9.2.1**）。

上述评估应在合同开始时进行。如果合同不满足 IFRS 15：35 所述的任一标准，则主体应在某一时点（而非一段时间内）确认收入。

因此，此前按照 IAS 11 或 IAS 18 在一段时间内确认收入的主体不应假定在 IFRS 15 下其能够继续这样做。

9.2 在一段时间内确认的收入

9.2.1 在一段时间内确认收入的标准

如果符合下列标准之一，则表明主体是在一段时间内转移对商品或服务的控制（即，在一段时间内履行履约义务），从而应在一段时间内确认收入：

[IFRS 15：35]

（a）客户在主体履约行为的同时取得及消耗主体履约所提供的利益（请参见 **9.2.2**）；

（b）主体的履约行为创造或改良了客户在资产被创造或改良时就控制的资产（例如，在产品）（请参见 **9.2.3**）；或者

（c）主体的履约行为并未创造一项可被主体用于其他替代用途的资产，并且主体具有就迄今为止已完成的履约部分获得客户付款的可执行权利（请参见 **9.2.4**）。

《国际财务报告准则第15号——客户合同收入》应用指引

> 主体可能会满足 IFRS 15:35 中多于一项的标准——这些标准并非旨在相互排斥。例如，在某些情况下，主体可能确定同时满足标准（b）和标准（c）。
>
> IFRS 15 的一项关键变更是收入确认的基准。IAS 18 针对商品运用风险和报酬转移的概念，而 IFRS 15 则针对所有情况运用控制权转移的概念。尽管运用上述两种不同概念通常不会改变收入确认的时间，但在某些情况下，主体基于控制权转移与风险和报酬转移的收入确认模式可能存在差异，主体应对此进行审慎考虑。IFRS 15 可能导致此前在一段时间内确认的收入现时须在某一时点确认，或者相反。

在一段时间内确认收入

履约义务是否在一段时间内履行？若对下述任一项回答"是"，则在一段时间内确认收入。这将取决于具体事实和情况。

卖方的履约行为创造或改良了客户控制的资产	卖方的履约行为并未创造一项资产，或者所创造的任何资产在创造的同时被客户消耗	卖方未创造一项可被卖方用于**其他替代用途的资产**，并且卖方有权就迄今为止已完成的履约部分获得客户付款
指标/示例 • 客户控制在产品 • 在客户土地上建造的资产	指标/示例 • 另一供应商无须重新履约 • 运输服务 • 交易处理服务	指标/示例 • 原始设备制造商 • 咨询报告

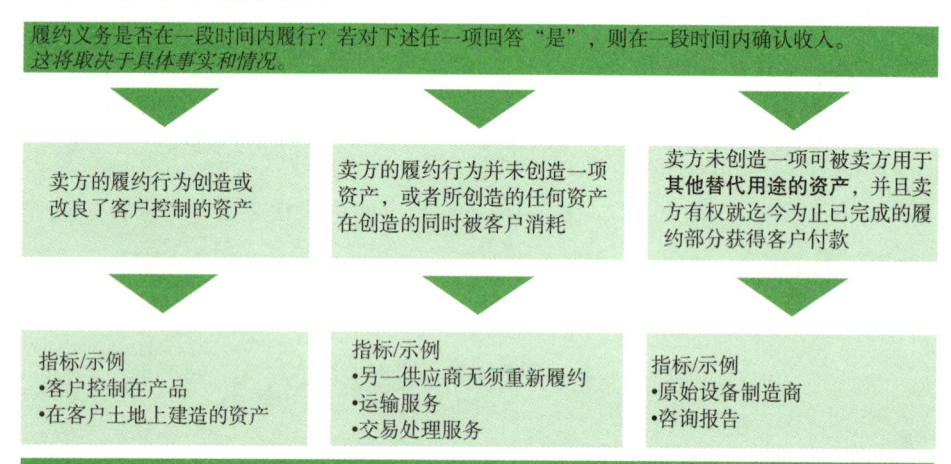

若对上述三项全部回答"否"，则在某一时点确认收入

9.2.2 同时取得及消耗主体履约所提供的利益

在某些情况下，评估客户是否在主体履约时取得主体履约行为的利益并在取得利益的同时消耗这些利益是较为直观的。例如，特定的常规或经常性服务（如，保洁服务），在此类服务中较容易确定客户取得并同时消耗主体履约的利益。[IFRS 15:B3]

在无法直观地作出上述评估的情况下，如果主体确定另一主体（假定其依照合同需履行剩余的履约义务）无须在实质上重新执行主体迄今为止已完成的工作，则履约义务被视为是在一段时间内履行。在确定另一主体是否无须在实质上重新执行主体迄今为止已完成的工作时，主体应当作出以下两项假设：

[IFRS 15：B4]

（a）不考虑可能会使主体无法向另一主体转移剩余履约义务的潜在合同限制或实际限制；以及

（b）假定履行剩余履约义务的另一主体将不会享有主体现时控制且如果履约义务转移给另一主体后仍将保持控制的资产的利益。

> **示例 9.2.2**
> **客户同时取得及消耗利益**
> [IFRS 15：IE67 和 IE68，示例 13]
> 主体与客户订立一项为期一年的提供月度工资处理服务的合同。
> 所承诺的工资处理服务根据 IFRS 15：22（b）作为单独履约义务进行会计处理。根据 IFRS 15：35（a），该履约义务是在一段时间内履行，因为客户在主体处理每一项工资交易时及过程中，同时取得及消耗主体履约（处理每一项交易）所提供的利益。另一主体无须重新执行主体迄今为止已提供的工资处理服务这一事实也表明客户在主体履约的同时取得及消耗主体履约所提供的利益。（主体并未考虑对转移剩余履约义务的任何实际限制，包括另一主体需实施的准备活动。）主体根据 IFRS 15：39 – 45 和 IFRS 15：B14 – B19，通过计量该履约义务的履约进度在一段时间内确认收入。

IFRS 15：22 规定的有关识别履约义务的要求请参见**第 6 章**。IFRS 15：39 – 45 和 IFRS 15：B14 – B19 规定的有关计量履约进度的要求请参见 **9.3**。

9.2.3 客户在资产被创造或改良时控制资产

在根据 IFRS 15：35（b）确定客户在资产被创造或改良时是否控制资产时，主体应当应用关于控制的要求（请参见 **9.1** 和 **9.4**）。被创造或改良的资产（例如，在建资产）可以是有形资产，也可以是无形资产。[IFRS 15：B5]

9.2.4 主体的履约行为并未创造一项可被主体用于其他替代用途的资产，并且主体具有就迄今为止已完成的履约部分获得客户付款的可执行权利

9.2.4.1 在一段时间内确认收入的第三项标准——一般规定

在一段时间内确认收入的第三项标准是：主体的履约行为并未创造一项可被

主体用于其他替代用途的资产，并且主体具有就迄今为止已完成的履约部分获得客户付款的可执行权利。[IFRS 15：35（c）]

> 之所以制定该第三项标准，是由于 IASB 注意到在某些情况下应用 IFRS 15：35（a）和（b）的标准可能颇具挑战性。对于可能特定于某一客户的服务（例如最终导致向客户出具专业意见的咨询服务）及有形（或无形）商品的创造而言，标准（c）可能是必需的。[IFRS 15：BC132]

9.2.4.2　主体的履约行为并未创造具有其他替代用途的资产

如果符合下列两个条件之一，则资产被视为不具有其他替代用途：[IFRS 15：36]

- 合同限制主体不得轻易地将处于被创造或改良过程中的资产用于另一用途；或者
- 主体受到实际限制从而无法轻易地将处于完工状态的资产用于另一用途。

上述评估应当在合同开始时作出。在合同开始后，除非经合同各方批准的合同修订导致履约义务发生实质性改变（请参见**第 10 章**），否则主体不应更新关于资产替代用途的评估结果。[IFRS 15：36]

在根据 IFRS 15：36 评估资产是否可被主体用于替代用途时，主体应当考虑对主体能否轻易将资产用于另一用途（如，向另一客户出售该资产）的合同限制及实际限制的影响。在评估主体能否轻易将资产用于另一用途时，与客户之间的合同被终止的可能性并非相关考虑因素。[IFRS 15：B6]

导致资产不可被主体用于替代用途的合同限制必须是实质性的，这意味着如果主体试图将资产用于另一用途，客户可以行使其对已承诺资产的权利。与此相反，如果一项资产很大程度上可与其他资产相互替换，主体可以在不违反合同且不发生原本不会发生的与该合同相关的重大成本的情况下向另一客户转让该资产，则合同限制就不具有实质性。[IFRS 15：B7]

如果主体将资产用于另一用途将发生重大经济损失，则存在实际限制。主体可能因资产发生重大返工成本或只能在承担重大损失的情况下出售资产而产生重大经济损失。例如，如果资产的设计规格符合某一客户的独特要求或资产位于偏远地区，则主体将该资产用于另一用途将受到实际限制。[IFRS 15：B8]

> **示例 9.2.4.2**
> **资产不可被主体用于替代用途**
> [IFRS 15：IE73 – IE76，示例 15]
> 　　主体与政府机构客户订立一项建造专用卫星的合同。主体为各类客户（例如政府和商业主体）建造卫星。基于每一客户的需求及卫星所使用的技术类型，每一卫星的设计和建造均存在显著差异。
> 　　在合同开始时，主体根据 IFRS 15：35 评估其建造卫星的履约义务是否为在一段时间内履行的履约义务。
> 　　作为该评估的一部分，主体考虑卫星在建造完成后可否被主体用于替代用途。尽管合同并未阻止主体将建造完成的卫星提供给另一客户，但若将该资产提供给另一客户，主体会就重新设计及修改卫星功能等发生重大返工成本。因此，鉴于卫星特定于客户的设计限制了主体轻易地将该资产用于另一客户的实际能力，该资产不可被主体用于替代用途 [参见 IFRS 15：35（c），IFRS 15：36 和 IFRS 15：B6 – B8]。
> 　　对于主体建造卫星是在一段时间内履行的履约义务，IFRS 15：35（c）还要求主体具有就迄今为止已完成的履约部分获得付款的可执行权利。本例并未就这一条件作出说明。

9.2.4.3　就迄今为止已完成的履约部分获得付款的可执行权利

　　为评价是否具有就迄今为止已完成的履约部分获得客户付款的可执行权利，应当考虑合同条款及适用于该合同的所有法律。就迄今为止已完成的履约部分获得客户付款的权利无须是固定金额。然而，在合同存续期内的任何时点，若合同因主体未能按承诺履约之外的其他原因而由客户或另一方终止，主体必须有权获得至少能补偿其迄今为止已完成的履约部分的金额。[IFRS 15：37]

　　补偿主体迄今为止已完成的履约部分的金额需要接近于或超过迄今为止已转让的商品或服务的售价（例如，主体能够收回在履行履约义务时已发生的成本加上合理的毛利）；仅有权获得就合同终止后主体可能发生的利润损失作出的补偿是不足够的。补偿的合理毛利无须与若合同按承诺履行的预计毛利相等，但是，主体应当至少有权获得下列两个金额之一的补偿：
[IFRS 15：B9]

　　（a）合理反映主体在客户（或另一方）终止合同前的合同履约程度的合同

预计毛利的比例份额；或者

(b) 在特定合同的毛利高于主体通常从类似合同获得的回报的情况下，主体类似合同的资本成本的合理回报（或主体类似合同通常的经营毛利）。

> **示例 9.2.4.3A**
> **评估替代用途及获得付款的权利**
> ［IFRS 15：IE69 – IE72，示例 14］
>
> 主体与客户订立一项提供咨询服务的合同，服务的结果为主体向客户提供的专业意见。专业意见与该客户特有的事实和情况相关。如果客户基于并非主体未能按承诺履约之外的其他原因终止该咨询合同，合同要求客户按主体已发生的成本加上 15% 的毛利对主体作出补偿。该 15% 的毛利率近似于主体从类似合同赚取的毛利率。
>
> 主体考虑了 IFRS 15：35（a）的标准和 IFRS 15：B3 – B4 的要求以确定客户是否同时取得及消耗主体履约所提供的利益。如果主体未能履行其义务且客户聘请另一家咨询公司提供意见，则另一家咨询公司将需要在实质上重新执行主体迄今为止已完成的工作，因为另一家咨询公司将无法从主体已执行的任何进行中的工作中获益。专业意见的性质使得该客户只有在收到专业意见后才能取得主体履约所提供的利益。据此，主体得出结论认为该合同不满足 IFRS 15：35（a）的标准。
>
> 但是，由于下述两个因素的共同作用，主体的履约义务满足 IFRS 15：35（c）的标准，并且是一项在一段时间内履行的履约义务：
>
> a. 根据 IFRS 15：36 和 IFRS 15：B6 – B8，形成专业意见并未创造一项可被主体用于替代用途的资产，因为专业意见与该客户特有的事实和情况相关。因此，主体轻易地将该资产用于另一客户的能力受到实际限制。
>
> b. 根据 IFRS 15：37 和 IFRS 15：B9 – B13，主体具有就迄今为止已完成的履约部分获得按已发生成本加上合理毛利率（其近似于其他合同赚取的毛利率）的付款的可执行权利。
>
> 据此，主体根据 IFRS 15：39 – 45 和 IFRS 15：B14 – B19（请参见 **9.3**），通过计量该履约义务的履约进度在一段时间内确认收入。

> **示例 9.2.4.3B**
>
> **就迄今为止已完成的履约部分获得付款的可执行权利**
>
> ［IFRS 15：IE77－IE80，示例 16］
>
> 主体与客户订立一项建造设备项目的合同。合同的付款进度表明确规定客户必须在合同开始时预先支付合同价格的10%，在合同期内定期支付各期款项（总计为合同价格的50%），并在建造完成且设备已通过既定的性能测试时支付最后一笔付款（合同价格的40%）。除非主体未能按承诺履约，否则上述款项不可返还。如果客户终止合同，主体仅有权保留已从客户收取的进度款。主体不具有向客户索取补偿的任何进一步权利。
>
> 在合同开始时，主体根据 IFRS 15：35 评估其建造设备的履约义务是否为在一段时间内履行的履约义务。
>
> 作为该评估的一部分，主体根据 IFRS 15：35（c）、IFRS 15：37 和 IFRS 15：B9－B13 考虑若客户基于主体未能按承诺履约之外的其他原因终止合同时，其是否具有就迄今为止已完成的履约部分获得付款的可执行权利。即使客户支付的款项不可返还，但这些款项的累计金额预计并非在合同存续期内的任何时点均能相当于至少就主体至该时点为止已完成的履约部分作出必要补偿的金额。这是因为在建造过程中的不同时点上，客户累计支付的对价金额可能低于当时部分完工的设备项目的售价。因此，主体并不具有就迄今为止已完成的履约部分获得付款的可执行权利。
>
> 由于主体并不具有就迄今为止已完成的履约部分获得付款的权利，根据 IFRS 15：35（c），主体的履约义务并非在一段时间内履行的履约义务。因此，主体无须评估设备可否被主体用于替代用途。主体还得出结论认为其并未满足 IFRS 15：35（a）或（b）的标准，因此主体根据 IFRS 15：38（请参见 **9.4**）将设备的建造作为在某一时点履行的履约义务进行会计处理。

主体就迄今为止已完成的履约部分获得付款的权利无须是获得付款的现时无条件权利。在许多情况下，仅当在议定的里程碑或履约义务全面得到履行后，主体才具有获得付款的无条件权利。在评估主体是否具有就迄今为止已完成的履约部分获得付款的权利时，主体应当考虑若合同因主体未能按承诺履约之外的其他原因在完成前终止，其是否具有索取或保留对迄今为止已完成的履约部分的付款的可执行权利。［IFRS 15：B10］

《国际财务报告准则第15号——客户合同收入》应用指引

某些合同规定,客户无权终止合同,或者客户仅在合同存续期的指定时间有权终止合同。如果客户在其无权终止合同时终止了合同(包括客户未能按承诺履行其义务),该合同(或其他法律)可能赋予主体继续向客户转让已承诺的商品或服务并要求客户支付已承诺的对价以交换这些商品或服务的权利。在这种情况下,主体具有就迄今为止已完成的履约部分获得付款的权利,因为主体有权利继续依照合同履行其义务并要求客户履行相应义务(包括支付已承诺的对价)。[IFRS 15:B11]

> 如果合同或司法管辖区内的其他法律要求主体和客户完成各自的义务,则主体具有获得付款的可执行权利,IFRS 15 的结论基础指出,这往往被称为"强制履约"。[IFRS 15:BC147]

作为该评估的一部分,主体应当考虑合同条款以及可补充或凌驾于这些合同条款的法规或法律先例,包括考虑下列事项:[IFRS 15:B12]

(a)法规、行政惯例或法律先例是否赋予主体就迄今为止已完成的履约部分获得付款的权利,即使与客户之间的合同并未列明这一权利;

(b)相关的法律先例是否表明类似合同中就迄今为止已完成的履约部分获得付款的类似权利没有法律约束力;或者

(c)主体选择不执行获得付款权利的商业惯例是否导致在当前法律环境下该权利无法执行。然而,尽管主体可能选择放弃其在类似合同中获得付款的权利,但如果在客户合同中主体就迄今为止的履约部分获得付款的权利仍然是可执行的,则主体仍具有获得付款的权利。

尽管合同的付款进度表列示了客户应支付对价的时间和金额,但付款进度表不一定能够提供主体具有就迄今为止已完成的履约部分获得付款的权利的证据。其原因例如,合同可能会明确规定向客户收取的对价可因主体未能按合同承诺履约之外的其他原因而予以返还。[IFRS 15:B13]

> **示例 9.2.4.3C**
> **评估履约义务是在某一时点还是在一段时间内履行**
> [IFRS 15:IE81-IE90,示例17]
>
> 主体正在建造一幢包含多个单元的住宅楼。某客户与主体订立一项针对指定在建单元的具约束力的销售合同。每一住宅单元均具有类似的建筑平面图及类似的面积,但各单元的其他属性(例如单元在楼宇中的位置)则有所不同。

案例A——主体并不具有就迄今为止已完成的履约部分获得付款的可执行权利

客户在订立合同时支付保证金，且该保证金仅在主体未能按合同完成该单元的建造时才可返还。剩余合同价格须在合同完成后客户实际取得该单元时支付。如果客户在该单元建造完成前违约，则主体仅有权保留已付的保证金。

在合同开始时，主体应用 IFRS 15∶35（c）以确定其建造并向客户转让住宅单元的承诺是否为在一段时间内履行的履约义务。主体确定其并不具有就迄今为止已完成的履约部分获得付款的可执行权利，因为直至单元建造完成前，主体仅有权保留客户已付的保证金。由于主体并不具有就迄今为止已完成的工作获得付款的权利，根据 IFRS 15∶35（c），主体的履约义务并非在一段时间内履行的履约义务。相反，主体根据 IFRS 15∶38（请参见 **9.4**）将该住宅单元的销售作为在某一时点履行的履约义务进行会计处理。

案例B——主体具有就迄今为止已完成的履约部分获得付款的可执行权利

客户在订立合同时支付不可返还的保证金，并须在住宅单元的建造过程中支付进度款。合同具有禁止主体将该单元转让给另一客户的实质性条款。此外，除非主体未能按承诺履约，否则客户无权终止合同。如果客户在进度款到期时未能履行其支付已承诺进度款的义务，则主体在已完成相关单元的建造的情况下有权获得合同规定的所有已承诺对价。此前的法庭判例中，在开发商已履行其合同义务的情况下，开发商要求客户履约的类似权利得到了法庭的支持。

在合同开始时，主体应用 IFRS 15∶35（c）以确定其建造并向客户转让住宅单元的承诺是否为在一段时间内履行的履约义务。主体确定其履约所创造的资产（单元）不可被主体用于替代用途，因为合同禁止主体将该指定单元转让给另一客户。主体在评估能否将该资产转让给另一客户时，并未考虑合同终止的可能性。

根据 IFRS 15∶37 和 IFRS 15∶B9–B13，主体还具有就迄今为止已完成的履约部分获得付款的权利。因为如果客户未能履行其义务，主体在继续按承诺履约的情况下将具有获得合同规定的所有已承诺对价的可执行权利。

因此，合同条款和司法管辖区的法律实务表明主体具有就迄今为止已完成的履约部分获得付款的权利。因此，IFRS 15：35（c）的标准得到了满足，并且主体具有在一段时间内履行的履约义务。为就在一段时间内履行的履约义务确认收入，主体根据 IFRS 15：39-45 和 IFRS 15：B14-B19（请参见 9.3）计量该履约义务的履约进度。

在建造包含多个单元的住宅楼的过程中，主体可能就楼宇内个别单元的建造与多名个别客户订立了许多合同。主体对每一项合同单独进行会计处理。但是，取决于建造的性质，主体实施初始建造工程（即构建地基及基本架构）及公共区域建造的履约情况可能需要在计量每一项合同的履约义务的履约进度时予以反映。

案例C——主体具有就迄今为止已完成的履约部分获得付款的可执行权利

案例 C 与案例 B 的事实大致相同，唯一的区别是在客户违约时，主体可以要求客户按合同规定履约，或者主体也可以取消合同以取得在建资产及获得客户按合同价格比例支付的罚款的权利。

尽管主体可以取消合同（在这一情况下客户对主体的义务仅限于向主体转移对部分完工资产的控制，并按规定支付罚款），但主体具有就迄今为止已完成的履约部分获得付款的权利，因为主体也可以选择执行其依照合同获得全额付款的权利。只要主体要求客户按合同规定继续履约（即支付已承诺的对价）的权利是可执行的，则在客户违约的情况下主体可以选择取消合同的事实不会影响这一评估结果（参见 IFRS 15：B11）。

9.2.4.4　房地产销售——示例

示例 9.2.4.4

房地产开发商在完工前销售物业

A 主体是一家房地产开发商，其在物业开发项目完工前与多个买方订立销售和购买协议。物业位于 B 国。销售和购买协议包含下列主要条款：

• 合同中列明了特定的单元；

• A 主体必须在自销售合同签订后的 2 年之内，按照销售协议所列的条件完成物业所有各方面的建造及相关的建筑计划；

• 主体在直至物业交付前承担与物业相关的风险；

- 买方不得在物业交付前的任何时点转售物业或转让该协议的利益。但是，买方可在交付日前的任何时点将该物业抵押以获得购买该物业的融资；
- 销售协议仅可在买方和 A 主体双方均同意的情况下才能取消——实际上，买方无权取消销售协议。如果买方和 A 主体双方均同意取消合同，则 A 主体有权保留总购买价格的 10%，且买方必须支付 A 主体因取消而发生的所有必要的法律和交易费用；以及
- 购买对价的应付时点如下：
  - 在销售协议签订时支付购买对价的 5%；
  - 在销售协议签订日后 1 个月内支付购买对价的 5%；
  - 在销售协议签订日后 3 个月内支付购买对价的 5%；以及
  - 在物业交付时支付余下 85% 的购买对价。

请注意，为简便起见，本例并未考虑是否存在重大融资成分。

A 主体是应当在一段时间内还是在某一时点确认收入？

根据 IFRS 15，如果对已承诺商品或服务的控制是在一段时间内转移，则主体是在一段时间内履行履约义务。IFRS 15∶35 规定，如果符合下列标准之一，则主体是在一段时间内转移对商品或服务的控制，从而应在一段时间内履行履约义务及确认收入：

(a) 客户在主体履约行为的同时取得及消耗主体履约所提供的利益；

(b) 主体的履约行为创造或改良了客户在资产被创造或改良时就控制的资产（例如，在产品）；或者

(c) 主体的履约行为并未创造一项可被主体用于其他替代用途的资产，并且主体具有就迄今为止已完成的履约部分获得客户付款的可执行权利。

IFRS 15∶35（a）的标准与确定（完工前的）房地产销售产生的收入是应当在一段时间内还是某一时点确认并不相关，因为买方通常无法在房地产开发商建造物业的同时消耗物业的所有利益，而是在未来消耗此类利益。

IFRS 15∶35（b）的标准与本例的情况并不直接相关，在未进一步考虑 IFRS 15∶35（c）的标准的情况下，无法断定买方在 A 主体开发物业的过程中是否拥有对物业的控制权。

A 主体应着重关注 IFRS 15∶35（c）的标准，特别是：

- 是否创造了一项可被房地产开发商用于其他替代用途的资产；以及
- 房地产开发商是否具有就迄今为止已完成的履约部分获得客户付款的可执行权利。

是否创造了一项可被 A 主体用于其他替代用途的资产？

根据 IFRS 15：36，如果合同限制主体不得轻易地将处于被创造或改良过程中的资产用于另一用途，或者主体受到实际限制从而无法轻易地将处于完工状态的资产用于另一用途，则资产不可被主体用于替代用途。

对于合同限制，IFRS 15：B6 规定，主体在评估其能否主导资产用于另一客户时，不应考虑合同被终止的可能性。

由于每一份销售合同均列明了拟交付的单元，该物业单元不可被 A 主体用于其他替代用途。合同禁止 A 主体将指定单元转让给另一买方。

A 主体是否具有就迄今为止已完成的履约部分获得客户付款的可执行权利？

销售和购买协议列明的付款进度表并非与迄今为止已完成的履约部分相对应。然而，A 主体在评估是否具有就迄今为止已完成的履约部分获得客户付款的权利时，不应仅考虑付款进度表，而是应当同时考虑 IFRS 15：B11 的要求（请参见 **9.2.4.3**）。

在本例中，仅当经房地产开发商和买方双方同意时才能取消销售协议。实际上，买方不得按其意愿自行终止合同。

IFRS 15：37 要求主体在评价其是否具有就迄今为止已完成的履约部分获得客户付款的可执行权利时，应当考虑合同条款及适用于该合同的所有法律。如果根据 B 国的实务和法律先例，即使买方终止合同，A 主体仍有权继续履约并且有权获得所有已承诺的对价（如 IFRS 15：B11 和 IFRS 15：B86 所述），则 A 主体具有就迄今为止已完成的履约部分获得客户付款的可执行权利。

无论 A 主体是否允许买方选择基于商定的付款进度表支付对价或预先支付全额对价（并向买方授予特定比例的折扣），相同的分析结论均适用。

A 主体是应在一段时间内还是在某一时点确认收入？

由于该资产不可被 A 主体用于其他替代用途，如果 A 主体具有就迄今为止已完成的履约部分获得客户付款的可执行权利，则其应当在一段时间内确认收入。然而，如果 A 主体并不具有就迄今为止已完成的履约部分获得客户付款的可执行权利，则未满足 IFRS 15∶35（c）的标准且 A 主体应当在某一时点（即，在对物业单元的控制转移给买方的时点，通常是物业交付时）确认收入。

9.2.5 随时准备履行的义务

如**示例 9.2.5** 所示，主体可能必须识别履约义务的性质以评估是应当在一段时间内还是在某一时点确认收入。

> **示例 9.2.5**
> 软件安排中未指定的未来商品或服务——收入确认的时间
>
> A 主体与客户订立的合同包含两项履约义务：（1）软件许可证，及（2）按"若有则提供"的原则提供未指定的软件升级的承诺。未指定的升级不同于保证类的质保且涵盖范围超出此类质保。
>
> A 主体应如何确认有关提供未指定的软件升级的收入？
>
> 视具体情况而定。如果客户合同转让了对未指定的未来升级或产品的权利，则必须运用判断来确定该承诺（履约义务）的性质属于下列的哪一种：
>
> • 随时准备在需要时对软件进行维护或改良，以确保客户在整个合同期内能够继续取得及消耗软件产生的利益；或者
>
> • 开发及提供软件的新版本或经显著改良的版本。
>
> 如果承诺的性质代表 A 主体随时准备在需要时对软件进行维护或改良的义务，则客户所获得的价值是在 A 主体随时准备履约的一段时间内转让。换言之，履约义务是在一段时间内履行，并且 A 主体应通过计量该履约义务的履约进度在一段时间内确认收入（请参见 **9.3**）。
>
> 如果承诺的性质代表 A 主体通过升级来开发及提供软件的新版本或经显著改良版本的隐含义务，则客户是在如有升级则向其提供时取得及消耗升级产生的利益。换言之，履约义务仅在升级交付予客户的特定时点履行（请参见 **9.4**）。
>
> 请注意，上述讨论涉及主体承诺向客户提供未指定的升级的情况；如果主体的义务是交付指定的升级，则很可能会得出不同的分析结果，因为在许多情况下，指定的升级将构成单独的履约义务。

9.3 针对在一段时间内确认的收入计量履约进度

9.3.1 针对在一段时间内确认的收入计量履约进度——一般规定

9.3.1.1 当能够合理地计量履约进度时在一段时间内确认收入

对于每一项在一段时间内履行的履约义务（请参见 **9.2**），应当通过计量该履约义务的履约进度在一段时间内确认收入。计量履约进度旨在反映向客户转让已承诺商品或服务的履约情况（即，主体履约义务的履行情况）。[IFRS 15：39]

应当采用单一的方法来计量每一项在一段时间内履行的履约义务的进度，并且应当将该方法一致地运用于相似情形下类似的履约义务。在每一报告期末，应当重新计量在一段时间内履行的履约义务的进度。[IFRS 15：40]

> 如果在一段时间内履行的单一履约义务包含多项已承诺的商品和/或服务，主体仍必须采用单一计量方法来反映其履约进度。
>
> 如果单一履约义务包含多项商品或服务或者多项付款额，选择能够适当反映履约进度的单一计量方法可能颇具挑战性。在这种情况下，主体可能需要重新评估合同中已识别的履约义务；该重新审视可能会导致识别出比原本所识别的更多的履约义务。
>
> [TRG 议题]

主体可采用若干可行的方法来计量进度，包括产出法和投入法（请参见 **9.3.2** 至 **9.3.4**）。在确定计量进度的适当方法时，主体应当考虑其承诺向客户转让的商品或服务的性质。[IFRS 15：41]

> **示例 9.3.1.1**
>
> **在使商品或服务可供客户使用时计量履约进度**
>
> [IFRS 15：IE92 - IE94，示例 18]
>
> 主体是多家健身俱乐部的所有者兼经营者，其与某位客户订立一项合同，约定客户可在一年内使用其任一家健身俱乐部提供的服务。客户可无限次使用健身俱乐部的服务并承诺每月支付 CU100。
>
> 主体确定其向客户的承诺是提供一项使其健身俱乐部可供客户使用的服

务。这是因为客户使用健身俱乐部的程度并不影响客户有权获得的剩余商品或服务的数量。主体得出结论认为，在通过使其健身俱乐部可供客户使用而履约的过程中，客户在主体履约的同时取得及消耗主体履约所提供的利益。因此，根据 IFRS 15∶35（a），主体的履约义务是在一段时间内履行。

主体同时确定，客户可从主体提供的使其健身俱乐部可供客户使用的服务中获得的利益在全年是平均分布的（即，客户自健身俱乐部可供其使用中获益，不论其是否实际使用它）。因此，主体得出结论认为，对于该项在一段时间内履行的履约义务，计量履约进度的最佳方式是基于时间的计量，并且在年内按直线法确认每月 CU100 的收入。

对履约进度的计量不应包括任何主体尚未向客户转移对其的控制的商品或服务。［IFRS 15∶42］

随着相关情况在时间的推移过程中发生变化，主体应当更新其对履约进度的计量以反映履约义务结果的任何变更。此类变更应按照《国际会计准则第 8 号——会计政策、会计估计变更和差错》作为会计估计变更处理。［IFRS 15∶43］

9.3.1.2 当履约进度无法合理计量时在一段时间内确认收入

对于在一段时间内履行的履约义务，仅当主体能够合理地计量该履约义务的履约进度时，主体才应确认收入。如果主体无法获得应用计量进度的适当方法所需的可靠信息，则主体无法合理地计量履约义务的履约进度。［IFRS 15∶44］

在某些情况下（例如，在合同的早期阶段），主体可能无法合理地计量履约义务的结果，但主体预计能够收回履行履约义务所发生的成本。在这种情况下，主体在能够合理地计量履约义务的结果之前仅应以已发生的成本为限确认收入。［IFRS 15∶45］

> **示例 9.3.1.2**
> **履约进度无法合理计量**
>
> 某承包商订立一项固定对价为 CU1,000 的建造合同（即，收入是固定的）。合同预计需三年时间完成并满足 IFRS 15∶35 规定的在一段时间内确认收入的标准之一。在第 1 年末，管理层无法合理地计量履约义务的履约进度（例如，由于无法合理地计量合同的总成本）。考虑到迄今为止的进度，管理层预计合同的总成本不会超过合同的总收入。第 1 年发生了 CU100 的成本。

在上述情况下，由于承包商无法合理地计量履约义务的履约进度，但预计成本能够收回，在第 1 年仅应确认 CU100 的收入。因此，在第 1 年确认 CU100 的收入及服务成本，从而导致毛利为零。

9.3.2 选择计量履约进度的方法

9.3.2.1 投入法与产出法

如果履约义务是在一段时间内履行，主体必须选择一个计量进度的指标（如，流逝的时间、工时数、发生的成本）以反映其履约义务的履约进度。

根据 IFRS 15，计量进度的适当方法包括：
- 产出法（请参见 9.3.3）；以及
- 投入法（请参见 9.3.4）。

在探讨如何选择计量进度的方法时，IFRS 15：BC164 指出，"IASB 和 FASB 决定，从概念上而言，产出计量值最能如实地反映主体的履约情况，因为其直接计量转让予客户的商品或服务的价值。然而，IASB 和 FASB 认为，如果投入法的成本较低且能够就计量进度提供合理的近似值，则主体使用投入法将是适当的"。

IFRS 15：BC164 并不意味着在计量履约进度时主体使用产出法更为可取。如 IFRS 15：BC159 所述，在选择计量履约进度的适当方法时主体并不具有自由选择，而是必须运用判断来识别符合 IFRS 15：39 所述目标的、反映主体履行向客户转移对商品或服务的控制的情况（即主体履约义务的履行情况）的方法。

投入法或产出法都不是 IFRS 15 的首选方法，因为两者各有利弊之处从而对特定合同的具体情况具有不同程度的适用性。尽管如 IFRS 15：BC164 所述，产出法从概念上而言通常是更可取的方法，但对产出的适当计量指标并非始终能够直接观察到，而在某些情况下，产出的显而易见的计量值实际上无法提供对主体履约的适当计量。主体可能无须付出不当成本便可获得应用投入法所需的信息，但应当审慎确保所使用的对投入的计量能够反映向客户转移对商品或服务的控制的情况。

下列考虑事项可能与选择计量进度的方法相关。
- 如果所选择的产出无法计量向客户转让的某些商品或服务，产出法将无法如实反映主体的履约情况。例如，在某些情况下，交付量法或产量法由于排除受客户控制的在产品而低估了主体的履约情况。[IFRS 15：BC165]

- 如果履约义务包含符合 IFRS 15：22（b）标准（请参见 **6.1.1**）的作为单一履约义务处理的一系列可明确区分的商品或服务，投入法可能可以更好地反映在一段时间内履行的履约义务的履约进度，并且由于"学习曲线"导致随时间推移实现的效率提高，创造和交付首个单位所需的投入将大于后续创造的单位的投入。[IFRS 15：BC314]

- 使用投入法的主体必须在进度的计量中排除（1）无助于推进主体履行履约义务的进度的已发生成本（如，未预期的浪费材料的成本金额），及（2）与主体履行履约义务的进度不成比例的已发生成本。[IFRS 15：B19]

9.3.2.2 运用不同方法来确定履约义务是否在一段时间内履行以及计量已实现的进度

如果主体在确定是否满足 IFRS 15：35（c）所述的条件（请参见 **9.2.4**）时使用特定的方法（如，以成本为基础的投入法）来计量迄今为止已完成的履约部分，主体在根据 IFRS 15：39 计量履约义务的履约进度时无须运用同一方法。

如 **9.3.2.1** 所述，IFRS 15 阐述了计量进度的多种方法，包括投入法和产出法。在根据 IFRS 15：35（c）计量迄今为止已完成的履约部分以及根据 IFRS 15：39 计量履约义务的履约进度时，所选择的方法均应如实反映主体通过向客户转移对已承诺商品或服务的控制而履约的情况。然而，IFRS 15 并未要求出于上述两个目的采用相同的方法。

在确定根据 IFRS 15：39 计量履约进度的适当方法时，主体应当留意 IFRS 15：40 规定的须采用相同方法来计量相似情形下所有类似履约义务的履约进度的要求（请参见 **9.3.1.1**）。

> **示例 9.3.2.2**
> 运用不同方法来确定履约义务是否在一段时间内履行以及计量已实现的进度
>
> A 主体与 B 客户订立一项合同，规定 A 主体在其厂房建造一个大型专门设备项目，然后在建造完工时向 B 客户交付设备并转移设备的所有权。该专门设备仅可供 B 客户使用（即，不具有其他替代用途）。

A主体通过运用以成本为基础的投入法断定其符合IFRS 15：35（c）所述的在一段时间内确认收入的标准，因为如果B客户取消合同，B客户必须按A主体截至取消日已发生的成本加上5%的毛利（这被视为合理的毛利率）对A主体作出补偿。

然而，在计量其他合同中类似履约义务的履约进度时，A主体运用基于对迄今为止已完成的履约进行测量的产出法。该方法被确定为能如实反映与B客户之间的合同履约义务的履约进度。由于IFRS 15：40要求须采用相同方法来计量相似情形下类似的履约义务的履约进度，因此A主体使用该产出法来计量每个报告期间所确认的与B客户之间的合同产生的收入。

9.3.2.3 计量在一段时间内随时准备履行的履约义务的履约进度

IFRS 15：26（e）将提供一项随时准备提供商品或服务的服务（"随时准备履行"的义务）作为主体应当评估以确定其是否属于可明确区分的履约义务的合同承诺的例子（请参见6.3.1）。

计量随时准备履行的履约义务的履约进度的适当方法将取决于特定的事实和情况并且须运用判断。根据IFRS 15：39，所选择的方法应反映向客户转让对已承诺商品或服务控制权的履约情况。

为选择能够反映主体履约义务相关承诺的性质的履约进度计量方法，必须考虑随时准备履行的义务的实质。IFRS 15不允许主体简单地默认采用直线法来计量履约进度，尽管直线法计量（如，基于时间推移的方法）在许多情况下可能是适当的。

例如，在提供铲除积雪服务的示例中（请参见6.3.7），主体承诺的性质是随时准备在需要时（即，下雪时）提供服务。然而，主体无法知晓并且很可能无法合理地估计在12个月合同期内下雪的频率与降雪量。鉴于在冬季月份更有可能下雪，主体可能断定客户并非在12个月的合同期内均等地消耗服务所提供的利益。据此，主体可基于在冬季月份为履行其随时准备提供铲除积雪服务的履约义务需要较大工作量的预期，来选择计量履约进度的方法。

如果主体随时准备履行的义务是在更新可供使用时向客户提供未指定的软件更新（请参见6.3.7），客户是在合同期内均等地消耗相关利益。因此，在客户有权获得未指定软件更新的期间内采用基于时间的计量履约进度的方法通常是适当的。

[TRG议题]

9.3.3 计量履约进度的产出法

9.3.3.1 产出法——一般规定

产出法以对迄今为止已转让的商品或服务相对于合同剩余的已承诺商品或服务对于客户的价值的直接计量结果为基础确认收入。产出法包括诸如：测量迄今为止已完成的履约情况，评估已实现的结果、已达到的里程碑、流逝的时间及已生产或已交付的商品或服务单位。在评价是否运用产出法计量履约进度时，主体应当考虑所选择的产出能否如实反映主体履约义务的履约进度。如果所选择的产出无法计量某些控制权已转移给客户的商品或服务，则产出法不能提供对主体履约情况的如实反映。例如，如果在报告期末受客户控制的主体履约形成的在产品或产成品未包括在产出的计量中，则基于已生产单位或已交付单位的产出法无法如实反映主体对履约义务的履行情况。[IFRS 15：B15]

产出法有时也存在不足之处。用于计量进度的产出可能无法直接观察到，而且主体取得运用产出法所必需的信息的成本可能过大。因此，可能有必要运用投入法（请参见 **9.3.4**）。[IFRS 15：B17]

9.3.3.2 按有权开具发票之金额计量履约义务的履约进度的便于实务操作的方法

如果主体有权从客户获得的对价金额与迄今为止主体已完成的履约对于客户的价值直接相对应（例如，主体对提供的每小时服务收取固定金额的服务合同），IFRS 15 提供了一个便于实务操作的方法，规定主体可按其有权开具发票的金额确认收入。[IFRS 15：B16]

> 例如，主体可能选择将便于实务操作的方法运用于针对所提供的每小时服务开具固定金额账单的服务合同[请参见**示例 14.2.5A**（合同 A）]。
>
> 在某些行业，就已转让的每个单位向客户收取的价格可能会在合同期内发生变化。这种情况不一定会导致主体无法运用 IFRS 15：B16 所述的便于实务操作的方法，但必须运用判断来确定针对商品或服务开具发票的金额能否合理代表主体迄今为止已为客户完成的履约部分的价值。例如，为期数年的供电合同可能会基于合同开始时电力的远期市场价格列明每年不同的单位价格。如果每单位的费率反映主体向客户提供的每个单位电力的价值，则该合同符合运用上述便于实务操作的方法的条件。

此外，合同可能包括不可返还的预付对价或后收费用。同样地，这不一定会导致主体无法运用 IFRS 15：B16 所述的便于实务操作的方法。必须运用判断来确定针对商品或服务开具发票的金额能否合理代表主体迄今为止已为客户完成的履约部分的价值。在执行该评估时，就预付费用或后收费用相对于安排中其他对价的重要性执行的分析可能十分重要。

[TRG 议题]

9.3.4 计量履约进度的投入法

9.3.4.1 投入法——一般规定

投入法以主体履行履约义务所作的工作或投入（例如，消耗的资源、花费的工时数、发生的成本、流逝的时间或使用的机器运转时数）相对于履行履约义务的预计总投入为基础确认收入。如果主体的工作或投入在履约期间内平均消耗，则主体按直线法确认收入可能是恰当的。[IFRS 15：B18]

然而，主体的投入与向客户转移对商品或服务的控制之间可能不存在直接关系。因此，主体应当根据 IFRS 15：39（请参见 **9.3.1**）所述的计量履约进度的目标，将不反映主体向客户转移商品或服务控制权履约情况的投入的影响排除在投入法之外。例如，在运用以成本为基础的投入法时，在下列情况下可能需要对履约进度的计量作出调整：

[IFRS 15：B19]

（a）已发生的成本无助于推进主体履行履约义务的进度。例如，主体不会以未在合同价格中反映的因主体履约中明显的低效率而发生的成本（例如，未预期的浪费的材料、人工或其他资源的成本金额）为基础确认收入；或者

（b）已发生的成本与主体履行履约义务的进度不成比例。在这种情况下，对主体履约的最佳反映可能是调整投入法，仅以已发生的成本为限确认收入。例如，如果主体在合同开始时预计将满足下列所有条件，则如实反映主体履约情况的方式可能是按履行履约义务所使用的商品成本的金额确认收入：

（i）该商品不可明确区分；

（ii）预计客户在取得与该商品相关的服务之前很早既已获得对该商品的控制；

（iii）已转移的该商品的成本相对于完全履行履约义务的预计总成本而言是重大的；以及

(ⅳ) 主体自第三方采购了商品，并且未深入参与该商品的设计和制造（但主体作为当事人——请参见 **3.6**）。

> 如果主体运用投入法来计量在一段时间内履行的履约义务的履约进度，则主体在合同成本的计量中包括为取得合同而发生成本是不恰当的。
>
> 根据以成本为基础的投入法，取得合同的成本不应纳入履约进度的计量，因为其不反映对商品或服务的控制向客户的转移。IFRS 15：39 指出，主体计量履约进度的目标旨在反映主体通过向客户转移对已承诺商品或服务的控制而履约的情况。IFRS 15：B19 也明确规定，未反映上述履约情况的投入应当排除在运用投入法的履约进度计量之外。
>
> 取得合同的成本并非合同履约的计量指标，因此无论其根据 IFRS 15：91（请参见 **12.1**）是否被确认为资产，均应排除在履约进度的计量（包括迄今为止履约进度的计量以及履行履约义务总成本的估计）之外。所确认的资产应当按照与该资产相关的商品或服务向客户的转让相一致的系统化基础进行摊销。因此，已资本化的取得合同的成本应当按照预计转让商品或服务的模式进行摊销，而不是用于确定收入确认的模式。

示例 9.3.4.1A

未安装的物料

［IFRS 15：IE95 – IE100，示例 19］

20×2 年 11 月，主体与客户订立一项装修一幢 3 层建筑并安装新电梯的合同，合同总对价为 CU5,000,000。已承诺的装修服务（包括安装电梯）是一项在一段时间内履行的履约义务。预计总成本为 CU4,000,000（包括电梯成本 CU1,500,000）。主体根据 IFRS 15：B34 – B38 确定其为当事人，因为其在电梯转移给客户之前已获得对电梯的控制。

交易价格和预计成本汇总如下：

	CU
交易价格	5,000,000
预计成本：	
电梯	1,500,000
其他成本	2,500,000
预计总成本	4,000,000

《国际财务报告准则第15号——客户合同收入》应用指引

主体使用投入法基于已发生的成本来计量其履约义务的履约进度。主体根据IFRS 15：B19评估为购买电梯所发生的成本是否与主体履约义务的履约进度成比例。客户在20×2年12月电梯运抵该建筑时获得对电梯的控制，尽管电梯直至20×3年6月才进行安装。购买电梯的成本（CU1,500,000）相对于履行履约义务的预计总成本（CU4,000,000）而言是重大的。主体并未参与电梯的设计或制造。

主体得出结论认为，将购买电梯的成本纳入履约进度的计量将导致高估主体的履约程度。因此，根据IFRS 15：B19，主体对履约进度的计量作出调整，以将购买电梯的成本排除在已发生成本的计量及交易价格之外。主体按电梯购买成本的金额确认转让电梯所产生的收入（即，零毛利）。

在20×2年12月31日，主体观察到：

a. 已发生的其他成本（不包括电梯）为CU500,000；以及

b. 履约进度为20%（即CU500,000÷CU2,500,000）。

据此，在20×2年12月31日，主体确认下列各项：

	CU
收入	2,200,000[a]
销售成本	2,000,000[b]
利润	200,000

(a) 确认的收入计算如下：（20% × CU3,500,000）+ CU1,500,000。（CU3,500,000 = 交易价格CU5,000,000——电梯成本CU1,500,000。）

(b) 销售成本 = 已发生成本CU500,000 + 电梯成本CU1,500,000。

示例9.3.4.1B
就未来实施之工作的预付成本的会计处理

某承包商订立一项3年期合同。在第1年末，管理层估计合同总收入为CU1,000且总成本为CU900（其中迄今为止已发生的成本为CU300）。迄今为止已发生的成本CU300中，CU50涉及在第1年购买的将在第2年使用的物料。该预先购买的物料属于一般性质且并非专门为合同而生产。承包商确定该合同是一项在一段时间内履行的单一履约义务。承包商运用投入法基于迄今为止已发生的成本相对于预计合同总成本的比例来计算合同的履约进度。

IFRS 15：B19 规定，"主体应当……将不反映主体向客户转移商品或服务控制权履约情况的投入的影响排除在投入法之外"。

所购买的物料尚未使用且不构成向客户转移商品或服务控制权的成本的一部分。例如，如果已购买的物料仅由承包商在工程场地持有且并非专门为任何项目生产或建造，则这些物料的控制权通常尚未转移给客户。

因此，在上述情况下，须针对尚未使用的已购买物料作出调整，因为这些物料与拟在未来实施的工作相关，且其控制权并未转移给客户。

因此，在上述情况下，须针对已购买但尚未使用的物料作出如下表所示的调整。

	CU
迄今为止已发生的成本	300
减：为未来年度购买的物料	(50)
迄今为止已实施的工程所发生的成本	250
估计总成本	900
截至第 1 年末的完工百分比	28%

因此，在第 1 年，应在损益中确认合同收入 CU280（CU1,000 的 28%）和合同成本 CU250。涉及已购买但尚未使用的物料的合同成本 CU50 应当确认为存货。

9.3.4.2 异常或未预期的损耗

对于许多建造和制造合同而言，在建造或制造过程中通常有一定程度的正常的不可避免的物料损耗。主体编制的预算和估计会对预计的损耗水平进行预测并将其纳入合同成本。然而，在某些情况下主体可能会经历重大未预期的材料、人工或其他资源损耗。主体需要考虑如何对这些异常的损耗进行会计处理。

IFRS 15 包含有关对合同履行成本进行会计处理的特定指引（请参见 **12.3.1**）。IFRS 15：98（b）规定，为履行合同而发生的并未反映在合同价款中的浪费的材料、人工或其他资源的成本应当在发生时确认为费用。

异常损耗成本并不代表主体履约的额外进度，如果收入是在一段时间内确认，异常损耗不应纳入履约进度的计量。如果主体运用投入法基于迄今为止已发生的成本计量其履约义务的履约进度，当发生了因低效或差错导致的异常或超额成本时，应审慎确保不因此而增加收入来冲抵这些额外的成本。特别是，IFRS 15：B19（a）规定，在运用以成本为基础的投入法时，如果产生了"未在合同价格中反映的因主体履约中明显的低效率而发生"的成本，主体可能必须对履约进度的计量作出调整。

9.3.5　在识别合同前已履行部分履约义务

主体有时会在合同各方就全部合同条款达成一致前或在满足 IFRS 15：9 所述的识别合同的标准（请参见 **5.1**）之前开始就特定预期客户合同实施有关活动（如，资产建造）。

这些活动可能导致在合同满足 IFRS 15：9 所述的标准之日向客户转让商品或服务（例如，若客户获得对部分完工资产的控制），从而已部分履行符合 IFRS 15：35 规定的在一段时间内确认收入之标准的履约义务。在该日，主体应按累计追加基础确认收入以反映主体履约义务的履约进度。

在计算所需的累计追加调整时，主体应考虑 IFRS 15：31–45 中有关确定履约义务何时得到履行的要求，以确定在满足 IFRS 15：9 所述的标准之日客户所控制的商品或服务。

主体还需要考虑如何对识别出合同前的期间内发生的履约类成本进行会计处理。如果其他国际财务报告准则适用于此类成本，主体应当应用这些国际财务报告准则中的指引。如果主体确定其他国际财务报告准则并不适用，则若符合 IFRS 15：95 所述的标准（请参见 **12.3.1**），主体应将此类成本作为履行预期合同的成本予以资本化。在满足 IFRS 15：9 所述的标准之日，此类成本如果是与迄今为止已完成的履约进度或已转让给客户的服务相关，则应当立即确认为费用。

既不符合其他国际财务报告准则、也不符合 IFRS 15：95 中确认为资产的标准的成本（例如，无法依照合同明确向客户收取的一般管理费用），应当按照 IFRS 15：98 在发生时确认为费用。

[TRG 议题]

示例 9.3.5A
在识别合同前已履行部分履约义务（1）

在本例中，假设满足在一段时间内确认收入的标准。在实务中，是否符合这些标准有赖于对具体事实和情况的审慎评价。

主体建造一幢包含 10 间公寓的公寓住宅。在建造开始前的期间内，主体就该公寓住宅的其中 6 间公寓与客户签订合同（合同满足 IFRS 15∶9 所述的标准），但尚未就余下的 4 间公寓签署合同。主体针对每间公寓采用标准合同条款，规定（1）合同限制主体不得轻易地将处于建造过程中的公寓用于另一用途，及（2）主体具有就迄今为止已完成的履约部分获得客户付款的可执行权利。

对于已与客户签订合同的 6 间公寓，由于符合 IFRS 15∶35（c）的标准，每间公寓的建造代表在一段时间内履行的履约义务。因此，收入应当在该 6 间公寓的建造过程中确认并反映迄今为止的履约进度；对于涉及该 6 间公寓的已发生成本，若其与迄今为止的履约进度相关，则应当确认为费用。

对于尚未与客户签署合同的 4 间公寓，在初始确认时相关成本应当予以资本化。随后，在就该 4 间公寓之一与客户签订合同且合同满足 IFRS 15∶9 所述的标准之日，应针对该公寓累计追加确认收入（并将相关的已资本化成本确认为费用）。

示例 9.3.5B
在识别合同前已履行部分履约义务（2）

在本例中，假设满足在一段时间内确认收入的标准。在实务中，是否符合这些标准有赖于对具体事实和情况的审慎评价。

主体按照个别客户的指定规格建造一台专用设备。由于在获得客户对合同的批准方面发生延误，主体在合同签署前已开始了建造该设备的工作。因此，主体因实施此类工作而发生的成本在初始确认时予以资本化。随后，合同获得批准且合同条款满足在一段时间内确认收入的标准。在合同签署且满足 IFRS 15∶9 所述的标准之日，应就已部分建造的设备累计追加确认收入（并将已资本化的成本确认为费用）以反映迄今为止的履约进度。

9.4 在某一时点确认的收入

9.4.1 在某一时点确认的收入——一般规定

如果履约义务并非在一段时间内履行（请参见 **9.2**），则是在某一时点履行。为确定客户取得对已承诺资产的控制（因此履约义务已得到履行）的时点，应当考虑 IFRS 15：31 – 34 的要求（请参见 **9.1**）。此外，还应考虑控制转移的指标，包括但不限于：

[IFRS 15：38]

（a）主体具有对资产付款的现时权利：如果客户具有就资产进行支付现时义务，这可能表明客户已取得主导交易资产的使用并获得其产生的几乎所有剩余利益的能力。

（b）客户已拥有资产的法定所有权：法定所有权可能显示合同的哪一方具有主导资产的使用并获得资产几乎所有剩余利益，或者使其他主体无法获得这些利益的能力。因此，资产法定所有权的转移可能表明客户已取得对资产的控制。如果主体仅为防止客户不付款而保留资产的法定所有权，则主体的此类权利并不妨碍客户取得对资产的控制（请参见**示例 9.4.1**）。

（c）主体已转移了对资产的实物占有：客户对资产的实物占有可能表明客户已具有主导资产的使用并获得资产几乎所有剩余利益，或者使其他主体无法获得这些利益的能力。然而，对资产的实物占有可能不一定等同于对资产的控制。例如，在某些回购协议及特定的委托代销安排的情况下，主体控制的资产其实物可能由客户或受托方持有。相反，在某些"开出账单但代管商品"的安排下，主体可能会持有由客户控制的资产。有关此类安排的进一步指引请参见 **3.8** 及 **9.4.4** 和 **9.4.5**。

（d）客户已承担和拥有资产所有权上的重大风险和报酬：向客户转移资产所有权上的重大风险和报酬可能表明客户已取得主导资产的使用并获得资产几乎所有剩余利益的能力。但是，在评价已承诺资产的所有权上的风险和报酬时，主体不应考虑导致产生除转让资产之履约义务外的单独履约义务的风险。例如，主体可能已向客户转移了对资产的控制，但尚未履行对已转让资产提供维护服务的额外履约义务。

（e）客户已验收资产：客户已验收资产可能表明其已取得主导资产的使用并

获得资产几乎所有剩余利益的能力。有关如何评价合同规定的客户验收条款对资产控制转移时间的影响的进一步指引,请参见 **9.4.3**。

IFRS 15:38 所述的指标并非主体在能够断定对商品或服务的控制已转移给客户之前必须满足的条件清单。相反,这些指标是当客户拥有对资产的控制时通常存在的要素清单,且提供该清单旨在协助主体应用控制原则[IFRS 15:BC155]。然而,每一项指标孤立而言可能不足以表明控制的转移[例如,IFRS 15:38(c)所述的关于对资产实物占有的例子]。因此,当上述一项或多项要素并不存在而主体认为控制已转移时,主体可能需要执行审慎分析。

IFRS 15 附录二应用指南针对回购协议、委托代销安排、"开出账单但代管商品"的安排、客户验收及试用与评价安排等情况提供了有关评估控制转移的额外指引。除考虑 IFRS 15:38 所述的指标之外,主体还应适当地应用这些指引。

示例 9.4.1
保留法定所有权以确保客户付款

作为一项政策,卖方所签发的销售合同规定,商品的法定所有权将在取得对价时(而非交货时)转移。卖方按商定的固定价格交易,且相关商品交付给不存在特定信用风险的客户。在交货时,客户验收及实际取得商品,并须承担对商品进行支付的义务。假设并不满足在一段时间内确认收入的标准。

在上述情况下,卖方在商品交货时确认收入是否恰当?

是。IFRS 15 的核心原则为,主体应当在其通过向客户转让已承诺的商品或服务(即,一项资产)来履行履约义务时(或履约过程中)确认收入。一项资产是在客户获得对该资产的控制时(或过程中)被转让的。如 IFRS 15:33(请参见 **9.1.2**)所述,对资产的控制是指能够主导资产的使用并获得资产几乎所有剩余利益的能力。控制包括防止其他主体主导资产的使用或获得资产所产生利益的能力。

IFRS 15:38 列出了主体在确定控制是否已转移时需要考虑的指标(请参见上文)。该清单并非旨在全面涵盖所有情形。

在上述情况下,即使法定所有权尚未转移,但对商品的控制已从卖方转移给客户。法定所有权的转移可能是对资产的控制已转移给客户的指标之一,但其并非决定性条件。IFRS 15：38（b）特别指出，"如果主体仅为防止客户不付款而保留资产的法定所有权，主体的此类权利［属于保护性权利］并不妨碍客户取得对资产的控制"。据此，如果其他指标表明对资产的控制已转移给客户，则应当确认收入。

9.4.2 适用法律的影响

如果主体在若干不同的司法管辖区按完全相同的书面合同条款销售相同的项目，各个司法管辖区内收入确认的时间可能会有所不同。

在确定对资产的控制是否已转移给客户时，仅考虑书面合同条款并不够。IFRS 15 承认，控制转移的时间还受到适用法律的影响。

- 如 IFRS 15：37 和 IFRS 15：B12（请参见 **9.2.4.3**）所述，合同所适用的法律可能会影响主体是否具有就迄今为止的履约部分获得客户付款的可执行权利，进而影响收入是否应在一段时间内确认。

- 在某些司法管辖区，法定所有权直到客户取得对商品的实物占有之后才会转移。

- 在某些司法管辖区，房地产交易（往往是住宅物业交易）和远程销售交易（例如，通过互联网、电话、邮寄订单或电视的销售）必须赋予客户在指定期间内可撤销交易的绝对法定权利（有时被称为"冷却期"）。对于此类交易，主体考虑 IFRS 15 有关是否识别出合同以及客户验收商品时如何确定收入确认时间的指引可能是适当的。

9.4.3 客户验收

IFRS 15：38（e）指出，客户验收资产可能表明客户已获得对资产的控制。客户验收条款允许客户在商品或服务不符合约定规格的情况下解除合同或要求主体采取补救措施。应在评价客户何时获得对商品或服务的控制时考虑此类条款。［IFRS 15：B83］

如果主体能够客观地确定对商品或服务的控制已按照合同的约定规格转移给客户，则客户验收仅为一项例行程序，不会影响主体关于客户何时获得对商品或服务的控制的确定。例如，如果客户验收条款是以符合规定尺寸和重量特征为基础，主体将能够在取得客户验收确认之前确定这些条件是否已得到满足。主体对类似商品或服务合同的经验可为向客户提供的商品或服务符合合同的约定规格提供证据。如果收入是在客户验收前确认，主体仍然必须考虑是否存在剩余履约义务（例如，设备安装）并评价是否应对其单独进行会计处理。[IFRS 15：B84]

但是，如果主体无法客观地确定向客户提供的商品或服务是否符合合同的约定规格，则主体在客户验收之前无法得出客户已获得控制的结论。在这种情况下，主体无法确定客户有能力主导该商品或服务的使用并获得其几乎所有剩余利益。[IFRS 15：B85]

如果主体发货给客户是为了让客户试用或评价产品，且客户在试用期终止前并未承诺支付任何对价，则对该产品的控制在客户接受该产品或试用期终止前并未转移给客户。[IFRS 15：B86]

9.4.4　委托代销安排

当主体将产品交付给其他方（例如，经销商或分销商）以供出售给终端客户时，主体应当评价该其他方在该时点是否已获得对相关产品的控制。如果该其他方并未获得对这些产品的控制，已发送至该其他方的产品可能是在委托代销安排下持有的。相应地，如果已发送的产品是在委托代销安排下持有，则不应在向其他方发送产品时确认收入。[IFRS 15：B77]

表明一项安排是委托代销安排的因素包括但不限于：
[IFRS 15：B78]

（a）在特定事件发生之前，例如向经销商的客户出售产品或指定期间到期之前，主体拥有对产品的控制；

（b）主体能够要求退货或将该产品转让给第三方（例如，其他经销商）；以及

（c）经销商没有对该产品进行支付的无条件义务（尽管可能要求其支付一笔定金）。

9.4.5　"开出账单但代管商品"的安排

"开出账单但代管商品"的安排，是指规定主体就产品向客户开出账单，但直至该产品在未来某一时点转让给客户之前，主体将继续持有该产品实物的合同。例如，客户可能因缺乏可存放产品的空间或客户的生产进度延迟而要求与主体订立此类合同。[IFRS 15：B79]

对于某些合同而言，视合同条款（包括交付及交货条款——请参见 **9.4.6**）的不同，控制或者在产品运抵客户所在地时转移，或者在发货时转移。但是，对于其他合同而言，即使主体继续持有产品实物，客户仍可能获得了对产品的控制。在这种情况下，即使客户已决定不行使其持有产品实物的权利，客户仍有能力主导该产品的使用并获得该产品的几乎所有剩余利益。因此，主体并未控制该产品。相反，主体是向客户提供保管客户资产的服务。［IFRS 15：B80］

除应用 IFRS 15：38（请参见 **9.4.1**）的要求外，必须在符合下列所有条件的情况下，客户才获得对"开出账单但代管商品"安排下产品的控制：

［IFRS 15：B81］

（a）"开出账单但代管商品"的安排必须具有实质性的理由（例如，客户要求订立该项安排）；

（b）产品必须作为属于客户的产品被单独识别；

（c）产品实物当前必须可随时转让给客户；以及

（d）主体不具有使用产品或将产品提供给其他客户的能力。

如果主体就基于"开出账单但代管商品"安排的产品销售确认收入，主体应当考虑其是否承担剩余履约义务（例如，保管服务），从而应将部分交易价格分摊至该剩余履约义务（请参见**第 8 章**）。［IFRS 15：B82］

9.4.6 交货条款

> 根据 IFRS 15，主体应当在通过向客户转让已承诺的商品或服务（即，一项资产）来履行履约义务时（或履约过程中）确认收入。一项资产是在客户获得对该资产的控制时（或过程中）被转让的。因此，在确定何时确认收入时，主体应通过考虑如何将 IFRS 15 的指引应用于特定的事实情况来评价客户是否已获得对资产的控制。
>
> 如果确定收入应在某一时点确认，有关控制转移的评估应包括对交货条款进行分析。这是因为交货条款通常会列明所有权转移的时间，并会影响所有权上的风险和报酬转移给客户的时间；因此，在 IFRS 15：38（请参见 **9.4.1**）所列的表明控制转移的五项指标中，交货条款与其中两项指标的评估相关。

如果书面销售合同并未明确规定交货条款,在确定对商品的控制何时转移给客户时,应当考虑:
- 司法管辖区及行业内的标准交货条款;
- 规范销售交易的司法管辖区法律环境;以及
- 主体商业惯例(如果其与合同条款相关)。

示例 9.4.6
商品按目的地交货条款发货,但货运公司承担损失风险

A 公司按目的地交货条款销售商品(即,直至商品运抵商定的目的地之前,所有权并未转移给买方)并对运输过程中的任何损失承担责任。为保护其免受损失,A 公司与货运公司订立合同,规定由货运公司承担商品运输过程中的全部损失风险。

A 公司在商品发货时确认收入是否恰当?

否。根据 IFRS 15,A 公司仅能够在其通过向客户转让对已承诺商品的控制来履行履约义务时确认收入。如 IFRS 15:33(请参见 **9.1.2**)所述,对资产的控制是指能够主导资产的使用并获得资产几乎所有剩余利益的能力。控制包括防止其他主体主导资产的使用或获得资产所产生利益的能力。IFRS 15:38 列出了确定控制是否已转移的五项指标(请参见 **9.4.1**)。

A 公司在商品发货时尚未履行履约义务;履约义务是向客户提供商品,而仅当商品运抵商定的目的地时,商品的所有权和实物占有才转移给客户。此外,A 公司通过与货运公司订立合同来管理商品运输过程中的风险的事实,并不意味着其在商品发货时已将对商品的控制转移给客户。

基于上述分析,A 公司确定直至商品运抵商定的目的地后控制才转移给客户。

通常情况下,当商品按标准目的地交货条款发货时,对商品的控制将在商品运抵商定的目的地时转移给客户。然而,主体应当审慎考虑合同条款及其他相关的事实和情况,以确定对商品的控制何时转移给客户(尤其是在合同包含非标准交货条款的情况下)。

如果商品交货条款为装运点交货,则商品的所有权是在商品发货时转移给买方,并且由买方承担运输过程中发生的任何损失。另一方面,如果商品交货条款为目的地交货,则所有权直至交货后才转移给买方,并且由卖方承担运输过程中发生的任何损失。

某些卖方采用装运点交货条款，但由于惯例或与客户之间的安排导致卖方继续承担商品运输过程中的损失或损坏风险。如果发生损坏或损失，卖方必须向买方提供（或根据惯例向买方提供）产品更换且不收取任何额外费用。卖方可能会就该风险向第三方投保或进行"自保"（但是，在该安排中卖方并非单纯作为替买方安排运输和保险的代理人）。此类交货条款通常被称为"混合目的地交货"条款，因为卖方保留了运输过程中的损失或损坏风险，从而实质上并未向买方转移所有权上的全部风险和报酬。

如果卖方的惯例（或与客户之间的安排）导致卖方继续承担商品运输过程中的损失或损坏风险，卖方则需要评价在装运点交货条款下对商品的控制何时转移给客户。

如果对商品的控制（代表单独的履约义务）被视为在某一时点转移，主体在确定商品的控制何时转移给客户时应当运用判断并应用IFRS 15提供的指引和指标，以评价交货条款和惯例的影响。

根据典型的未经修改的装运点交货条款，在商品发货时，卖方通常具有获得付款的法定权利；已发货商品的所有权和损失/损坏风险已转移给客户，并且卖方已转移对已发货商品的实物占有（假设买方（而非卖方）有能力通过货运公司改变运输目的地或以其他方式控制运载中的货物）。通常需要单独评价任何客户验收条款以确定其对商品的控制何时转移给买方的影响。然而，如IFRS 15：B84（请参见9.4.3）所述，如果卖方能够客观地确定已发货的商品符合与买方订立的合同约定的规格，则客户验收仅为一项例行程序。因此，根据典型的未经修改的装运点交货条款，买方将在发货时获得对已发货商品的控制，并且卖方应在发货时确认收入（前提是满足IFRS 15的其他要求）。

上述典型的装运点交货条款可能会作出修改，从而卖方在不收取任何额外费用的情况下，(1)有义务为买方更换运输过程中损失或损坏的商品（法定义务），或(2)并非必须但根据以往惯例将更换损失或损坏的商品（推定义务）。此类义务是卖方在确定买方何时获得对已发货商品的控制时需要考虑的指标之一。在这种情况下，卖方应当评价即便卖方保留了商品在发货过程中的损失/损坏风险，是否买方已经获得已发货商品所有权上的"重大"风险和报酬。该评价应包括：(1)确定卖方承担的义务如何影响买方出售、交换、抵押或以其他方式使用该资产的能力（如 IFRS 15∶33 所述），及（2）考虑运输过程中商品发生损失或损坏的可能性和潜在严重程度。在确定买方是否获得了对已发货商品的控制时，重大风险和报酬是否已经转移仅构成其中一项指标（其本身并非决定性的条件），需要与 IFRS 15∶38 所列的其他四项指标（请参见 **9.4.1**）一并考虑。如果卖方（基于对 IFRS 15∶38 所列的指标以及 IFRS 15 中其他指引的总体评价）断定买方在发货时已获得对商品的"控制"，在发货时确认收入将是恰当的（前提是满足 IFRS 15 的其他要求）。

如果控制被视为在发货时转移，根据 IFRS 15∶38（d），卖方必须考虑卖方在发货过程中承担的损失或损坏风险是否形成另一项履约义务（根据 IFRS 15∶27 可明确区分的服务类义务）；如是，该履约义务应当根据 IFRS 15 单独进行会计处理。例如，如果商品在发货过程中经常发生损失或损坏，则该风险可能代表另一项履约义务。

第 10 章 合同的修订

10.1 合同的修订——一般规定

合同的修订是经合同各方批准的对合同范围或价格（或两者）作出的更改。在某些行业和司法管辖区，合同的修订可能被描述为"订单更改""变动"或"修改"。如果合同各方批准了形成合同各方新的可执行权利和义务，或变更其现有可执行权利和义务的修订，则存在合同的修订。如原合同一样，合同的修订可能采用书面、口头协议形式或主体的商业惯例所隐含的方式批准。如果合同各方尚未批准合同的修订，则主体在合同的修订获得批准前应继续对现有合同应用 IFRS 15。[IFRS 15：18]

如果合同各方对修订涉及的范围或价格（或两者）存在争议，或者各方虽已批准合同范围的变更但尚未确定相应的价格变动，也可能存在合同的修订。在确定修订所形成或变更的权利和义务是否可执行时，主体应考虑所有相关的事实和情况（包括合同条款及其他证据）。如果合同各方已批准合同范围的变更但尚未确定相应的价格变动，应当对修订所导致的新交易价格进行估计（请参见 **7.2**）。[IFRS 15：19]

> 合同的修订应作为对原合同的调整处理，除非其仅仅增加了进一步的履约义务，并且该履约义务（1）"可明确区分"（如 IFRS 15 所定义的——请参见前文步骤2），以及（2）基于经适当调整的单独售价进行定价。如果同时符合上述两项条件，则合同的修订应作为一项单独的新合同进行处理（请参见 **10.2**）。
>
> 如果合同的修订是作为对原合同的调整处理，则适当的会计处理将取决于将依照合同交付的剩余商品或服务（请参见 **10.3**）：
>
> • 如果剩余的商品或服务可明确区分，应采用未来适用法，通过将剩余交易价格分摊至合同中剩余的履约义务对合同修订进行会计处理；

- 如果剩余的商品或服务不可明确区分，应通过同时更新交易价格以及已部分履行的履约义务的履约进度，对合同修订进行追溯处理；以及
- 如果剩余的商品或服务同时包括可明确区分与不可明确区分的成分，应当运用判断并采用与 IFRS 15 有关合同修订要求的目标相一致的方式对合同修订进行会计处理。

合同的修订

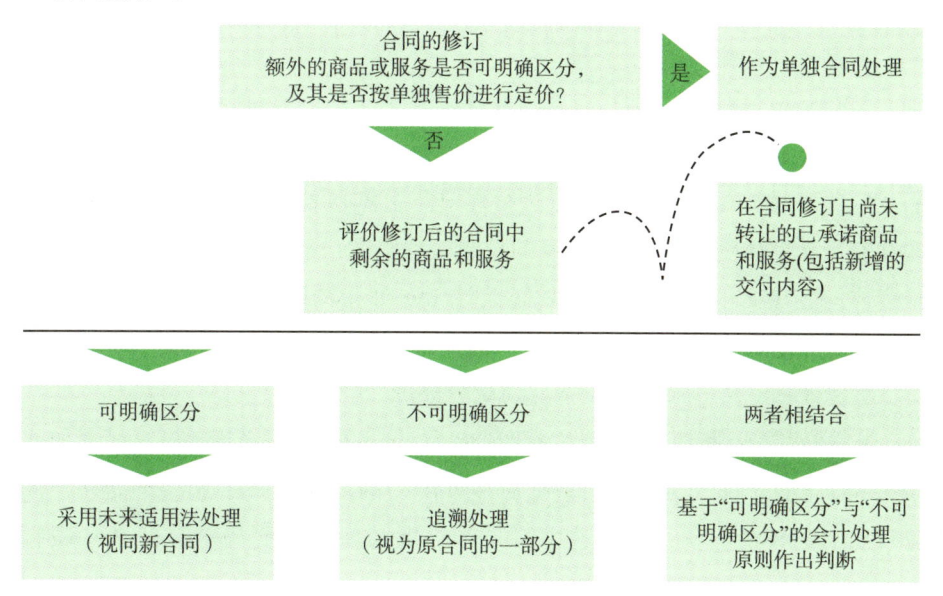

```
                    合同的修订
            额外的商品或服务是否可明确区分，     是      作为单独合同处理
            及其是否按单独售价进行定价？
                        │
                        否
                        ▼
              评价修订后的合同中              在合同修订日尚未
              剩余的商品和服务                转让的已承诺商品
                                             和服务(包括新增的
                                             交付内容)

    ▼                   ▼                   ▼
  可明确区分          不可明确区分           两者相结合
    ▼                   ▼                   ▼
  采用未来适用法处理    追溯处理            基于"可明确区分"与"不可
  （视同新合同）     （视为原合同的一部分）   明确区分"的会计处理
                                           原则作出判断
```

此前的收入确认要求并未包含有关合同修订的会计处理的一般框架。[IFRS 15：BC76] IFRS 15 所规定的方法可能不同于主体此前所采用的方法。

10.2　作为单独合同进行会计处理的合同修订

如果同时满足下列两个条件，则主体应将合同的修订作为单独的合同进行会计处理：

[IFRS 15：20]

（a）合同的范围因新增的可明确区分的已承诺商品或服务（请参见 **6.3**）而扩大；以及

（b）合同价格提高，增加的对价金额反映主体额外承诺的商品或服务的单独售价及为反映该特定合同的具体情况而对该价格所作的适当调整。例如，因为主体无须发生若向新客户销售类似商品或服务时须发生的相关销售费用，主体可能向客户提供折扣，并对新增商品或服务的单独售价进行调整。

> 如果合同修订是作为单独的合同进行会计处理，相应地，出于应用 IFRS 15 的目的，原合同应视为未经修订处理。

> **示例 10.2**
>
> **商品合同的修订（1）**
>
> ［IFRS 15：IE19 – IE21，示例 5（摘录）］
>
> 主体承诺以 CU12,000（每件产品 CU100）的价格向客户出售 120 件产品。这些产品在 6 个月期间内转让给客户。主体在某一时点转移对每件产品的控制。在主体将其对 60 件产品的控制转移给客户后，合同进行了修订，要求主体向客户交付额外 30 件产品（共计 150 件相同的产品）。最初订立的合同并未包含这额外的 30 件产品。
>
> *案例 A——额外产品的价格反映单独售价*
>
> 在合同作出修订后，针对额外 30 件产品的合同价格修订为增加了 CU2,850（或每件产品 CU95）。针对额外产品的定价反映了这些产品在合同修订当时的单独售价，并且这些额外产品可与原产品明确区分开来（根据 IFRS 15：27）。
>
> 根据 IFRS 15：20，就额外 30 件产品进行的合同修订实际上构成一项关于未来产品的单独的新合同，且该合同并不影响对现有合同的会计处理。主体应对原合同中的 120 件产品确认每件产品 CU100 的收入，并对新合同中的 30 件产品确认每件产品 CU95 的收入。

10.3 不作为单独合同进行会计处理的合同修订

如果合同的修订并未按照 IFRS 15：20（请参见 **10.2**）作为单独的合同进行会计处理，则应采用下列方式对在合同修订日尚未转让的已承诺商品或服务（即，剩余的已承诺商品或服务）进行处理：

[IFRS 15：21]

（a）如果剩余商品或服务与合同修订日当日或之前已转让的商品或服务可明确区分，应将合同的修订作为现有合同的终止及新合同的订立处理（请参见**示例 10.3A** 和**示例 10.3B**）。分配予剩余履约义务（或单一履约义务中剩余的可明确区分的商品或服务）的对价金额为以下金额的总和：

（i）纳入交易价格估计值的尚未确认为收入的客户所承诺的对价（包括已自客户方收取的金额）；以及

（ii）作为合同修订的一部分而承诺的对价。

（b）如果剩余商品或服务不可明确区分，并因此构成截至合同修订日已部分履行的单一履约义务的一部分，则主体应将合同的修订作为现有合同的一部分进行会计处理。合同的修订对交易价格及主体履约义务的履约进度计量结果的影响应在合同修订日确认为对收入的调整（收入的增加或减少）（即，对收入作出累计追加调整）（请参见**示例 10.3C**）。

（c）如果剩余商品或服务为上述（a）和（b）项的组合，则应当按照与上述目标相一致的方式对修订后的合同中未履行（包括部分未履行）的履约义务进行会计处理。

示例 10.3A

商品合同的修订（2）

[IFRS 15：IE19 和 IE22 – IE24，示例 5（摘录）]

主体承诺以 CU12,000（每件产品 CU100）的价格向客户出售 120 件产品。这些产品在 6 个月期间内转让给客户。主体在某一时点转移对每件产品的控制。在主体将其对 60 件产品的控制转移给客户后，合同进行了修订，要求主体向客户交付额外 30 件产品（共计 150 件相同的产品）。最初订立的合同并未包含这额外的 30 件产品。

案例B——额外产品的价格并未反映单独售价

在就额外 30 件产品的购买进行协商的过程中，合同各方最初议定的价格为每件产品 CU80。但是，客户发现主体最初转让给客户的 60 件产品存在为这些已交付产品所独有的瑕疵。主体承诺提供每件产品 CU15 的部分抵免以补偿上述低质产品对客户造成的损失。主体和客户同意将 CU900 的抵免额

（每件抵免额 CU15×60 件产品）纳入主体就额外 30 件产品收取的价格。因此，修订后的合同规定额外 30 件产品的价格为 CU1,500（或每件产品 CU50）。该价格包括就额外 30 件产品的商定价格 CU2,400（或每件产品 CU80）减去 CU900 的抵免额。

在合同作出修订时，主体将 CU900 确认为交易价格的降低，并因而将其确认为最初转让的 60 件产品收入的减少。在对额外 30 件产品的销售进行会计处理时，主体确定议定价格（每件产品 CU80）并未反映额外产品的单独售价。因此，该合同修订不符合 IFRS 15:20 所述的作为单独合同进行会计处理的条件。由于拟交付的剩余产品与已转让的产品可明确区分开来，因此主体应用 IFRS 15:21（a）的规定并将该合同修订作为原合同的终止及新合同的订立进行会计处理。

因此，对每件剩余产品确认的收入金额应为综合价格 CU93.33｛［（CU100×尚未根据原合同转让的 60 件产品）+（CU80×拟根据合同的修订转让的 30 件产品）］÷90 件剩余产品｝。

示例 10.3B

服务合同的修订

［IFRS 15:IE33 – IE36，示例 7］

主体订立一项每周为客户清洁办公场所的 3 年期合同。客户承诺每年支付 CU100,000。在合同开始时此类服务的单独售价为每年 CU100,000。主体在提供服务的前两年每年确认 CU100,000 的收入。在第 2 年年末，合同作出了修订，第 3 年的收费降至 CU80,000。此外，客户同意将该合同续期 3 年，并以每年等额分期付款的方式分三年支付 CU200,000 的应付对价（在第 4 年、第 5 年和第 6 年年初分别支付 CU66,667）。在合同作出修订后，该合同将在剩余的 4 年内收取 CU280,000 的总对价。在第 3 年年初此类服务的单独售价为每年 CU80,000。主体在第 3 年年初的单独售价乘以提供服务的剩余年限被视作对该多年期合同的单独售价的适当估计值（即单独售价为 4 年 × 每年 CU80,000 = CU320,000）。

在合同开始时，主体在评估后认为每周提供的保洁服务根据 IFRS 15:27 可明确区分。尽管每周提供的保洁服务可明确区分，但是主体仍按照 IFRS 15:22（b）

的规定将该保洁合同作为单一履约义务进行会计处理,因为其提供实质上相同并且按相同模式向客户转让的一系列可明确区分的服务(这些服务在一段时间内向客户转让,并使用相同的方法来计量履约进度——即,基于时间计量履约进度)。

在合同修订日,主体评估拟提供的剩余服务并得出结论认为此类服务可明确区分。但是,拟支付的剩余对价金额(CU280,000)并未反映拟提供服务的单独售价(CU320,000)。

因此,主体根据 IFRS 15∶21(a)将该合同的修订作为原合同的终止及新合同的订立进行会计处理。该新合同对提供 4 年保洁服务拟收取的对价为 CU280,000,主体将在剩余 4 年内提供此类服务的过程中,每年确认 CU70,000(CU280,000÷4 年)的收入。

示例 10.3C

未获批准的范围和价格变更

[IFRS 15∶IE42 和 IE43,示例 9]

主体与客户订立一项在客户自有的土地上建造一幢建筑物的合同。合同规定客户将在合同开始后的 30 天内使主体得以在该土地上开始其工作。但是,由于在合同开始后出现的暴风雨对场地造成损坏,因此主体直至合同开始后的 120 天才得以在该土地上开始其工作。该合同明确规定,任何导致主体未能及时得以在客户自有土地上开始工作的事件(包括不可抗力)将使主体有权获得金额相当于因延误而直接导致的实际成本的补偿。主体能够根据合同条款证明因延误发生的特定直接成本并提出索赔申请。客户最初不同意向主体进行补偿。

主体在评估索赔的法律依据后确定,根据相关合同条款其拥有可执行的权利。因此,主体根据 IFRS 15∶18-21 将索赔作为合同的修订进行会计处理。该合同的修订并未导致向客户提供任何额外的商品和服务。此外,在合同修订后,所有剩余商品和服务均不可明确区分并且构成单一履约义务的一部分。据此,主体根据 IFRS 15∶21(b),通过更新交易价格及对履约义务的履约进度的计量来对该合同的修订进行会计处理。在估计交易价格时,主体考虑了 IFRS 15∶56-58 中有关可变对价估计限制的要求。

10.4 合同修订时合同资产的处理

IFRS 15:18 将合同修订定义为经合同各方批准的对合同范围或价格（或两者）作出的更改（请参见 **10.1**）。IFRS 15:20-21 随后提供了一个框架以供确定合同修订是应当采用未来适用法进行处理还是应当作出累计追加调整（请参见 **10.2** 和 **10.3**）。

IFRS 15:21（a）规定，作为现有合同的终止及新合同的订立处理的合同修订应采用未来适用法进行处理，并阐述了应如何计算拟分摊至修订后的合同中剩余商品或服务的对价金额，特别提及"已自客户方收取的金额"（即，合同负债）。然而，IFRS 15 并未明确规范在该情况下合同资产的会计处理。

对于在合同修订前已存在的合同资产，在合同修订的时点将其冲销（即，借记收入）并不恰当。取而代之的是，合同资产应予保留并在确定修订后合同的交易价格时加以考虑。

FASB 的收入确认过渡资源小组曾基于 FASB《会计准则汇编》（ASC）主题 606（与 IFRS 15 相对应的 US GAAP）讨论了上述问题。

示例 10.4
合同修订时合同资产的处理

X 主体与客户订立一项提供为期 6 个月服务的合同。合同服务价格为 CU600（每月 CU100），该价格反映了服务的单独售价。服务价款将在 6 个月期间结束后支付，并以依照合同完成所有服务为条件。

在第 1 个月末，X 主体确认了与该月已实施的服务相关的收入 CU100。X 主体同时确认合同资产 CU100，其反映因已向客户转让服务而有权获得的对价。[请注意，主体确认一项合同资产而非根据 IFRS 9（或者 IAS 39，对于尚未采用 IFRS 9 的主体而言）确认一项应收款，因为该金额以未来实施相关服务为支付条件（请参见**第 2 部分**）]。

在第 4 个月末，X 主体已确认累计收入 CU400 以及合同资产 CU400。合同随后作出修订，以包括超出原 6 个月合同期的额外 3 个月的相同服务。X 主体确定第 5 至 9 个月提供的服务可与第 1 至 4 个月提供的服务明确区分。在合同修订后，原 6 个月合同中最后 2 个月应收的对价 CU100（每月 CU100）保持不变。双方议定的就额外 3 个月服务的收费为每月 CU50。针对所有服务的付款额 CU750（即，包括原合同价款以及合同修订后额外应付的价款）将在 9 个月期间结束后支付，并以依照修订后的合同完成所有服务为条件。

X 主体确定因合同修订产生的额外已承诺对价并不反映拟提供的额外服务的单独售价，并且剩余的服务可与合同修订前已转让的服务明确区分。因此，X 主体根据 IFRS 15∶21（a）对合同修订进行会计处理。

X 主体保留在合同修订时已存在的现有合同资产 CU400。分摊至可明确区分的剩余服务的总对价金额为 CU350（将在合同期结束时支付的 CU750，减去合同资产 CU400）。此 CU350 将在服务实施过程中平均分摊至合同剩余的 5 个月期间，每月确认 CU70 的收入。合同资产余额每月也增加 CU70，直至合同结束（届时 X 主体将取得服务价款并终止确认合同资产）。

10.5　合同修订时未摊销的资本化合同取得成本的会计处理

IFRS 15∶91 规定，如果主体预计将收回取得客户合同的增量成本，应将这些成本予以资本化（请参见 **12.2.1**）。IFRS 15∶99 要求主体"按照与该资产的相关商品或服务向客户的转让相一致的系统化基础"对这些资本化的成本进行摊销（请参见 **12.4**）。该资产可能与依照特定预期合同［可能包括按照 IFRS 15∶20 作为单独合同进行会计处理的合同修订（请参见 **10.2**）］转让的商品或服务相关。

如 **10.3** 所述，如果合同修订未作为单独合同处理，IFRS 15∶21（a）规定，在满足指定标准的情况下，主体应将合同修订"作为现有合同的终止及新合同的订立"进行会计处理。

在合同修订时立即冲销未摊销的资本化合同取得成本是不恰当的。尽管合同修订是作为现有合同的终止及新合同的订立进行会计处理，但事实上原合同并未终止（即，修订后的合同并非一项单独合同）。取而代之的是，那些资本化的合同取得成本应予结转并按照与修订后的合同下商品或服务的转让相一致的系统化和合理的基础进行摊销。在评估合同修订后对这些成本进行摊销的期

> 间时，主体需要运用判断来识别合同修订后与未摊销的资本化合同取得成本相关的商品或服务。主体还应通过应用 IFRS 15∶101－102 中的指引（请参见 **12.4.4**），考虑源自未摊销的资本化合同取得成本的资产在合同修订时是否已发生减值。

10.6 合同修订后的交易价格变动

如果在合同修订后交易价格发生变动，应当应用 IFRS 15∶87－89 的规定（请参见 **8.6**），采用下列方式之一来分摊交易价格的变动：

［IFRS 15∶90］

（a）如果交易价格变动归属于合同修订前已承诺的可变对价金额，并且合同的修订按照 IFRS 15∶21（a）（即，采用未来适用法——请参见 **10.3**）进行会计处理，则应将交易价格的变动分摊至合同修订前已识别的合同中的履约义务。

（b）在合同的修订依据 IFRS 15∶20 不作为单独合同进行会计处理的所有其他情况下，应将交易价格的变动分摊至修订后的合同中的履约义务（即，合同修订时全部或部分未履行的履约义务）。

> **示例 10.6A**
>
> **合同修订后的交易价格变动**
>
> ［IFRS 15∶IE25－IE32，示例6］
>
> 20×0 年 7 月 1 日，主体承诺向客户转让两种可明确区分的产品。产品 X 在合同开始时转让给客户，而产品 Y 则于 20×1 年 3 月 31 日转让给客户。客户承诺支付的对价包含固定对价 CU1,000 和估计值为 CU200 的可变对价。主体将可变对价估计值纳入交易价格，因为主体得出结论认为，在不确定性消除时已确认的累计收入金额极可能不会发生重大转回。
>
> 交易价格 CU1,200 平均分摊至产品 X 的履约义务及产品 Y 的履约义务。这是因为这两种产品的单独售价相同，且可变对价不符合 IFRS 15∶85 中将可变对价分摊至其中一项履约义务而非分摊至这两项履约义务的标准。
>
> 当产品 X 在合同开始时转让给客户时，主体确认 CU600 的收入。

20×0 年 11 月 30 日，合同范围进行了修订，以包括于 20×1 年 6 月 30 日将产品 Z（连同尚未交付的产品 Y）转让给客户的承诺，合同价格增加了 CU300（固定对价），该增加额并不反映产品 Z 的单独售价。产品 Z 的单独售价与产品 X 和产品 Y 的单独售价相同。

主体应将该合同的修订作为现有合同的终止及新合同的订立进行会计处理。这是因为剩余的产品 Y 和产品 Z 与合同修订前已转让给客户的产品 X 可明确区分，并且针对新增产品 Z 的已承诺对价不反映其单独售价。因此，根据 IFRS 15：21（a），拟分摊至剩余履约义务的对价包括已分摊至产品 Y 履约义务的对价（按分摊后的交易价格 CU600 计量）及合同修订时承诺的对价（固定对价 CU300）。修订后合同的交易价格为 CU900，该金额应平均分摊至产品 Y 的履约义务和产品 Z 的履约义务（即分别将 CU450 分摊至每一项履约义务）。

在合同修订后但交付产品 Y 和产品 Z 之前，主体将其关于预计有权获得的可变对价的估计值修正为 CU240（而非之前估计的 CU200）。主体得出结论认为，该可变对价估计的变动可纳入交易价格，因为在不确定性消除时已确认的累计收入金额极可能不会发生重大转回。尽管主体根据 IFRS 15：21（a）将合同的修订作为现有合同的终止及新合同的订立进行会计处理，交易价格的增加额 CU40 仍归属于在合同修订前承诺的可变对价。因此，根据 IFRS 15：90，应当按与合同开始时相同的基础将这一交易价格变动分摊至产品 X 和产品 Y 的履约义务。据此，主体在交易价格发生变动的期间对产品 X 确认 CU20 的收入。由于产品 Y 在合同修订前尚未转让给客户，因此归属于产品 Y 的交易价格变动应当在合同修订时分摊至剩余的履约义务。这与 IFRS 15：21（a）规定的，若在修订合同时对可变对价金额作出估计并将其纳入交易价格的情况下应当采用的会计处理相符。

主体还将修订后的合同交易价格增加额 CU20 平均分摊至产品 Y 和产品 Z 的履约义务。这是因为这两种产品的单独售价相同，且可变对价不符合 IFRS 15：85 中将可变对价分摊至其中一项履约义务而非同时分摊至这两项履约义务的标准。因此，分摊至产品 Y 和产品 Z 的履约义务的交易价格金额分别增加 CU10，从而分摊至这两种产品的交易价格均为 CU460。

20×1 年 3 月 31 日，产品 Y 转让给客户，主体确认 CU460 的收入。20×1 年 6 月 30 日，产品 Z 转让给客户，主体确认 CU460 的收入。

示例 10.6B

导致收入累计追加调整的合同修订

[IFRS 15：IE37 – IE41，示例 8]

一家建造业公司主体与客户订立一项在客户自有土地上建造一幢商业楼宇的合同，合同的已承诺对价为 CU1,000,000，并且如果楼宇的建造在 24 个月之内完成，主体将获得 CU200,000 的奖金。由于客户在建造过程中控制该楼宇，因此主体根据 IFRS 15：35（b）将已承诺的一揽子商品和服务作为在一段时间内履行的单一履约义务进行会计处理。在合同开始时，主体作出如下估计：

	CU
交易价格	1,000,000
预计成本	700,000
预计利润（30%）	300,000

在合同开始时，主体将 CU200,000 的奖金排除在交易价格之外，因为其无法得出已确认的累计收入金额极可能不会发生重大转回的结论。楼宇建造的完成情况很大程度上受到超出主体影响范围之外的因素（包括天气和监管部门的批准等）影响。此外，主体有关类似类型合同的经验有限。

主体确定，采用基于已发生成本的投入法将能够适当地计量履约义务的履约进度。截至第 1 年年末，基于迄今为止已发生的成本（CU420,000）相对于预计总成本（CU700,000）的比例，主体已履行 60% 的履约义务。主体对可变对价作出重新评估并断定根据 IFRS 15：56 – 58 该金额仍受到限制。因此，第 1 年确认的累计收入和成本如下：

	CU
收入	600,000
成本	420,000
毛利	180,000

在第 2 年第一季度，合同各方同意修订合同以更改该楼宇的平面图，固定对价和预计成本因此分别增加了 CU150,000 和 CU120,000。合同修订后可能产生的总对价为 CU1,350,000（固定对价 CU1,150,000 + 完工奖金 CU200,000）。此外，允许主体获得 CU200,000 奖金的期限延长了 6 个月（即，现为原合同开始日后的 30 个月）。在合同修订日，根据主体的经验以及拟实施的剩余工作（此类工作主要在楼宇内部实施，因而不会受到天气状况影响），主体得出结论认为若将上述奖金纳入交易价格，则根据 IFRS 15∶56，已确认的累计收入金额极可能不会发生重大转回，并因此将 CU200,000 纳入交易价格。在评估合同的修订时，主体评价了 IFRS 15∶27（b）并且断定（根据 IFRS 15∶29 所述的因素），拟按修订后合同提供的剩余商品和服务与在合同修订日或之前转让的商品和服务不可明确区分（即该合同仍为单一履约义务）。

因此，主体将合同的修订作为原合同的一部分进行会计处理［根据 IFRS 15∶21（b）］。主体更新了对履约进度的计量，并估计其已履行 51.2% 的履约义务（实际已发生成本 CU420,000 ÷ 预计总成本 CU820,000）。作为一项累计追加调整，主体在合同修订日确认了 CU91,200［(51.2% 的已履行履约义务 × 修订后的交易价格 CU1,350,000) – 迄今为止已确认的收入 CU600,000］的额外的收入。

10.7　导致合同范围缩小的合同修订

IFRS 15 就如何对合同修订进行会计处理提供了指引，合同修订的定义为"经合同各方批准的对合同范围或价格（或两者）作出的更改"。

特别是，IFRS 15∶20 规定，如果同时满足下列两个条件，则应将合同的修订作为**单独的**合同进行会计处理：

- 合同的范围因新增的可明确区分的已承诺商品或服务而**扩大**；以及
- 合同价格**提高**，增加的对价金额反映主体额外承诺的商品或服务的单独售价及为反映该特定合同的具体情况而对该价格所作的适当调整。

如果不符合上述标准，合同的修订必须根据 IFRS 15∶21 采用下列方式进行会计处理：

- 如果剩余商品或服务（即，在合同修订日尚未转让的商品或服务）与合同修订日当日或之前已转让的商品或服务可明确区分，应将合同的修订作为现有合同的**终止及新合同的订立**处理；或者
- 如果剩余商品或服务与合同修订日当日或之前已转让的商品或服务不可明确区分，应将合同的修订作为**现有合同的一部分**进行会计处理，并确认一项对收入的调整（即，对收入作出累计追加调整）。

取决于现有合同中的剩余商品或服务与合同修订前已转让的商品或服务是否可明确区分，IFRS 15:21 要求主体采用下列方式之一对导致合同范围缩小（即，将已承诺的商品或服务从合同中移除）的合同修订进行会计处理：(1) 现有合同的终止及新合同的订立，或者 (2) 对现有合同的累计追加调整。

导致合同范围缩小的合同修订不能作为单独的合同进行会计处理，因为它并不符合 IFRS 15:20 (a) 明确规定的合同范围**扩大**的标准。

示例 10.7A 和**示例 10.7B** 阐述了对导致合同范围缩小的合同修订的适当会计处理。

示例 10.7A

合同修订——合同范围缩小且剩余的商品或服务可明确区分

Y 主体与客户订立一项合同，规定 Y 主体提供产品 X 以及与产品 X 相结合使用的 12 个月服务并收取 CU140 的对价；合同的服务部分符合 IFRS 15:22 (b) 所述的一系列服务的标准。产品 X 和服务均被确定为可明确区分，并且 Y 主体将 CU40 的对价分摊至产品 X（在对产品 X 的控制转移时确认）、将 CU100 的对价分摊至合同的服务部分（在 12 个月的服务期内确认）。

在合同开始 6 个月后，客户对合同作出修订以减少所需的服务水平。在作出该项修订时，Y 主体已经 (1) 就交付产品 X 确认了 CU40 的收入，(2) 就迄今为止已提供的服务确认了 CU50 的收入，及 (3) 从客户取得了 CU110 的价款。Y 主体同意调低合同价格，从而客户除已支付的价款之外仅需额外支付 CU10。

鉴于剩余 6 个月的服务与产品 X 的交付及合同前 6 个月提供的服务均可明确区分，因此根据 IFRS 15:21 (a) 的规定，该导致合同范围缩小的修订应作

为现有合同的终止及新合同的订立进行会计处理,并且应将 CU30 分摊至仍需提供的服务(即,此前已向客户收取但尚未确认为收入的 CU20,加上根据修订后的合同应付的剩余价款 CU10)。

> **示例 10.7B**
> **合同修订——合同范围缩小且剩余的商品或服务不可明确区分**
>
> X 主体订立一项为客户生产单一大型专用机器项目的合同。该专用机器的生产需要使用多个部件,但这些部件在很大程度上相互整合,从而 X 主体是以这些商品作为投入来生产该专用机器组合产出。在订立合同 4 个月后,客户决定从另一来源获取项目所需的一个部件;X 主体同意作出该导致合同范围缩小的合同修订。
>
> 鉴于尚未提供的剩余商品或服务与已提供的商品或服务不可明确区分,IFRS 15:21(b)要求 X 主体(1)将合同的修订作为现有合同的一部分进行会计处理,及(2)在合同的修订发生时确认一项对收入的累计追加调整。
>
> **示例 10.6B** 阐述了根据 IFRS 15:21(b)对累计追加调整的计算。

第 11 章 许　可　证

11.1　许可证——一般规定

许可证确立了客户对主体知识产权享有的权利。知识产权许可证可能包括下列许可：

[IFRS 15：B52]

- 软件及技术；
- 电影、音乐及其他媒体和娱乐形式；
- 特许权；以及
- 专利权、商标权和版权。

除了承诺授予客户一个或多个许可证外，主体还可能承诺向客户转让其他商品或服务。这些承诺可能在合同中明确列示或隐含于主体的商业惯例、已公布的政策或特定声明中（请参见 **6.2**）。如果与客户之间的合同除包括其他已承诺的商品或服务外，还承诺授予一个或多个许可证，则主体应当识别合同中的每一项履约义务（请参见**第 6 章**）。[IFRS 15：B53]

如果授予许可证的承诺无法与合同中其他已承诺的商品或服务明确区分（请参见 **6.3**），则应将授予许可证的承诺与其他已承诺的商品或服务合并为一项单一履约义务进行会计处理。无法与其他已承诺的商品或服务明确区分的许可证示例包括：

[IFRS 15：B54]

- 构成有形商品的组成部分并且是该商品正常使用所不可缺少的许可证；以及
- 客户仅在同时使用相关服务（例如，由主体提供的在线服务，通过授予许可证使客户能够访问相关内容）时才能获益的许可证。

如果许可证不可明确区分，则主体应当确定该履约义务（包括承诺的许可

证）是在一段时间内履行的履约义务还是在某一时点履行的履约义务（请参见**第9部分**）。[IFRS 15：B55]

> IFRS 15：BC407 阐明，"IASB 和 FASB 指出，在某些情况下，向客户转让的商品或服务组合的主要或关键组成部分可能是许可证。当所转让的产出是一项许可证或许可证可明确区分时，主体应用 IFRS 15：B58（请参见 **11.2.2**）所述的标准，以确定已承诺的许可证是向客户提供获取主体知识产权的权利还是使用主体知识产权的权利"。

11.2　确定主体授予许可证的承诺的性质

11.2.1　确定主体授予许可证承诺的性质的要求

如果主体授予许可证的承诺可与合同中其他已承诺的商品或服务明确区分，因而作为一项单独的履约义务进行会计处理，则主体应当确定该许可证是在某一时点还是在一段时间内转让给客户。为评估在这种情况下收入确认的适当时间，主体应当考虑主体向客户授予许可证的承诺的性质是向客户提供以下哪一种权利：

[IFRS 15：B56]

- 获取主体知识产权的权利，其存在于整个许可证有效期内（请参见 **11.2.2**）；或者
- 使用主体知识产权的权利，其存在于授予许可证的时点（请参见 **11.2.3**）。

在确定许可证是提供获取主体知识产权的权利还是使用主体知识产权的权利时，不应考虑下列因素：

[IFRS 15：B62]

- 时间、地域或使用方面的限制——这些限制界定了已承诺的许可证的属性，而非界定主体是在某一时点还是一段时间内履行其履约义务；以及
- 主体就其拥有知识产权的有效专利及将防止专利的未经授权使用所提供的保证——保护专利权的承诺并非履约义务，因为保护专利的行动保护了主体知识产权资产的价值，并就所转让的许可证符合合同中承诺的许可证规格向客户提供保证。

11.2.2 主体向客户授予获取主体知识产权的权利

如果满足下列所有标准,则主体授予许可证的承诺的性质是提供获取主体知识产权权利的承诺:

[IFRS 15:B58]

(a) 合同要求或客户合理预期,主体将实施对客户享有相关权利的知识产权产生重大影响的活动;

(b) 许可证所赋予的权利使客户直接面临 IFRS 15:B58(a) 所述的主体活动所产生的正面或负面影响;以及

(c) 这类活动并不导致某项商品或服务在这类活动发生时向客户转让。

可能表明客户能够合理预期主体将实施对知识产权产生重大影响的活动的因素包括主体的商业惯例、已公布的政策或特定声明。主体与客户之间存在与客户享有相关权利的知识产权相关的共享经济利益(例如,基于销售的特许使用费),也可能表明客户可合理预期主体将实施这类活动。[IFRS 15:B59]

如果符合下列情况之一,则主体实施的活动将对客户享有相关权利的知识产权产生重大影响:

[IFRS 15:B59A]

(a) 此类活动预计将显著改变知识产权的形式(例如,设计或内容)或功能(例如,执行某项功能或任务的能力);或者

(b) 客户从知识产权中获益的能力很大程度上源自或依赖此类活动。例如,客户从品牌获得的利益通常源自或依赖主体为支持或维护该品牌的价值而持续开展的活动。

如果客户享有相关权利的知识产权具有重大单独功能,则该知识产权产生的大部分利益均源自该项功能。因此,主体实施的活动不会对客户从该知识产权中获益的能力产生重大影响,除非此类活动将显著改变该知识产权的形式或功能。通常具有重大单独功能的知识产权的例子包括:软件、生物化合物或药物配方,以及制作完成的媒体内容(例如,电影、电视节目和音乐唱片)。[IFRS 15:B59A]

如果满足 IFRS 15:B58 所述的标准,则应将授予许可证的承诺作为在一段时间内履行的履约义务进行会计处理,因为客户将在主体履约的同时取得并消耗主体履约(即,提供获取其知识产权的权利)带来的利益(请参见 **9.2**)。主体有必要选择一种适当的方法来计量其提供获取知识产权之权利的履约义务的履约进

度（请参见 **9.3**）。［IFRS 15：B60］

11.2.3　主体向客户授予使用主体知识产权的权利

如果并未满足 IFRS 15：B58（请参见 **11.2.2**）所述的标准，则主体实际上是提供主体在向客户授予许可证的时点所存在的（就形式和功能而言）知识产权的使用权。这意味着客户能够在许可证转让的时点主导许可证的使用并获得许可证的几乎所有剩余利益，并且控制是在某一时点转移（请参见 **9.4**）。但是，与提供主体知识产权的使用权的许可证相关的收入不得在客户能够使用许可证并从中获益的期间开始之前确认。例如，如果软件许可证的期间在主体向客户提供（或使客户能够获得）使客户能够立即使用该软件的密码之前开始，则主体不应在向客户提供（或使客户能够获得）密码之前确认收入。［IFRS 15：B61］

> **示例 11.2.3A**
> **交付软件电子版——在许可证要求访问密码或产品密钥的情况下评估控制何时转移给客户**
>
> X 主体向客户出售软件许可证，其提供对许可证的使用权（因此是在某一时点确认收入）并使客户能够通过 X 主体的网站访问该软件。客户需要获得访问密码才能下载该软件，或需要获得产品密钥来激活已下载的软件。若没有访问密码或产品密钥则无法在客户的硬件上使用该软件。
>
> X 主体是否必须在已向客户交付访问密码或产品密钥之后才能得出软件许可证的控制已转移给客户的结论？
>
> 否。IFRS 15：B61 指出（部分摘录）：
>
> "主体应当应用 IFRS 15：38 确定向客户转让许可证的时点。但是，与提供主体知识产权的使用权的许可证相关的收入不得在客户能够使用许可证并从中获益的期间开始之前确认。例如，如果软件许可证的期间在主体向客户提供（或**使客户能够获得**）使客户能够立即使用该软件的密码之前开始，则主体不应在向客户提供（或**使客户能够获得**）密码之前确认收入。"
>
> X 主体在确定客户是否已获得对软件许可证的控制时，应考虑 IFRS 15：31–34 中关于控制的指引以及 IFRS 15：38 的相关指标。

在某些情况下，对软件许可证的控制可能在交付访问密码或产品密钥之前已经转移给客户。特别是，可能存在访问密码或产品密钥尚未交付，但可应客户要求随时提供的情况。在这种情况下，有必要着重关注 IFRS 15：38 所述的指标以考虑控制是否已转移给客户。例如，如果客户已对软件进行验收、主体已取得不可返还的价款，并且许可证期限已开始，即使尚未向客户提供访问密码或产品密钥，X 主体也可得出对软件许可证的控制已经转移的结论。上述情况可被视为对 IFRS 15：B79－B82 所述的"开出账单但代管商品"安排的类推（请参见 **9.4.5**）。

如果付款条款或验收取决于软件访问密码或产品密钥的交付，或者如果 X 主体尚未能够令密码或密钥可供使用，则直至访问密码或产品密钥提供给客户之前，X 主体很可能无法得出对软件许可证的控制已经转移的结论。

示例 11.2.3B
交付软件电子版——评估托管协议下控制何时转移给客户

Y 主体与 X 客户订立一项许可证与软件托管安排，其允许 X 客户通过互联网访问及使用实际在 Y 主体服务器上托管的软件。X 客户必须在安排开始时支付不可返还的许可证费用 CU1,000。X 客户对软件进行验收，并且许可证期限自托管服务开始后即开始。作为该安排的一部分，X 客户在不发生任何额外成本或影响软件的使用或价值的情况下，有权在合同期内的任何时点取回该软件。换言之，对于 X 客户行使其取回该软件的权利不存在任何合同或实际障碍，并且 X 客户能够从单独使用该软件或将其与易于获得的其他资源一起使用中获益。

Y 主体断定软件许可证和托管服务两者均可明确区分，并且软件许可证向 X 客户提供使用 Y 主体知识产权的权利。如果 X 客户行使其取回软件的权利，Y 主体将立即提供访问密码以使 X 客户能够下载该软件。

对软件许可证的控制在何时转移给 X 客户？

在本例中，X 客户必须在安排开始时支付不可返还的许可证费用；X 客户已对软件进行验收并且许可证期限自托管服务开始后即开始；以及访问密码可应 X 客户要求随时提供。因此，Y 主体似乎可合理断定对软件许可证的控制在许可证期限和托管服务开始时已转移给 X 客户。因此，分摊至许可证的交易价格应在安排开始时确认（鉴于控制是在该时点转移），而分摊至托管服务的交易价格则应在一段时间内确认。

示例 11.2.3C
交付软件电子版——评估整套软件许可证的控制何时转移给客户

X 主体与 B 客户订立一项 5 年期的许可证协议，B 客户根据协议购买包含五个模块的一套软件产品的许可证。在安排开始时，B 客户必须就所有五个模块的许可证向 X 主体支付不可返还的价款 CU5,000,000，并且整套软件许可证的许可证期限自 20×5 年 1 月 1 日开始。B 客户在 20×5 年 1 月 1 日预览了所有五个模块并对软件进行验收，但仅获得了其中四个模块的访问密码并进行下载。B 客户自行安装该四个模块且预计需要 3 个月时间完成安装。B 客户由于其自身系统的限制而未能立即下载第五个模块，但计划将在前四个模块安装完成后获得第五个模块的访问密码并进行安装。第五个模块的访问密码可应 B 客户要求随时提供。

对整套软件许可证的控制在何时转移给 B 客户？

在本例中：

- B 客户必须在安排开始时支付不可返还的许可证费用并且已对软件进行验收；
- 许可证期限已开始；以及
- 第五个模块的访问密码可应 B 客户要求随时提供。

据此，X 主体似乎可合理断定针对所有五个模块许可证的控制已在 20×5 年 1 月 1 日转移给 B 客户。

11.2.4　确定主体授予许可证的承诺的性质——随同 IFRS 15 发布的示例

示例 11.2.4A
知识产权的使用权

[IFRS 15：IE276 和 IE277，示例 54]

采用例 11 案例 A 所述的相同情况（请参见**示例 6.3.1**），主体在合同中识别出四项履约义务：

(a) 软件许可证；

(b) 安装服务；

(c) 软件更新；以及

(d) 技术支持。

主体根据 IFRS 15：B58 评估其转让软件许可证的承诺的性质。主体在评估 IFRS 15：B58（请参见 **11.2.2**）所述的标准时并未考虑提供软件更新的承诺，因为该承诺导致向客户转让额外的商品或服务［参见 IFRS 15：B58（c）］。主体还认为，其并没有在整个许可证有效期内实施（独立于更新及技术支持的）改变软件功能之活动的任何合同义务或隐含义务。主体认为，软件在没有更新及技术支持的情况下仍可正常使用，因此，客户获得软件利益的能力并非主要源于或依赖于主体的持续活动。因此，主体确定合同并未要求（且客户并未合理预期）主体实施对软件产生重大影响的（独立于更新及技术支持的）活动。主体得出结论认为，与许可证相关的软件具有重大单独功能并且 IFRS 15：B58 所述的所有条件均未得到满足。主体进一步得出结论认为，主体转让许可证的承诺的性质为提供存在于某一时点的主体知识产权的使用权。相应地，主体将许可证作为在某一时点履行的履约义务进行会计处理。

示例 11.2.4B

知识产权许可证

［IFRS 15：IE278 – IE280，示例 55］

主体与客户订立了一份有关某项商品的设计和生产流程的知识产权许可证的合同，有效期为三年。合同同时规定，客户将获得主体可能开发的针对新的设计或生产流程的任何知识产权的更新。相关更新是许可证有效期内客户获得许可证利益的能力的不可或缺的一部分，因为该知识产权的使用所处的行业技术变更十分快速。

主体根据 IFRS 15：27（请参见 **6.3.1**）评估承诺向客户提供的商品和服务，以确定哪些商品和服务可明确区分。主体确定，客户能够从以下项目中获益：(1) 在不获得更新的情况下通过单独使用许可证，以及 (2) 将更新与初始许可证一起使用。虽然客户可以从单独使用许可证（即，在不获得更新的情况下）获取的利益将是有限的，因为相关更新是客户在技术快速变更的行业中继续使用该知识产权不可或缺的一部分，但许可证可以按产生某些经济利益的方式使用。因此，许可证和更新均满足 IFRS 15：27（a）的标准。

在评估是否满足 IFRS 15：27（b）所述的标准时，还应考虑客户可以从单独使用许可证（即，在不获得更新的情况下）获取的利益有限（因为相关更新是客户在快速变更的技术环境中继续使用该知识产权不可或缺的一部分）这一事实。由于在三年有效期内在不获得更新的情况下客户可以从许可证中获得的利益非常有限，因此主体授予许可证及提供预期更新的承诺实际上是共同履行向客户交付组合项目的单一承诺的投入。换言之，合同中主体承诺的性质是提供在合同的三年有效期内持续获得对主体与某项商品的设计和生产流程相关的知识产权的权利。因此，根据 IFRS 15：27（b）的标准，组合项目（即，授予许可证和可供使用时将提供的更新）中的承诺无法单独区分。

主体承诺向客户转让的组合商品或服务的性质是在合同的三年有效期内持续获得对主体与某项商品的设计和生产流程相关的知识产权的权利。基于该结论，主体应用 IFRS 15：31-38（请参见**第 9 章**）以确定单一履约义务是在某一时点还是一段时间内履行。主体得出结论认为，由于客户将在主体履约的同时取得及消耗主体履约提供的利益，因此根据 IFRS 15：35（a），履约义务是在一段时间内履行。

示例 11.2.4C

识别可明确区分的许可证

［IFRS 15：IE281-IE288，示例 56］

某主体为一家制药公司，其授予一个客户在 10 年内享有其针对某项经审批的合成药的专利权的许可证，并承诺为客户生产该药品。该药品是一项成熟产品；因此主体不会实施支持该药品的任何活动，这符合其商业惯例。

案例 A——许可证不可明确区分

在本案例中，由于生产流程的特殊性极高，因此没有能生产这一药品的其他主体。所以许可证不能独立于生产服务而单独购买。

主体根据 IFRS 15：27（请参见 **6.3.1**）评估承诺向客户提供的商品和服务，以确定哪些商品和服务可明确区分。主体确定客户在不获得生产服务的情况下不能从许可证中获益；因此，不符合 IFRS 15：27（a）所述的标准。相应地，许可证和生产服务不可明确区分，主体将许可证和生产服务作为单一履约义务进行会计处理。

主体应用IFRS 15：31-38（请参见**第9章**）以确定履约义务（即，许可证和生产服务相结合）是在某一时点还是一段时间内履行的履约义务。

案例B——许可证可明确区分

在本案例中，用于生产该药品的生产流程并非唯一或特殊的，其他若干主体也能够为客户生产这一药品。

主体评估承诺向客户提供的商品和服务，以确定哪些商品和服务可明确区分，并得出许可证和生产服务均满足IFRS 15：27（请参见**6.3.1**）的标准的结论。主体得出结论认为，由于客户能够从将许可证与主体生产服务之外的易于获得的资源一起使用中获益（因存在其他能够提供生产服务的主体），并且能够通过将生产服务与合同开始时向客户转让的许可证一起使用中获益，因此满足IFRS 15：27（a）所述的标准。

主体还得出结论认为其授予许可证的承诺与提供生产服务的承诺可以单独区分［即，满足IFRS 15：27（b）的标准］。根据IFRS 15：29所述的原则和因素，主体得出结论认为，许可证和生产服务并非本合同中组合项目的投入。在得出这一结论时，主体认为客户可以单独购买许可证而不对客户从许可证获益的能力产生重大影响。许可证及生产服务均不对彼此作出重大修订或定制且主体并未提供将这些项目整合纳入组合产出的重大服务。

主体进一步认为许可证及生产服务相互之间并非高度依赖或高度关联，因为主体可以独立于向客户履行后续生产药品的承诺，来履行转让许可证的承诺。类似地，尽管客户之前取得了许可证并最初使用其他生产商，但主体仍可以为该客户生产药品。因此，本合同中虽然生产服务必须依赖于许可证（即，在客户未取得许可证的情况下主体无法提供生产服务），但许可证和生产服务相互之间不会产生重大影响。因此，主体得出结论认为其授予许可证的承诺与提供生产服务的承诺可明确区分且主体具有两项履约义务：

（a）专利权许可证；以及

（b）生产服务。

主体根据IFRS 15：B58评估主体授予许可证的承诺的性质。该药品是一项成熟产品（即，已通过审批，当前在生产且在过去数年内已实现具有商业利益的销售）。对于该类型的成熟产品，主体的商业惯例是不实施任何支持该药品的活动。合成药具有重大单独功能（即，生产药物治疗疾病的能力）。因

> 此，客户从该功能而不是主体的持续活动中取得合成药的大部分利益。主体得出结论认为，IFRS 15：B58 所述的标准未得到满足，因为合同并未要求且客户不会合理预期主体将实施对客户享有相关权利的知识产权产生重大影响的活动。在评估 IFRS 15：B58 所述的标准时，主体不考虑承诺提供生产服务的单独履约义务。相应地，主体转让许可证的承诺的性质是，按照其向客户授予该许可证的时点、许可证存在的形式和功能，提供主体知识产权的使用权。因此，主体将许可证作为在某一时点履行的履约义务进行会计处理。
>
> 主体应用 IFRS 15：31–38（请参见**第9章**）以确定生产服务是在某一时点还是一段时间内履行的履约义务。

11.3　基于销售或使用的特许使用费

11.3.1　基于销售或使用的特许使用费——一般规定

尽管 IFRS 15 包含有关限制可变对价估计的一般指引（请参见**7.2.8**），但该指引并不适用于为换取知识产权许可证而承诺支付的基于销售或使用的特许使用费。

取而代之的是，应仅在以下二者中较晚发生的事件发生时，才确认因授予知识产权许可证而承诺的基于销售或使用的特许使用费收入：

［IFRS 15：B63］

• 发生了后续的销售或使用；以及

• 部分或全部基于销售或使用的特许使用费所分摊到的履约义务已经履行（或部分履行）。

如果（1）特许使用费仅与知识产权许可证相关，或者（2）知识产权许可证是特许使用费的主要相关项目，则适用 IFRS 15：B63 的要求。如果主体可合理预期客户认为知识产权许可证的价值远超过特许使用费所涉及的其他商品或服务的价值，则知识产权许可证可能是与特许使用费相关的主要项目。［IFRS 15：B63A］

如果符合 IFRS 15：B63A 的要求，应完全根据 IFRS 15：B63 确认基于销售或使用的特许使用费收入。如果不符合 IFRS 15：B63A 的要求，则应针对基于销售或使用的特许使用费应用有关可变对价的要求（请参见**7.2**）。［IFRS 15：B63B］

《国际财务报告准则第15号——客户合同收入》应用指引

对基于销售或使用的特许使用费应用 IFRS 15：B63 并非一项可选的规定，而是必须遵循的要求。该项不同于 IFRS 15 有关限制可变对价估计的一般指引的例外处理必须应用于特许使用费仅与知识产权许可证相关，或者知识产权许可证是特许使用费的主要相关项目的情况。例如，职业篮球队授予运动服装制造商使用其徽标的许可证，并就所销售的每一件运动服装收取特许使用费。尽管职业篮球队的历史经验对于其预计取得的特许使用费具有很高的预见性，但根据 IFRS 15：B63，直至（1）发生运动服装的实际销售，及（2）主体已履行与基于销售或使用的特许使用费相关的履约义务二者中较晚发生的事件发生之前，均不得确认特许使用费收入（请参见 11.3.7）。

11.3.2　对基于销售或使用的特许使用费确认限制的适用范围

IFRS 15：B63 所述的基于销售或使用的特许使用费的例外处理应当应用于许可证授予方对为取得基于销售或使用的特许使用费而承诺的知识产权许可证转让进行的会计处理；知识产权的销售不符合该例外处理的条件，因此应按照 IFRS 15 的一般收入计量和确认指引进行会计处理。

IASB 否决了针对更广范围的知识产权应用基于销售或使用的特许使用费例外处理的提议。如 IFRS 15：BC421 所述，理事会认为，尽管该例外处理可能与确认部分或全部可变对价估计的原则不符，但这些有限情况下的不一致性的弊端可被该例外处理要求的简单性以及据此对此类交易提供的信息的相关性所弥补。此外，理事会得出结论认为，不应通过类推的方式将该例外处理应用于其他类型的已承诺商品或服务或者其他类型的可变对价（完整的讨论请参见 IFRS 15：BC415 – BC421）。

示例 11.3.2A
基于销售或使用的特许使用费例外处理的范围——知识产权许可证

X 主体向客户提供在该客户网络内播放 X 主体某电影的许可证，并收取 CU10,000 的特许使用费（该特许使用费在 5 年许可证期限内每次播放该电影时支付）。X 主体考虑了 IFRS 15：B58 – B62 中的指引，并得出结论认为 X 主体向客户承诺了使用 X 主体知识产权的权利（即，X 主体是在客户能够使用许可证并从中受益的时点履行其履约义务）。

X 主体应用 IFRS 15：B63 的要求且并未在许可证向客户转让时确认任何收入，而是在客户每次使用许可证涵盖的知识产权并播放 X 主体的电影时确认 CU10,000 的收入。

示例 11.3.2B
基于销售或使用的特许使用费例外处理的范围——知识产权的销售

X 主体向客户销售其一个音乐专辑的版权（即，与该知识产权相关的所有权利），客户承诺在未来每售出一张唱片时支付 CU1，并在每次通过广播节目播放音乐专辑中的一首歌曲时支付 CU0.01。X 主体考虑了 IFRS 15：31-38 中的指引，并确定 X 主体是在向客户转让版权的时点履行其履约义务。

根据 IFRS 15：47-48，在知识产权的控制转移给客户时，X 主体按相当于其估计有权获得的金额（同时须符合 IFRS 15：56-57 规定的针对可变对价的限制）确认收入。X 主体随后根据 IFRS 15：59 的要求在每个后续报告期间更新其估计并记录一项累计追加调整。

11.3.3 基于销售或使用的特许使用费——随同 IFRS 15 发布的示例

示例 11.3.3A
特许经营权
[IFRS 15：IE289-IE296，示例 57]

主体与客户订立了一份合同，承诺授予一项特许经营权的许可证，以在 10 年内向客户提供使用主体商标和出售主体产品的权利。除该许可证外，主体还承诺提供经营专卖店的必要设备。主体因授予许可证而获得基于销售的特许使用费，该特许使用费为客户每月销售额的 5%。针对设备的固定对价为 CU150,000，需在交付设备时支付。

识别履约义务

主体根据 IFRS 15：27（请参见 6.3.1）评估承诺向客户提供的商品和服务，以确定哪些商品和服务可明确区分。主体认为作为特许经营授予方，其具有实施诸如下列活动的既定的商业惯例：例如，分析消费者不断改变的偏好，及实施产品改良、定价策略、市场营销活动和提高经营效率以支持特许经营品牌。但是，主体得出结论认为，此类活动并非向客户直接转让商品或服务，因为相关活动是主体授予许可证承诺的一部分。

主体确定其有两项转让商品或服务的承诺：授予许可证的承诺和转让设备的承诺。此外，主体得出结论认为，授予许可证的承诺和转让设备的承诺二者是可明确区分的。这是因为，客户能够从单独使用每项商品或服务（即许可证和设备）或将其与易于获得的其他资源一起使用中获益［参见 IFRS 15：27（a）］。客户能够从将许可证与订立特许经营权之前交付的设备一起使用中获益，而设备可为特许经营权而使用或以非报废价值的金额出售。主体同时确定，根据 IFRS 15：27（b）的标准，授予特许经营权许可证的承诺与转让设备的承诺可单独区分开来。主体得出结论认为，许可证和设备并非组合项目的投入（即，实际上其并非用以履行对客户的单一承诺）。在得出这一结论时，主体认为其并未提供将许可证和设备整合纳入组合项目的重大服务（即，授予许可证的知识产权既非设备的组成部分亦未对设备作出重大修订）。此外，许可证和设备相互之间并非高度依赖或高度关联，因为主体可以独立地履行各项承诺（即，授予特许经营权许可证和转让设备）。因此，主体具有两项履约义务：

（a）特许经营权许可证；以及

（b）设备。

分摊交易价格

主体确定交易价格包括固定对价 CU150,000 和可变对价（客户销售额的 5%）。设备的单独售价是 CU150,000，且主体经常授予特许经营权许可证并收取客户销售额的 5% 作为对价。

主体采用 IFRS 15：85（请参见 **8.5**）来确定是否应当将可变对价全部分摊至转让特许经营权许可证的履约义务。主体得出结论认为，可变对价（即基于销售的特许使用费）应当全部分摊至特许经营权许可证，因为可变对价全部与主体授予特许经营权许可证的承诺相关。此外，主体认为将 CU150,000 分摊至设备并将基于销售的特许使用费分摊至特许经营权许可证，会与类似合同中基于主体单独售价的相对比例进行的分摊一致。因此，主体得出结论认为，可变对价（即基于销售的特许使用费）应当全部分摊至授予特许经营权许可证的履约义务。

应用指南：许可证

主体根据 IFRS 15：B58 评估其授予特许经营权许可证的承诺的性质。主体得出结论认为该许可证符合 IFRS 15：B58（请参见 **11.2.2**）所述的标准，且主体承诺的性质是提供在整个许可证有效期内按照当前形式获得主体知识产权的权利。这是因为：

（a）主体得出结论认为，客户可合理预期主体将实施对客户享有相关权利的知识产权产生重大影响的活动。客户从其享有相关权利的知识产权中获益的能力主要源于或依赖于主体的预期活动。该结论是基于主体实施活动的商业惯例，例如，分析消费者不断改变的偏好，及实施产品改良、定价策略、市场营销活动和提高经营效率。此外，主体观察到由于其部分报酬取决于特许经营的被授予方是否成功（如基于销售的特许使用费所证明的），因此主体与客户共享经济利益表明客户将预期主体实施这些活动以实现收益最大化。

（b）主体同时观察到特许经营权许可证要求客户执行由此类活动导致的任何变更，从而使客户面临这些活动产生的任何正面或负面影响。

（c）主体同时观察到，尽管客户可能通过许可证授予的权利从这些活动中获益，但这些活动在发生时并不导致向客户转让商品或服务。

由于其符合 IFRS 15：B58 所述的标准，主体根据 IFRS 15：35（a）（请参见 **9.2.1**）得出结论认为转让许可证的承诺是在一段时间内履行的履约义务。

主体同时断定，由于基于销售的特许使用费形式的对价与特许经营权许可证特定相关（参见 IFRS 15：B63A），因此主体应当应用 IFRS 15：B63。在转让特许经营权许可证后，主体在客户销售发生时（或发生过程中）确认收入，因为主体得出结论认为这合理反映了主体特许经营权许可证履约义务的履约进度。

示例 11.3.3B

获得知识产权［连环漫画］的权利

［IFRS 15：IE297 - IE302，示例 58］

主体为连环漫画的创作者，其向客户授予的许可证使客户可在 4 年内使用其 3 份连环漫画中的角色形象和名称。每份连环漫画都有主角。但是，会定期出现新创造的角色，且角色的形象在随时演变。该客户是大型游轮的运营商,其能够依据合理的方针以不同形式(例如节目或演出)使用主体的角色。合同要求客户使用最新的角色形象。

主体因授予许可证而在 4 年的期间内每年收取 CU1,000,000 的固定付款额。

根据 IFRS 15：27(请参见 **6.3.1**),主体评估承诺向客户提供的商品或服务,以确定哪些商品和服务可明确区分。主体得出结论认为,除授予许可证的承诺外不存在其他履约义务。也就是说,与许可证相关的额外活动并不向客户直接转让商品或服务,因为这些活动是主体授予许可证承诺的一部分。

主体根据 IFRS 15：B58(请参见 **11.2.2**)评估主体转让许可证的承诺的性质。在评估有关标准时,主体考虑了以下各项:

(a)客户合理预期(根据主体的商业惯例)主体将实施对客户享有相关权利的知识产权(即角色)产生重大影响的活动。这是因为主体的活动(即,创造角色)改变了客户享有权利的知识产权的形式。此外,客户从其享有权利的知识产权中获益的能力主要源于或依赖于主体的持续活动(即,出版连环漫画)。

(b)许可证所授予的权利使客户直接面临主体活动产生的任何正面或负面影响,因为合同要求客户使用最新的角色。

(c)尽管客户可通过许可证授予的权利从这些活动中获益,但此类活动在发生时并不会向客户转让商品或服务。

因此,主体得出结论认为主体转让许可证的承诺符合 IFRS 15：B58 所述的标准,其性质为向客户提供获得整个许可证有效期内存在的主体知识产权的权利。相应地,主体将已承诺的许可证作为在一段时间内履行的履约义务进行会计处理〔即符合 IFRS 15：35(a)(请参见 **9.2.1**)所述的标准〕。

主体应用 IFRS 15：39–45(请参见 **9.3.1**)以识别最能反映其针对许可证的履约的方法。由于合同规定客户在一段固定期间内可无限制地使用授予许可证的角色,因此主体确定基于时间的计量方法是计量履约义务的履约进度的最适当方法。

示例 11.3.3C

知识产权〔音乐唱片〕的使用权

〔IFRS 15：IE303 – IE306,示例 59〕

主体为一家音乐唱片公司,其向客户授予针对一张 1975 年录制的某一著名管弦乐团所演奏的古典交响乐的唱片的许可证。该客户是一家消费品公司，其拥有在两年内在 A 国所有商业渠道（包括电视、广播和网络广告）使用该交响乐唱片的权利。主体因提供许可证而每月收取 CU10,000 的固定对价。这份合同并未包含主体提供的其他商品或服务。该合同不可撤销。

主体根据 IFRS 15：27（请参见 **6.2.1**）评估承诺向客户提供的商品和服务，以确定哪些商品和服务可明确区分。主体得出结论认为其唯一的履约义务是授予许可证。主体确定许可证的有效期（2 年）、其地域范围（客户仅在 A 国使用唱片的权利）以及界定的允许对唱片进行的使用（在商业渠道）均为合同中承诺的许可证的属性。

根据 IFRS 15：B58（请参见 **11.2.2**），主体评估其授予许可证的承诺的性质。主体并没有改变授予许可证的唱片的任何合同义务或隐含义务。授予许可证的唱片具有重大单独功能（即，被播放的能力），因此，客户从唱片获益的能力并非主要源于主体的持续活动。因此，主体确定合同并未要求（且客户并未合理预期）主体实施对授予许可证的唱片产生重大影响的活动［即，未满足 IFRS 15：B58（a）的标准］。据此，主体得出结论认为，其转让许可证的承诺的性质为向客户提供存在于授予时点的主体知识产权的使用权。因此，授予许可证的承诺是在某一时点履行的履约义务。主体在客户能够主导授予许可证的知识产权的使用及获得其几乎所有剩余利益的时点确认全部收入。

鉴于主体履约（于期初）与客户在两年内每月付款（这些款项不可撤销）之间间隔的时长，主体考虑 IFRS 15：60－65（请参见 **7.4**）的要求以确定是否存在重大融资成分。

示例 11.3.3D

以销售为基础的知识产权许可证使用费［电影发行公司］

［IFRS 15：IE307 和 IE308，示例 60］

主体为一家电影发行公司，向客户授予电影 XYZ 的许可证。客户为电影院运营商，获得了在 6 周内在其电影院播放该电影的权利。此外，主体同意（1）在 6 周放映期开始之前向客户提供电影拍摄纪念品以在客户影院展示；以及（2）在整个 6 周放映期内对在客户所处地区受欢迎电台播放电影 XYZ

的广告提供赞助。因提供许可证及额外的促销商品和服务,主体将向运营商收取电影 XYZ 的部分电影票销售额(即,基于销售的特许使用费形式的可变对价)。

主体得出结论认为,播放电影 XYZ 的许可证是与基于销售的特许使用费相关的主要项目,因为主体可合理预期客户认为知识产权许可证的价值远超过特许使用费所涉及的其他商品或服务的价值。主体完全按照 IFRS 15:B63 确认基于销售的特许使用费收入(主体按照合同有权取得的唯一对价)。如果许可证、纪念品及广告活动是单独的履约义务,则主体应将基于销售的特许使用费分摊至每一项履约义务。

示例 11.3.3E

获得知识产权[运动队队徽]的权利

[IFRS 15:IE309 – IE313,示例 61]

主体为一支知名运动队,就其名称和队徽向客户授予许可证。客户为一家服装设计公司,有权在 1 年内在包括 T 恤、帽子、杯子和毛巾项目上使用该运动队的名称和队徽。因提供许可证,主体将收取固定对价 CU2,000,000 以及按使用队名和队徽的项目的售价的 5% 收取的特许使用费。客户预期主体将继续参加比赛并保持队伍的竞争力。

主体根据 IFRS 15:27(请参见 **6.2.1**)评估承诺向客户提供的商品和服务,以确定哪些商品和服务可明确区分。主体得出结论认为,其唯一的履约义务是转让许可证。与许可证相关的额外活动(即,继续参加比赛并保持队伍的竞争力)并不直接向客户转让商品或服务,因为这些活动是主体授予许可证的承诺的一部分。

主体根据 IFRS 15:B58(请参见 **11.2.2**)评估其转让许可证的承诺的性质。在评估有关标准时,主体考虑了以下各项:

(a)主体得出结论认为,客户会合理预期主体将实施对客户享有相关权利的知识产权(即,队名和队徽)产生重大影响的活动。该结论以主体实施支持并维护队名和队徽价值的活动(例如,继续比赛并保持队伍的竞争力)的商业惯例为基础。主体确定,客户从队名和队徽中获益的能力主要源于或依赖于主体的预期活动。此外,主体观察到由于其部分对价取决于客户是否成功(通过基于销售的特许使用费),因此主体与客户之间存在的共享经济利益表明客户将预期主体会实施这些活动以实现收益最大化。

（b）主体观察到许可证授予的权利（队名和队徽的使用）使客户直接面临主体的这些活动产生的任何正面或负面影响。

（c）主体同时观察到，尽管客户可能通过许可证授予的权利从这些活动中获益，但这些活动在发生时并不向客户转让商品或服务。

主体得出结论认为，主体授予许可证的承诺符合 IFRS 15：B58 所述的标准，且其性质为向客户提供获得存在于整个许可证有效期内的主体知识产权的权利。相应地，主体将已承诺的许可证作为在一段时间内履行的履约义务进行会计处理［即，符合 IFRS 15：35（a）（请参见 **9.2.1**）所述的标准］。

主体因此应用 IFRS 15：39-45（请参见 **9.3.1**）以识别反映履约进度的计量方法。采用基于销售的特许使用费形式的对价适用 IFRS 15：B63，因为基于销售的特许使用费仅与作为合同中唯一履约义务的许可证相关。主体得出结论认为，主体在一段时间内按比例将固定对价 CU2,000,000 确认为收入并在客户使用队名或队徽的项目销售发生时（及发生过程中）将特许使用费确认为收入能够合理反映主体许可证履约义务的履约进度。

11.3.4　基于销售的特许使用费的确认——报告期末之后从被授予方获得的信息

> **示例 11.3.4**
> **基于销售的特许使用费的确认——报告期末之后从被授予方获得的信息**
>
> A 主体与 B 主体订立一项软件许可证，该许可证允许将软件纳入 B 主体向第三方销售的电脑。根据许可证条款，A 主体基于已出售的包含许可证涵盖之软件的电脑数量收取特许使用费。
>
> 在向 B 主体交付软件时，A 主体已履行了基于销售的特许使用费所分摊到的履约义务。此后，A 主体在每季度结束一段时间之后取得该季度的销售数据，用以计算依照许可证应付的特许使用费。

《国际财务报告准则第15号——客户合同收入》应用指引

> A 主体是否应就 B 主体至报告期末的电脑销售确认收入（特许使用费付款额），即使其在该报告期末尚未取得相关的销售数据？
>
> 是。在相关的履约义务已得到履行的前提下（如本例所述的情况），IFRS 15：B63 要求在许可证被授予方发生了后续销售或使用时确认因知识产权许可证而取得的基于销售的特许使用费。推迟至取得销售信息之后才进行确认是不恰当的。
>
> 在上述情况下，应当基于在 A 主体财务报表批准报出前取得的销售数据（获得此类数据构成《国际会计准则第 10 号——报告期后事项》所述的调整事项），就截至 A 主体报告期末 B 主体已发生的销售确认特许使用费。必要时，A 主体应估计此类数据未涵盖的任何期间内的销售数量。主体仅因为相关销售数据在报告期末后才取得或在财务报表批准报出时尚未取得而不在财务报表内确认基于销售的特许使用费是不恰当的。

11.3.5　知识产权许可证在达到基于销售或使用的里程碑时应收的固定特许使用费付款额

> 在许多行业，与知识产权许可证相关的合同通常包括与里程碑挂钩的付款条款（"里程碑付款额"）。此类里程碑付款额的结构往往设定为一旦实现销售目标（即，指定的销售水平），即有权获得或必须支付合同指定的金额（例如，若许可证被授予方的累计销售额超过 CU1 亿，则须支付 CU1 千万的里程碑付款额）。
>
> 与此类里程碑付款额相关的收入，应按照 IFRS 15：B63（请参见 **11.3.1**）所述的涉及基于销售或使用的特许使用费例外处理的规定，在基于销售或使用的里程碑实现时确认（或者若相关的履约义务尚未履行，则在之后确认）。该项要求适用于参照基于销售或使用的门槛所设定的里程碑付款额（即使拟支付的里程碑付款额为固定金额）。
>
> 然而，该例外处理不应适用于与任何其他事件或指标（如，监管机构的批准或者进入下一个测试阶段）的发生相关的里程碑付款额。
>
> IFRS 15：BC415 指出，"IASB 和 FASB 认为，对于其对价是以客户的后续销售或使用为基础的知识产权许可证，主体在不确定性消除（即当客户发生后

续销售或使用）之前不应就可变金额确认任何收入"。该段说明了 IASB 和 FASB 的意图是该例外处理仅应适用于（1）与知识产权许可证相关的，及（2）基于客户的后续销售或使用的对价。

11.3.6　就"使用知识产权的权利"许可证应付的基于销售或使用的特许使用费最低金额

根据 IFRS 15：B56（b）确定为属于"使用知识产权的权利"的许可证（从而其控制在某一时点转移——请参见 **11.2.1**）可能包括就知识产权的任何销售或使用收取的基于销售或使用的特许使用费，并附有设定对价金额下限的最低保证金额。

如果此类"使用知识产权的权利"许可证的交易价格包括最低保证金额，主体应在对许可证的控制转移给客户的时点将保证支付的最低金额确认为收入。这是因为最低保证金额不会因相关知识产权的未来销售或使用情况而变化，因此，无须应用 IFRS 15：B63（请参见 **11.3.1**）所述的确认限制。超出最低保证金额的任何特许使用费应按照 IFRS 15：B63 的要求，在发生与知识产权相关的后续销售或使用时予以确认。

FASB 的收入确认过渡资源小组曾基于 FASB《会计准则汇编》（ASC）主题 606（与 IFRS 15 相对应的 US GAAP）讨论了上述问题。

示例 11.3.6
就"使用知识产权的权利"许可证应付的特许使用费最低金额

X 主体与客户订立一项合同，向客户提供播放某长篇电视连续剧全部现有剧集的许可证。X 主体确定授予客户的许可证代表 IFRS 15：B56（b）所述的"使用知识产权的权利"许可证。

交易价格如下：

● 客户在每次播放该电视连续剧的某一剧集时须支付 CU1,000（代表 IFRS 15：B63 所述的基于使用的特许使用费）；以及

● 在 5 年合同期内每年保证支付不低于 CU500,000 的价款。

为简便起见，本例忽略融资的潜在影响。在对许可证的控制转移给客户及许可证期限开始时，X 主体应针对该合同确认 CU2,500,000 的最低保证金额总

额（CU500,000×5）。X 主体随后应在每年达到最低保证金额之后客户每次播放该电视连续剧的某一剧集时（即，在 5 年合同期内，每年在已播放 500 个剧集之后每次播放某一剧集时）进一步确认 CU1,000。

11.3.7　就"获得知识产权的权利"许可证应付的基于销售或使用的特许使用费最低金额

根据 IFRS 15：B56（a）确定为属于"获得知识产权的权利"的许可证（从而控制在一段时间内转移——请参见 **11.2.1**）可能包括就知识产权的任何销售或使用情况收取的基于销售或使用的特许使用费，并附有设定对价金额下限的最低保证金额。

如果此类"获得知识产权的权利"许可证的交易价格包括最低保证金额，主体应当确定一个能够适当反映履约进度的方法。取决于具体事实和情况，在根据 IFRS 15 就此类安排确认收入时，下列方法可能是可以接受的：

• 主体根据 IFRS 15：39（请参见 **9.3.1.1**）在销售或使用发生时确认收入。仅当基于销售或使用的特许使用费估计值预计将超过最低保证金额时，该方法才适用。有关该方法的具体说明请参见**示例 11.3.7A**。

• 主体估计交易价格（即，固定对价加上许可证存续期内预计将赚取的额外特许使用费），并根据 IFRS 15：39 通过采用计量履约进度的适当方法（如，时间的推移）在一段时间内确认收入。根据该方法，在最低保证金额确认为收入之后，所确认的累计收入仅应以所取得的累计特许使用费为限。如同上述第一种方法一样，仅当基于销售或使用的特许使用费估计值预计将超过最低保证金额时，该方法才适用。在该方法下，主体需要定期复核总对价（固定对价及可变对价）的估计值，并相应更新其履约进度计量值。有关该方法的具体说明请参见**示例 11.3.7B**。

• 主体根据 IFRS 15：39，通过在许可证存续期内适当计量履约进度在一段时间内确认最低保证金额。对于超过最低保证金额的增量特许使用费，将在发生与这些增量特许使用费相关的后续销售或使用时予以确认。有关该方法的具体说明请参见**示例 11.3.7C**。

取决于具体事实和情况,其他方法也可能是可以接受的。

此外,主体应考虑提供适当披露以协助财务报表使用者了解所应用的具体方法。此类披露的例子包括主体为确认源自"获得知识产权的权利"许可证的收入,在选择计量履约进度的方法时所运用的关键判断。

FASB 的收入确认过渡资源小组曾基于 FASB《会计准则汇编》(ASC)主题 606(与 IFRS 15 相对应的 US GAAP)讨论了上述问题。

示例 11.3.7A
就"获得知识产权的权利"许可证应付的特许使用费最低金额——方法 1

X 主体与客户订立一项 5 年期合同以授予该客户一个商标的许可证,并确定该商标许可证代表"获得知识产权的权利"许可证,因而应当在一段时间内确认收入。合同规定客户须按与该商标相关的客户总销售额的 5% 支付基于销售的特许使用费。合同同时保证 X 主体将在整个 5 年合同期内取得不低于 CU5,000,000 的特许使用费。

X 主体对与该商标相关的客户总销售额以及合同期内每年相关的特许使用费估计如下。

年份	总销售额估计值 CU'000	相关的特许使用费 (总销售额估计值的5%) CU'000
1	15,000	750
2	30,000	1,500
3	40,000	2,000
4	20,000	1,000
5	60,000	3,000
特许使用费估计值合计		8,250

因此,X 主体预计在合同期内取得的特许使用费总额(CU8,250,000)将超过固定的最低保证金额(CU5,000,000)。

X主体在发生相关销售时确认收入。X主体确定采用基于相关销售的产出法是计量履约进度的适当方法,因为每年应收(及发票所列的)特许使用费与迄今为止主体已完成的履约行为对于客户的价值直接相对应(请参见**9.3.3.2**)。鉴于预计取得的特许使用费超过最低保证金额CU5,000,000,该保证不会影响按照所选择的计量履约进度方法进行的收入确认。

X主体同时确定,所选择的计量履约进度的方法符合IFRS 15:B63规定的针对基于销售或使用的特许使用费的确认限制,因为直至相关销售发生时才确认收入。

因此,X主体在5年合同期内确认的收入如下:

年份	所取得的特许使用费 CU'000	所取得的累计特许使用费 CU'000	按照IFRS 15每年确认的收入 CU'000	按照IFRS 15确认的累计收入 CU'000
1	750	750	750	750
2	1,500	2,250	1,500	2,250
3	2,000	4,250	2,000	4,250
4	1,000	5,250	1,000	5,250
5	3,000	8,250	3,000	8,250
合计	8,250		8,250	

示例11.3.7B
就"获得知识产权的权利"许可证应付的特许使用费最低金额——方法2

有关事实与**示例11.3.7A**相同。

X主体使用总交易价格的估计值CU8,250,000(包括固定对价CU5,000,000和可变对价CU3,250,000),并通过以时间的推移作为基础来计量合同履约进度在5年合同期内确认收入。在该方法下,在CU5,000,000的最低保证金额确认为收入之后,所确认的累计收入不得超过所取得的累计特许使用费。

因此,X主体在5年合同期内确认的收入如下:

年份	所取得的 特许使用费 CU' 000	所取得的累计 特许使用费 CU' 000	按照 IFRS 15 每年 确认的收入 CU' 000	按照 IFRS 15 确认 的累计收入 CU' 000
1	750	750	1,650	1,650
2	1,500	2,250	1,650	3,300
3	2,000	4,250	1,650	4,950
4	1,000	5,250	300	5,250
5	3,000	8,250	3,000	8,250
合计	8,250		8,250	

在第 1 至第 3 年，基于在 5 年合同期内按直线法确认总交易价格的估计值 CU8,250,000，每年确认的收入为 CU1,650,000（即，CU8,250,000÷5 年）。在第 3 年年末，尽管所取得的累计特许使用费仅为 CU4,250,000，但 X 主体有权确认 CU4,950,000 的累计收入，因为累计金额并未超过 CU5,000,000 的固定对价。

在第 4 年，X 主体仅有权确认 CU300,000 的收入，因为所确认的累计收入须以 CU5,250,000（即，在第 4 年年末取得的特许使用费总额）为限。这是由于在 CU5,000,000 的最低保证金额已确认为收入之后，所取得的剩余对价是可变的，应适用 IFRS 15：B63 所述的限制，直至发生后续销售时才予确认。

示例 11.3.7C
就"获得知识产权的权利"许可证应付的特许使用费最低金额——方法 3

有关事实与**示例** 11.3.7A 相同。

X 主体确定，根据 IFRS 15：B63 所述的确认限制，直至所取得的累计特许使用费超过最低保证金额 CU5,000,000（即，合同规定的固定对价）之前，不得确认任何可变对价金额（即，估计的 CU3,250,000）。因此，X 主体采用基于时间推移的方法来计量涉及固定对价 CU5,000,000 的履约进度（即，每年确认 CU1,000,000），直至所取得的累计特许使用费超过 CU5,000,000。X 主体认为该许可证代表在 5 年期间内转让的一系列可明确区分的商品或服务（请参见 **6.1.1**），因此，一旦累计特许使用费已超过 CU5,000,000，合同规定的可变对价（即，超过最低保证金额的特许使用费）应分摊至与其相关的可明确区分的各个期间（请参见 **8.5**）。

因此，X 主体在 5 年合同期内确认的收入如下：

▶▶《国际财务报告准则第 15 号——客户合同收入》应用指引

年份	所取得的 特许使用费 CU' 000	所取得的累计 特许使用费 CU' 000	按照 IFRS 15 每年 确认的收入 CU' 000	按照 IFRS 15 确认 的累计收入 CU' 000
1	750	750	1,000	1,000
2	1,500	2,250	1,000	2,000
3	2,000	4,250	1,000	3,000
4	1,000	5,250	1,250	4,250
5	3,000	8,250	4,000	8,250
合计	8,250		8,250	

在第 1 至第 3 年，X 主体每年仅确认 CU1,000,000（即，合同规定的固定对价 CU5,000,000，在 5 年合同期内按比例平均分摊）。X 主体在第 1 至第 3 年并未确认任何可变对价，因为在第 3 年年末取得的累计特许使用费低于最低保证金额 CU5,000,000。在第 4 年，所取得的累计特许使用费为 CU5,250,000，将 CU250,000（即，CU5,250,000 – CU5,000,000）的可变对价分摊至第 4 年，因为这是客户发生相关销售的期间。在第 5 年，主体确认最低保证金额中的 CU1,000,000 以及 CU3,000,000 的可变对价（即，CU8,250,000 – CU5,250,000）。

第 12 章 合同成本

12.1 合同成本——一般规定

IFRS 15 引入了相关指引，阐述了当与客户合同相关的成本不属于其他准则的范围时应如何进行会计处理，并区分了下列两项成本：
- 取得合同的成本（请参见 **12.2**）；
- 履行合同的成本（请参见 **12.3**）。

> 在考虑如何对合同存在前发生的成本（即，合同订立前成本）进行会计处理时，重要的是应谨记这些成本可能同时包括取得合同的成本和履行合同的成本，而针对该两项成本的要求并不相同。特别是，IFRS 15：95（请参见 **12.3.1**）清楚地表明，在某些情况下将履行尚未订立的合同（即，特定预期合同）发生的成本确认为一项资产可能是恰当的。

12.2 取得合同的成本

12.2.1 取得合同的成本——一般规定

无论是否取得合同均会发生的取得合同的成本应在发生时确认为费用，除非无论是否取得合同此类成本均已明确是可向客户收取的。[IFRS 15：93]

如果主体预计将收回取得客户合同的增量成本，则主体应将这些成本确认为一项资产。[IFRS 15：91] 取得合同的增量成本是主体为取得客户合同而发生的、若未取得合同则不会发生的成本。[IFRS 15：92]

> 因此，无论致力于取得合同的活动是否成功均需支付的已发生成本（如，编制投标书的成本）不可予以资本化——因为其不符合作为 IFRS 15 规定的

《国际财务报告准则第15号——客户合同收入》应用指引

"增量成本"的条件。只有若未取得合同则不会发生的成本(例如,销售佣金)才可能确认为一项资产。

IFRS 15∶91 并未就取得合同的增量成本的确认时点作出具体规定。此类确认的时间可能无法简单直接地确定,特别是在增量成本的支付安排较为复杂的情况下(如,所支付的销售佣金可能取决于未来事件、须考虑回扣、或基于能否达成累计目标等)。

确认取得合同的增量成本(在这些成本预计可收回的情况下根据 IFRS 15∶91 确认为资产;或者确认为费用)的时间,应按照规范涉及成本的负债应何时确认及该负债应如何计量的其他国际财务报告准则(如,《国际会计准则第37号——准备、或有负债和或有资产》《国际会计准则第19号——雇员福利》(请参见 12.2.2)或《国际财务报告准则第2号——以股份为基础的支付》)来确定。

在负债按照相关准则予以确认的同一时点,应当应用 IFRS 15∶91 来确定这些已确认的成本是应作为一项资产予以资本化,还是应当立即确认为费用。

[TRG 议题]

如果因增量成本形成的资产的摊销期(请参见 12.4.1)为一年或更短期间,IFRS 15 提供了一个便于实务操作的方法,规定该成本可在发生时确认为费用。[IFRS 15∶94]

如果摊销期为一年以上,则主体不应采用该便于实务操作的方法。

示例 12.2.1

取得合同的增量成本

[IFRS 15∶IE189 – IE191,示例 36]

一家作为咨询服务提供商的主体赢取了向一新客户提供咨询服务的竞标。主体为取得合同发生了下列成本:

	CU
与尽职调查相关的外部法律费用	15,000
提交建议书的差旅费用	25,000
向销售员工支付的佣金	10,000
已发生的成本合计	50,000

> 根据 IFRS 15:91，主体将向销售员工支付佣金而形成的取得合同的增量成本 CU10,000 确认为一项资产，因为主体预期将可通过未来的咨询服务费收回该成本。主体还基于年度销售目标、主体的整体盈利情况及个人业绩评估结果向销售主管酌情支付年度奖金。根据 IFRS 15:91，主体未将向销售主管支付的奖金确认为一项资产，因为这些奖金并非取得合同的增量成本。奖金金额是酌情确定的且取决于其他因素（包括主体的盈利情况和个人业绩）。奖金并非可直接归属于可辨认的合同。
>
> 主体认为，无论是否取得合同，外部法律费用和差旅费用均将发生。因此，根据 IFRS 15:93，这些成本在发生时确认为费用，除非其属于其他准则的范围（在这种情况下，适用其他准则的相关规定）。

12.2.2 雇员福利的资本化

> 参与设定提存离职后雇员福利计划的主体支付的提存金可能基于向销售代表支付的薪金（包括销售佣金）的百分比而确定。如果销售佣金被确定为符合 IFRS 15:92 所述的取得客户合同的增量成本的定义因而根据 IFRS 15:91（请参见 **12.2.1**）予以资本化，则因销售佣金而直接产生的设定提存计划的增量付款额（及其他雇员福利）也符合作为取得合同的增量成本的条件。然而，取得客户合同的增量成本并不包括与无论是否取得客户合同均会发生的成本直接相关的雇员福利（如，与取得客户合同无关的、基于雇员固定薪金百分比计算的雇员福利）。
>
> TRG 曾探讨上述问题，并且 FASB 的收入确认过渡资源小组随后也曾基于 FASB《会计准则汇编》（ASC）主题 606（与 IFRS 15 相对应的 USGAAP）讨论过该问题。
>
> [TRG 议题]

12.3 履行合同的成本

12.3.1 履行合同的成本——一般规定

如果已发生的履行客户合同的成本不属于其他准则（例如，《国际会计准则第 2 号——存货》（IAS2）《国际会计准则第 16 号——不动产、厂场和设备》（IAS16）及《国际会计准则第 38 号——无形资产》（IAS38））的范围，因履行合同而发生的成本在符合下列所有标准的情况下，应当确认为一项资产：

［IFRS 15：95］

（a）该成本与一项合同或主体能够明确识别的预期合同直接相关（例如，与现有合同续约后将提供的服务相关的成本，或者尚未获得批准的特定合同下拟转让资产的设计成本）；

（b）该成本产生或改良了主体将在未来用于履行（或持续履行）履约义务的资源；以及

（c）该成本预计可收回。

对于已发生的属于其他准则范围的履行客户合同的成本，应当按照其他准则对其进行会计处理。［IFRS 15：96］

> 因此，如果某项成本属于其他准则的范围且该项准则要求将该成本确认为费用，则认为该成本应当按照 IFRS 15 予以资本化是不恰当的。

与合同（或特定预期合同）直接相关的成本包括以下任一项：

［IFRS 15：97］

（a）直接人工（例如，直接向客户提供已承诺服务的员工的工资和薪金）；

（b）直接材料（例如，向客户提供已承诺服务时使用的物料）；

（c）与合同或合同活动直接相关的成本的分摊。此类成本可能包括诸如下列各项：

• 合同管理和监督成本；以及

• 履行合同时使用的工具、设备及使用权资产［对于已采用 IFRS 16（对自 2019 年 1 月 1 日或以后日期开始的年度期间生效，允许提前采用）的主体］的保险和折旧；

（d）合同明确规定可向客户收取的成本；以及

（e）仅因主体订立合同而发生的其他成本（例如，向分包商支付的款项）。

主体应在下列成本发生时将其确认为费用：

［IFRS 15：98］

（a）一般管理费用［除非如 IFRS 15：97（d）所述，合同明确规定该成本可向客户收取］；

（b）为履行合同而发生的并未反映在合同价款中的浪费的材料、人工或其他资源的成本；

（c）与已经履行（或部分履行）的合同中的履约义务相关的成本（即，与过往履约相关的成本）；以及

（d）主体无法区分其是与未履行的履约义务相关还是与已履行（或部分履行）的履约义务相关的成本。

示例 12.3.1

形成一项资产的成本

[IFRS 15：IE192 – IE196，示例 37]

主体订立了一项为期 5 年的管理客户信息技术数据中心的服务合同。合同可随后每次续约 1 年。客户的平均服务期限为 7 年。主体在客户签署合同时向员工支付 CU10,000 的销售佣金。在提供服务之前，主体设计和构建了一个供主体内部使用的与客户系统相连接的技术平台。这一平台并不会转让给客户，但将用于向客户交付服务。

取得合同的增量成本

根据 IFRS 15：91，主体将取得合同的增量成本（即，销售佣金）CU10,000 确认为一项资产，因为主体预期将通过未来提供服务收取的费用收回这一成本。主体根据 IFRS 15：99 将该资产在 7 年内摊销，因为该资产涉及 5 年合同期内向客户转让的服务，且主体预期该合同随后将续约两次（每次续约 1 年）。

履行合同的成本

构建技术平台发生的初始成本如下：

	CU
设计服务	40,000
硬件	120,000
软件	9,000
数据中心的迁移和测试	100,000
成本合计	350,000

初始准备活动成本主要涉及履行合同但不向客户转让商品或服务的活动。主体对初始准备活动的成本的会计处理如下：

（a）硬件成本——按照《国际会计准则第 16 号——不动产、厂场和设备》进行会计处理。

（b）软件成本——按照《国际会计准则第 38 号——无形资产》进行会计处理。

（c）数据中心的设计、迁移和测试成本——根据 IFRS 15∶95 进行评估，以确定可否将履行合同的成本确认为一项资产。所确认的资产将在主体预期提供与数据中心相关服务的 7 年期间内（即 5 年合同期加上预期续约两次，每次 1 年）以系统化的方式进行摊销。

除构建技术平台的初始成本外，主体还委派 2 名员工主要负责向该客户提供服务。尽管这 2 名员工的成本在向客户提供服务时发生，主体得出结论认为这一项成本不产生或改良主体的资源［参见 IFRS 15∶95（b）］。因此，这一项成本不符合 IFRS 15∶95 的条件，故应用 IFRS 15 不可将其确认为一项资产。根据 IFRS 15∶98，主体应在这 2 名员工的工资费用发生时确认相应的工资费用。

12.3.2 当合同在一段时间内履行时确认为资产的成本

示例 12.3.2
当合同在一段时间内履行时确认为资产的成本

X 主体订立的合同包含在一段时间内履行的单一履约义务。交易价格为 CU1,250，且履行合同的预计成本为 CU1,000，从而预计整体毛利率为 20%。X 主体确定采用产出法来计量履约进度是恰当的。

在报告日，X 主体已发生的累计合同履行成本为 CU360（全部与迄今为止已完成的履约部分相关）。通过采用产出法来计量履约进度，X 主体确定与迄今为止已履约部分相关的收入为 CU405，从而与迄今为止已实施的工作相关的毛利率约为 11.1%。履行合同的预计总成本仍为 CU1,000。

尽管合同包含单一履约义务且合同预计的毛利率为 20%，但 X 主体不能确认一项资产/递延确认 CU36 的成本以将与迄今为止已实施的工作相关的毛利率调整为20%。IFRS 15：98明确规定为履行合同所发生的特定成本必须在其发生时确认为费用，其中包括"与已经履行（或部分履行）的合同中的履约义务相关的成本（即，与过往履约相关的成本）"（请参见 **12.3.1**）。因此，由于 X 主体已发生的成本 CU360 全部是与迄今为止已完成的履约部分相关的，因此均应当确认为费用。

如 IFRS 15：39 所述，为就在一段时间内履行的履约义务确认收入所采用的计量履约进度的方法应旨在反映已向客户转移对商品或服务的控制的履约情况（请参见 **9.3.1.1**）。就过往履约的成本确认一项资产（如，在产品）与对商品或服务的控制在一段时间内（即，随着履约的发生）转移给客户的概念不符。

在已发生的成本是与未来履约相关（如，尚未用于相关合同且仍由卖方控制的存货及其他资产）的情况下，如果这些成本符合相关准则（如，IAS 2、IAS 16 及 IAS38）所规定的条件，或者若不属于其他准则的范围，如果其符合 IFRS 15：95 所述的全部标准，则应确认为资产。

同时应注意的是，如果 X 主体决定采用成本来计量履约进度是恰当的，其将确定已完成了 36% 的履约义务（CU360÷CU1,000）。据此，X 主体将确认 CU450 的收入（36%×CU1,250），从而反映 20% 的毛利率。

12.3.3 预期产生未来可盈利销售的初始亏本销售

> **示例 12.3.3**
> **预期产生未来可盈利销售的初始亏本销售**
>
> E 主体的业务模式包括销售设备以及维护该设备所需的零部件。客户有可能从其他供应商获得相关零部件，但鉴于 E 主体客户经营所处的监管环境，几乎在所有情况下客户均会选择向 E 主体（原始设备制造商）购买这些零部件。这些零部件是确保设备在预期经济寿命内正常运作所必需的。
>
> 根据其业务模式，在 E 主体认为其将可能从零部件销售中确保获得盈利时，会按大幅折扣价（低于设备的制造成本）销售设备。初始合同仅涵盖设备；其并未赋予 E 主体要求客户随后必须向其购买零部件的合同权利（请参见 **6.1.3**）。然而，根据 E 主体的经验，在所有情况下客户随后均向其购买了零部件，且零部件销售所产生的盈利足以充分弥补针对设备销售所提供的折扣。

设备成本为 CU200 且通常按能够产生盈利的价格出售。然而，若 E 主体预计随后将发生零部件销售，则设备将按 CU150 的折扣价出售。

如果设备是按 CU150 的价格出售，E 主体不得递延确认 CU200 的成本中的某个要素以反映其预期该项销售在未来将产生进一步可盈利销售。IFRS 15：95－96 规定，如果履行合同的成本属于其他准则的范围，应当按照其他准则对这些成本进行会计处理（请参见 12.3.1）。在上述情况下，CU200 的成本属于 IAS 2 的范围，因此应当根据 IAS 2：34 在设备出售时确认为费用。IFRS 15：98（c）对此作出进一步澄清，并明确规定"与已经履行（或部分履行）的合同中的履约义务相关的成本（即，与过往履约相关的成本）"应在发生时确认为费用。

尽管 E 主体预计客户购买额外的零部件将产生未来的利润，但这些额外的购买取决于客户的自行选择且并不属于销售设备合同的一部分。E 主体已履行交付设备的义务，因此必须确认 CU150 的收入并全额确认 CU200 的成本。

因此，设备的初始销售产生 CU50 的亏损。

12.4 合同成本的摊销和减值

12.4.1 资本化的合同成本的摊销

针对取得合同或履行合同的成本所确认的资产应当按照与该资产的相关商品或服务向客户的转让相一致的系统化基础进行摊销。此类资产可能与特定预期合同［如 IFRS 15：95（a）所述——请参见 12.3.1］下拟转让的商品或服务有关。［IFRS 15：99］

12.4.2 资本化的合同成本的摊销方法

IFRS 15 并未就主体应采用的对此类资产进行摊销的方法提供特定指引。将资本化的成本按照"系统化基础"摊销应当考虑与该资产相关的商品和服务转让的预计时间（这通常与收入在财务报表内确认的期间和模式相对应）。相关收入的确认模式可能是在前期确认较多收入，或在后期确认较多收入，或呈现出季节性周期规律,而成本也应当按相应的基础进行摊销。

为确定转让模式,主体可能需要分析每一项安排的特定条款。在确定适当的摊销方法时,主体应考虑所有相关的因素,包括:

- 主体有关转让模式的经验及其作出合理估计的能力;以及
- 商品或服务的控制向客户转移的时间。

在某些情况下,如果所形成的摊销基础合理近似于商品和服务转让的预计期间和模式,可能可接受的摊销方法不止一种。然而,如果预计某一摊销方法无法反映商品和服务转让的期间和模式,则该方法是不可接受的。主体所选择的方法应当一致地应用于类似的合同。如果并无证据表明能够预计某一特定的转让模式,直线法摊销可能是恰当的。

如果合同商品或服务的转让模式在各个期间存在显著差异,使用与转让模式变化更趋于一致的摊销模型可能是恰当的。例如,摊销额可按在各期间内转让的商品或服务占拟转让的商品或服务总额的比例分摊至每一期间。如果成本是与在某一时点转让的商品或服务相关,则摊销的成本应当在同一时点确认。

如果主体的客户被授予购买未来商品或服务的重大权利,并且与该重大权利相关的收入被递延,主体应考虑将按照 IFRS 15:91 或 IFRS 15:95 予以资本化的部分成本分摊至该项权利是否恰当。

主体应当对摊销作出更新以反映主体向客户转让与该资产相关的商品或服务的预计时间的重大变动。此类变动应根据 IAS 8 作为会计估计变更处理。[IFRS 15:100]

12.4.3 资本化的合同成本的摊销期

如**示例 12.3.1**所示,对于可选的续约期,如果主体预计将继续在这些期间内提供服务,则资本化的合同成本的摊销期应当包括这些期间。

例如,主体与客户订立一项服务合同,并发生取得合同的增量成本及履行合同的成本。这些成本分别根据 IFRS 15:91 和 IFRS 15:95 资本化为资产。初始合同期为 5 年,但随后可每次续约 1 年,但合同最长期限不超过 10 年。主体订立的类似合同的平均合同期为 7 年。最适当的摊销期可能是 7 年(即,初始 5 年的合同期,加上预期两次续约 1 年的期间),因为这是与资本化的成本相关的、主体预计将依照合同提供服务的年限。

12.4.4 合同成本的减值

如果针对取得合同或履行合同的成本所确认的资产账面金额超过下述金额，则应当在损益中确认一项减值损失：

[IFRS 15：101]

（a）主体因交付与该资产相关的商品或服务而预计收取的剩余对价金额；减去

（b）与提供此类商品或服务直接相关（请参见 12.3.1）且未确认为费用的成本。

> 就 IFRS 15：101（a）而言，如果合同成本资产中部分是与预计将在合同延期或续约期间内转让的商品和服务相关，主体应当考虑预期的合同延期或续约所产生的经济利益（估计的未来现金流量）。例如，主体与客户订立一项服务合同，并发生取得合同的增量成本及履行合同的成本。这些成本分别根据 IFRS 15：91 和 IFRS 15：95 资本化为资产。初始合同期为 5 年，但随后可续约 1 年，合同最长期限不超过 10 年。主体订立的类似合同的平均合同期为 7 年。"剩余对价金额"应当基于预期的 7 年合同期进行考虑（即，与摊销期相一致，请参见 12.4.3）。
>
> 尽管该方法可能导致主体考虑因不确定性过大而无法纳入收入确认的现金流量，但这样做并非不恰当，因为在这种情况下计量和确认减值的目标（即，确定资产是否可收回）不同于收入的计量目标。[IFRS 15：BC310]
>
> [TRG 议题]

在应用 IFRS 15：101 确定主体预计收取的对价金额时，应当考虑确定交易价格的原则（关于可变对价估计限制的要求除外——请参见 7.2.8），并调整该金额以反映客户信用风险的影响。[IFRS 15：102]

在针对就取得合同或履行合同的成本所确认的资产确认一项减值损失之前，主体应当首先确认根据其他准则（例如，IAS 2，IAS 16 及 IAS38）确认的合同相关资产的减值损失。在应用 IFRS 15：101 所述的减值测试后，主体应当将由此得出的针对取得合同或履行合同的成本所确认的资产的新的账面金额纳入其所属的现金产出单元的账面金额，以便对该现金产出单元应用《国际会计准则第 36 号——资产减值》。[IFRS 15：103]

如果导致发生减值的状况不再存在或已得到改善,应将之前根据 IFRS 15∶101 确认的部分或全部减值损失予以转回并计入损益。资产账面金额的增加额不应超过之前若未确认减值损失的话本应确认的(扣除摊销后的)金额。[IFRS 15∶104]

第 13 章　合同资产和合同负债的列报

13.1　合同资产和合同负债的列报——一般规定

如果合同其中一方已履约，主体应当视主体履约与客户付款之间的关系在财务状况表中将该合同作为合同资产或合同负债列报。获得对价的无条件权利应当作为应收款单独列报。[IFRS 15∶105]

如果客户支付了对价或主体获得对价金额的权利是无条件的（即，是一项应收款），在向客户转让商品或服务之前将产生一项合同负债。该项负债应当在对方付款或付款到期时（以两者中的较早者为准）确认。合同负债是指主体就其已向客户收取的对价（或应收对价金额）而向客户转让商品或服务的义务。[IFRS 15∶106]

如果主体在客户支付对价或付款到期前已通过向客户转让商品或服务而履约，则产生一项合同资产。该资产的余额不包括作为应收款列报的任何金额。合同资产是指主体因向客户转让商品或服务而获得对价的权利。该项资产应当根据 IFRS 9（或者 IAS 39，对于尚未采用 IFRS 9 的主体而言）进行减值评估，且如相关，合同资产的减值应当采用与属于 IFRS 9（或 IAS 39）范围的金融资产相同的基础进行计量、列报和披露（同时请参见 **14.2**）。[IFRS 15∶107]

应收款是主体获得对价的无条件权利（即，在对价到期支付前仅需等待时间的流逝）。例如，如果主体拥有获得付款的当前权利，即使该金额在未来可能会返还，仍应当确认一项应收款。应当根据 IFRS 9（或 IAS 39）对应收款进行会计处理。在对应收款进行初始确认时，根据 IFRS 9（或 IAS 39）计量的应收款金额与已确认的相应收入金额之间的差额应作为费用（例如，减值损失）列报。[IFRS 15∶108]

IFRS 15 使用术语"合同资产"及"合同负债"，但并不禁止主体在财务状况表中对这些项目使用其他描述。如果主体对合同资产使用其他描述，主体应当向财务报表使用者提供区分应收款与合同资产的充分信息。[IFRS 15∶109]

IFRS 15 提供了以下示例以说明应如何相互结合考虑合同资产、合同负债和应收款。

示例 13.1A
合同负债和应收款
[IFRS 15：IE198 – IE200，示例 38]

案例 A——可撤销的合同

20×9 年 1 月 1 日，主体订立了一项于 20×9 年 3 月 31 日向客户转让产品的可撤销合同。合同要求客户在 20×9 年 1 月 31 日预先支付 CU1,000 的对价。客户在 20×9 年 3 月 1 日支付了对价。主体于 20×9 年 3 月 31 日转让了相应的产品。下列会计分录说明了主体如何对该项合同进行会计处理：

a. 主体于 20×9 年 3 月 1 日取得 CU1,000 的现金（在履约前取得现金）：

现金	CU1,000	
合同负债		CU1,000

b. 主体于 20×9 年 3 月 31 日履行履约义务：

合同负债	CU1,000	
收入		CU1,000

案例 B——不可撤销的合同

除合同为不可撤销的合同之外，案例 B 的有关事实与案例 A 相同。下列会计分录说明了主体如何对该项合同进行会计处理：

a. 对价金额应在 20×9 年 1 月 31 日（即，主体确认应收款的时点，因为主体有收取对价的无条件权利）支付：

应收款	CU1,000	
合同负债		CU1,000

b. 主体于 20×9 年 3 月 1 日取得现金：

现金	CU1,000	
应收款		CU1,000

c. 主体于20×9年3月31日履行履约义务：

合同负债	CU1,000	
收入		CU1,000

如果主体于20×9年1月31日（对价应付日）前开具发票，主体不应在财务状况表内以总额为基础列报应收款和合同负债，因为主体尚无收取对价的无条件权利。

示例13.1B

就主体履约确认的合同资产

[IFRS 15：IE201 – IE204，示例39]

20×8年1月1日，主体与客户订立一项以CU1,000向客户转让产品A和产品B的合同。合同要求首先交付产品A，并规定针对产品A的交付的付款将取决于产品B的交付。换而言之，仅当主体将产品A及产品B均转让给客户之后，才能收取CU1,000的对价。因此，直至产品A及产品B都被转让给客户之前，主体不具有取得对价的无条件权利（一项应收款）。

主体将转让产品A及产品B的承诺识别为履约义务，并基于该两项产品单独售价的相对比例将CU400分摊至转让产品A的履约义务、将CU600分摊至转让产品B的履约义务。主体在对产品的控制转移至客户时针对每一项单独的履约义务确认收入。

主体履行转让产品A的履约义务：

合同资产	CU400	
收入		CU400

主体履行转让产品B的履约义务，同时确认收取对价的无条件权利：

应收款	CU1,000	
合同资产		CU400
收入		CU600

示例 13.1C

就主体履约确认的应收款

[IFRS 15：IE205 – IE208，示例 40]

20×9 年 1 月 1 日，主体与客户订立一项以 CU150/件的价格向客户转让产品的合同。合同规定若客户在一个日历年内购买超过 1 百万件产品，则产品单价将追溯下调为 CU125/件。

对价将在对产品的控制转移给客户时收取。因此，直至有需要对产品单价作出追溯下调（即产品发货超过 1 百万件）之前，主体具有收取对价的无条件权利（即一项应收款）。

在确定交易价格时，主体在合同开始时得出客户将能够达到 1 百万件产品的门槛值的结论，因此估计交易价格为 CU125/件。所以，在首次发货 100 件产品时，主体确认了下列各项：

应收款	CU15,000[a]	
收入		CU12,500[b]
退款负债（合同负债）		CU2,500

(a) CU150/件×100 件产品。
(b) CU125/件的交易价格×100 件产品。

退款负债（参见 IFRS 15：55）代表 CU25/件的退款，为预期提供给客户的数量折扣（即主体有权无条件收取的合同规定价格 CU150 与估计交易价格 CU125 之间的差额）。

13.2　将合同作为单一合同资产或合同负债列报

如果某项合同（或根据 IFRS 15：17 合并作为单一合同进行会计处理的多项合同）包含多于一项履约义务，可能会出现客户已付金额与确认为应收款的未付金额合计数小于针对某项履约义务确认的收入,但大于针对其他履约义务确认的收入的情况。

在这种情况下,主体不应分别(就客户已付金额与确认为应收款的未付金额合计数小于已确认收入的履约义务)列报合同资产并(就客户已付金额与确认为应收款的未付金额合计数大于已确认收入的履约义务)列报合同负债。列报合同资产和负债的适当计量单元为整项合同。因此,针对单一合同同时列报合同资产和合同负债是不恰当的,而是应当列报单一的净金额。

IFRS 15:105 规定,"如果合同其中一方已履约,主体应当视主体履约与客户付款之间的关系在财务状况表中将该合同作为合同资产或合同负债列报。主体应当将获得对价的无条件权利作为应收款单独列报"。

这同样适用于根据 IFRS 15:17 的合并要求将多项合同合并作为单一合同进行会计处理的情况。

IFRS 15:BC317 指出,"IASB 和 FASB 决定,一份合同中的剩余的权利和履约义务应按净额进行会计处理及列报,或者作为合同资产,或者作为合同负债。IASB 和 FASB 指出客户合同中的权利和义务相辅相成……IASB 和 FASB 认为,在财务状况表中按净额对剩余权利和义务进行会计处理及列报最能反映该相辅相成的关系"。

[TRG 议题]

13.3 合同资产和负债与其他资产和负债的抵销

IFRS 15 针对客户合同收入引入了术语"合同资产"及"合同负债",并就财务状况表内此类资产和负债的列报提供了指引(请参见 **14.2.3**)。

主体同时可能会因收入或其他交易而确认与客户相关的其他类型资产和负债。有关例子可能包括根据 IFRS 15:91 予以资本化的取得合同的成本、《国际会计准则第 32 号——金融工具:列报》第 11 段所定义的金融资产和金融负债,以及《国际会计准则第 37 号——准备、或有负债和或有资产》第 10 段所定义的准备。

在实务中,主体可能无法将其他资产和负债与合同资产和负债相抵销。《国际会计准则第 1 号——财务报表列报》第 32 段规定,除非某项国际财务报告准则要求或允许，否则禁止将资产和负债相互抵销。IFRS 15 及任何其他国际财务报告准则对于合同资产和负债均无此类要求或允许。

TRG 讨论了上述问题，并大致同意主体在确定能否将其他资产和负债与合同资产和合同负债相抵销时，应当参照其他国际财务报告准则。

[TRG 议题]

13.4　将合同资产和合同负债作为流动或非流动资产/负债列报

合同资产和合同负债往往应在财务状况表内作为流动资产/负债列报。这是因为它们将在主体正常经营周期中变现或清偿［请参见 IAS 1∶66（a）（关于流动资产）及 IAS 1∶69（a）（关于流动负债）］。

在其他情况下，与客户订立的合同可能被确定为超出主体的正常经营周期。在这种情况下，应通过分别应用 IAS 1∶66 和 IAS 1∶69 中的指引，就合同资产和合同负债的流动要素与非流动要素进行分析。

当主体的正常经营周期并非清晰可辨时，通常假定为 12 个月（IAS 1∶68）。

第14章 披　　露

14.1 披露——一般规定

IFRS 15 的披露要求旨在确保主体披露充分的信息，以使财务报表使用者能够了解客户合同收入及现金流量的性质、金额、时间和不确定性。为实现这一目标，应当披露关于下列各项的定性和定量信息：
［IFRS 15：110］

（a）主体与客户之间的合同（请参见 **14.2**）；

（b）对此类合同应用 IFRS 15 时所作的重大判断和判断的变更（请参见 **14.3**）；以及

（c）根据 IFRS 15：91 或 IFRS 15：95 就取得或履行客户合同的成本所确认的资产（请参见 **14.4**）。

应当考虑为实现披露目标所必需的详尽程度，以及对于各项要求的强调程度。应当对披露进行汇总或分解，以避免有用的信息因包括了大量不重要的细节或将具有实质性不同特征的项目予以汇总而变得模糊。［IFRS 15：111］

如果主体已按照其他国际财务报告准则提供了某项信息，则无须按照 IFRS 15 披露该信息。［IFRS 15：112］

> IAS 8：8 指出，国际财务报告准则所规定的会计政策若其影响并不重要，则无须应用。IAS 1：31 规定，如果信息不重要，则主体不必提供某项国际财务报告准则要求的特定披露。主体应同时评估定量和定性因素以确定有关客户合同收入的信息的重要性。这不仅适用于确认和计量，而且适用于财务报表中的披露。
>
> IFRS 15：111 中"考虑为实现披露目标所必需的详尽程度，以及对于各项要求的强调程度"的要求和 IFRS 15：BC331 均重申了这一概念，IFRS 15：BC331 指出：

> "IASB 和 FASB 还决定包括披露要求以协助主体实现披露目标。但是，这些披露不应被视为最低披露要求的核对表，因为部分披露可能仅与某些主体或行业相关，而与其他主体或行业无关。IASB 和 FASB 也认为主体结合披露目标和重要性来考虑披露十分重要。因此，IFRS 15：111 澄清主体无须披露不重要的信息"。
>
> 上述评估应当针对每一报告期间执行，因为在前期被视为不相关或不重要的披露可能随后因为所披露的金额价值增加或其他定性因素的变化而具有重要性。
>
> 主体还应考虑当地监管机构对于评估披露的重要性的适当方法所持的观点。

14.2 客户合同

14.2.1 收入和减值损失的披露

应当披露报告期间内的下列所有金额，除非这些金额已按照其他国际财务报告准则在综合收益表中单独列报：

[IFRS 15：113]

（a）已确认的客户合同收入，该收入的披露应当与主体的其他收入来源区分开来；以及

（b）已就主体的客户合同产生的任何应收款或合同资产（按照 IFRS 9，或者对于尚未采用 IFRS 9 的主体，按照 IAS39）确认的减值损失，该减值损失的披露应当与源自其他合同的减值损失区分开来。

14.2.2 收入的分解

应当将已确认的客户合同收入按不同类别进行分解，这些类别应反映经济因素如何影响收入及现金流量的性质、金额、时间和不确定性。[IFRS 15：114]

因此，为符合该披露要求对主体收入进行分解的程度取决于主体与客户之间的合同所涉及的事实和情况。为达到分解收入的目标，某些主体可能需要使用一种以上的类别，而其他主体则可能仅使用一种收入分解类别便可达到这一目标。[IFRS 15：B87]

《国际财务报告准则第 15 号——客户合同收入》应用指引

在选择用以分解收入的一个或多个类别时,主体应当考虑有关主体收入的信息出于其他目的是如何列报的,包括:

［IFRS 15：B88］

(a) 在财务报表外(例如,在收益情况公告、年报或呈递投资者的简报中)列报的披露;

(b) 首席经营决策者为评价各经营分部的财务业绩定期审阅的信息;以及

(c) 主体或主体的财务报表使用者评价主体的财务业绩或作出资源分配决策时,所使用的类似于(a)和(b)所述的信息类型的其他信息。

可能是适当的类别的示例包括但不限于:

［IFRS 15：B89］

- 商品或服务的类型(例如,主要的产品线);
- 地域(例如,国家或地区);
- 市场或客户类型(例如,政府客户及非政府客户);
- 合同类型(例如,固定价格合同及价格因工料成本而异的合同);
- 合同期限(例如,短期合同和长期合同);
- 商品或服务转让的时间(例如,源自在某一时点转让给客户的商品或服务的收入,及源自在一段时间内转让给客户的商品或服务的收入);以及
- 销售渠道(例如,直接出售给客户的商品及通过中介出售的商品)。

此外,如果主体适用《国际财务报告准则第 8 号——经营分部》,主体应当披露足够信息,使得财务报告使用者能够了解披露的收入分解信息与就每一报告分部所披露的收入信息之间的关系。［IFRS 15：115］

示例 14.2.2

收入的分解——定量披露

［IFRS 15：IE210 和 IE211,示例 41］

主体根据《国际财务报告准则第 8 号——经营分部》报告以下分部:消费品、运输及能源。当主体编制其呈递投资者的简报时,按主要地域市场、主要产品线和收入确认时间(即,在某一时点转让的商品或在一段时间内转让的服务)对收入进行分解。

主体确定呈递投资者的简报所使用的类别可用于满足 IFRS 15:114 中分解披露要求的目标,即对源自客户合同的收入按不同类别进行分解,以描述

经济因素如何影响收入及现金流量的性质、金额、时间和不确定性。下表列示了根据 IFRS 15：115 按主要地域市场、主要产品线以及收入确认时间进行的分解披露，包括列示已分解的收入如何与消费品、运输及能源分部相对应。

分部	消费品 CU	运输 CU	能源 CU	合计 CU
主要地域市场				
北美	990	2,250	5,250	8,490
欧洲	300	750	1,000	2,050
亚洲	700	260	—	960
	1,990	3,260	6,250	11,500
主要商品/服务线				
办公用品	600	—	—	600
电器	990	—	—	990
服饰	400	—	—	400
摩托车	—	500	—	500
汽车	—	2,760	—	2,760
太阳能板	—	—	1,000	1,000
发电厂	—	—	5,250	5,250
	1,990	3,260	6,250	11,500
收入确认的时间				
在某一时点转让的商品	1,990	3,260	1,000	6,250
在一段时间内转让的服务	—	—	5,250	5,250
	1,990	3,260	6,250	11,500

14.2.3　合同余额

主体应当披露下列各项内容：

［IFRS 15：116］

● 客户合同产生的应收款、合同资产和合同负债的期初余额与期末余额（若尚未单独列报或披露）；

- 在报告期内确认的包括在期初合同负债余额中的收入；以及
- 在报告期内确认的源自前期已履行（或部分履行）的履约义务的收入（例如，交易价格的变动）。

主体应当说明其履行履约义务的时间与通常的付款时间之间的关联（请参见第14.2.4），以及此类因素对合同资产和合同负债余额的影响。该说明可使用定性信息。[IFRS 15∶117]

主体应当说明合同资产和合同负债余额在报告期内发生的重大变动。该说明应包括定性和定量信息。主体合同资产和合同负债余额变动的例子可能包括：[IFRS 15∶118]

- 因企业合并而发生的变动；
- 影响相应合同资产或合同负债的对收入的累计追加调整，包括因履约进度计量结果的变化、交易价格估计值的变动（包括关于可变对价估计是否受到限制的评估结果的任何变更），或合同的修订所导致的调整；
- 合同资产的减值；
- 取得对价的权利成为无条件权利（即，导致合同资产重分类为应收款）的时间安排变动；以及
- 履行履约义务（即，确认与合同负债相关的收入）的时间安排变动。

14.2.4　履约义务

主体应当披露关于其在客户合同中的履约义务的信息，包括对下列各项的描述：[IFRS 15∶119]

- 主体通常于何时履行其履约义务（例如，在发货时、交货时、在提供服务过程中或在服务完成时），包括在"开出账单但代管商品"安排中履约义务何时得到履行；
- 重大付款条款（例如，付款通常何时到期、合同是否包含重大融资成分、对价金额是否为可变金额，及对可变对价的估计是否通常受到限制——请参见7.2.8）；
- 主体已承诺转让的商品或服务的性质，突出说明任何为另一方安排转让商品或服务的履约义务（即，若主体担任代理人）；
- 退货、退款的义务及其他类似义务；以及

● 质保的类型及相关义务。

14.2.5 分摊至剩余履约义务的交易价格

如果主体有尚未履行的履约义务，则应当披露：

［IFRS 15：120］

● 在报告期末分摊至未履行（或部分未履行的）剩余履约义务的总交易价格；以及

● 关于主体预计所披露的金额将何时确认为收入的说明，主体应以下列两种方式之一提供这一披露：

　● 使用最适合于反映剩余履约义务存续期的时间段提供定量信息；或者

　● 使用定性信息。

为便于实务操作，IFRS 15 规定，若符合下列两个条件之一，则无须披露关于履约义务的信息：

［IFRS 15：121］

（a）该履约义务是初始预计存续期为一年或更短的合同的一部分；或者

（b）主体有权获得客户支付的对价，对价金额与客户须就主体迄今为止已完成的履约部分支付的价值直接相对应（例如，主体针对每小时提供的服务开具固定金额账单的服务合同）（请参见 **9.3.1**）。

主体应当提供定性信息以说明其是否采用了上述便于实务操作的方法，以及是否有任何客户合同的对价未纳入交易价格，从而未纳入按照 IFRS 15：120 所披露的信息之中。例如，交易价格的估计值不包括受限制的可变对价的估计金额（请参见 **7.2**）。［IFRS 15：122］

示例 14.2.5A

披露分摊至剩余履约义务的交易价格

［IFRS 15：IE212 – IE219，示例 42］

主体于 20×7 年 6 月 30 日分别与独立的客户订立了 3 份提供服务的合同（合同 A、B 和 C）。每份合同的期限均为两年且不可撤销。主体考虑了 IFRS 15：120 – 122 的要求，以确定对于在 20×7 年 12 月 31 日包括在分摊至剩余履约义务的交易价格披露之中的每份合同的信息。

合同 A

保洁服务将在未来两年内提供,一般至少每月提供一次。对于所提供的服务,客户按每小时 CU25 的费率支付。

由于主体针对所提供的每小时服务开具固定金额的账单,根据 IFRS 15:B16,主体有权向客户开具发票,而发票金额与主体迄今为止已完成的履约价值直接相对应。因此,如果主体选择应用 IFRS 15:121(b)所述的便于实务操作的方法,则无须提供任何披露。

合同 B

保洁服务和草坪维护服务将在有需要时提供(在未来两年内每月最多提供 4 次上门服务)。客户针对该两项服务每月支付固定价格 CU400。主体使用基于时间的计量方法计量其履约义务的履约进度。

主体以表格形式披露尚未确认为收入的交易价格金额,这个表格包含说明主体预计这些金额何时确认为收入的定量时间段。纳入总体披露的合同 B 的信息如下:

	20×8 CU	20×9 CU	合计 CU
20×7 年 12 月 31 日预计这份合同将确认的收入	4,800[a]	2,400[b]	7,200

(a) CU4,800 = CU400 × 12 个月。
(b) CU2,400 = CU400 × 6 个月。

合同 C

保洁服务将于未来两年内在有需要时提供。客户每月支付固定对价 CU100,加上根据对客户设施进行的一次性监管检查和鉴定结果一次性支付 CU0 至 CU1,000 之间的可变对价(即履约奖金)。主体估计其将有权获得 CU750 的可变对价。基于主体对 IFRS 15:57 所述因素的评估,主体将估计的可变对价 CU750 纳入交易价格,因为已确认的累计收入金额很可能不会发生重大转回。主体使用基于时间的计量方法计量其履约义务的履约进度。

主体以表格形式披露尚未确认为收入的交易价格金额,这个表格包含说明主体预计这些金额何时确认为收入的定量时间段。主体同时针对任何未纳入该披露的重大可变对价作了定性讨论。纳入总体披露的合同 C 的信息如下:

	20×8 CU	20×9 CU	合计 CU
20×7年12月31日预计 这份合同将确认的收入	1,575(a)	788(b)	2,363

(a) 交易价格=CU3,150（CU100×24个月+可变对价CU750），平均分摊在24个月内确认，每年CU1,575。

(b) CU1,575÷2=CU788（即，针对该年度的6个月）。

此外，根据IFRS 15:122，主体提供定性披露以说明部分履约奖金没有包括在上述披露之中，因为其未被纳入交易价格。这部分履约奖金根据有关可变对价估计限制的要求被排除在交易价格之外。

示例 14.2.5B

披露分摊至剩余履约义务的交易价格——定性披露

[IFRS 15:IE220 和 IE221，示例 43]

主体于20×2年1月1日与客户订立一项合同，以固定对价CU10,000,000建造一座商务大楼。大楼的建造是主体在一段时间内履行的单一履约义务。截至20×2年12月31日止，主体已确认收入CU3,200,000。主体估计建造将于20×3年完成，但该项目有可能在20×4年的上半年完成。

在20×2年12月31日，主体在有关分摊至剩余履约义务的交易价格的披露中，对尚未确认为收入的交易价格金额作出披露。主体同时披露关于其预计上述金额将何时确认为收入的说明。这一说明可基于采用最适合反映剩余履约义务存续期的时间段的定量信息进行披露，也可通过提供定性说明进行披露。由于主体并不确定收入确认的时间，因此对该信息作出下列定性披露：

"截至20×2年12月31日止，分摊至剩余履约义务的交易价格总金额为CU6,800,000，且主体将随大楼的完工确认这些收入，大楼预计在未来12~18个月内完工。"

14.3 应用 IFRS 15 时所作的重大判断

14.3.1 披露重大判断的要求——一般规定

主体应当披露在应用IFRS 15时所作的显著影响其确定客户合同收入的金额

和时间的判断和此类判断的变更。特别是，主体应当说明在确定下列两项时所运用的判断和判断的变更：

[IFRS 15：123]

- 履行履约义务的时间（请参见 **14.3.2**）；以及
- 交易价格及分摊至履约义务的金额（请参见 **14.3.3**）。

14.3.2　确定收入确认的时间

对于在一段时间内履行的履约义务，应当披露下列两项：

[IFRS 15：124]

- 用于确认收入的方法（例如，描述所采用的产出法或投入法，及如何运用该方法）；以及
- 关于所采用的方法为何能够如实反映商品或服务转让的说明。

对于在某一时点履行的履约义务，主体应当披露在评价客户何时取得对已承诺商品或服务的控制时所运用的重大判断。[IFRS 15：125]

14.3.3　确定交易价格及其分摊方法

应当披露关于对下列各项所采用的方法、输入值和假设的信息：

[IFRS 15：126]

- 确定交易价格（包括但不限于估计可变对价、就货币的时间价值影响调整对价及计量非现金对价）；
- 评估可变对价的估计是否受到限制（请参见 **7.2.8**）；
- 分摊交易价格，包括估计已承诺商品或服务的单独售价，及将折扣和可变对价分摊至合同的特定部分（如适用）；以及
- 计量退货、退款的义务及其他类似义务。

14.4　资本化的成本

主体应当披露下列两项：

[IFRS 15：127]

- 在确定为取得或履行客户合同而发生的成本金额时所运用的判断［根据 IFRS 15：91（请参见 **12.2**）或 IFRS 15：95（请参见 **12.3**）］；以及

- 用于确定每一报告期间摊销额的方法。

同时应当披露下列各项内容：

[IFRS 15:128]

- 按资产的主要类别（例如，取得客户合同的成本、合同订立前成本及准备活动成本）披露就取得或履行客户合同的成本所确认的资产（根据 IFRS 15:91 或 IFRS 15:95）的期末余额；以及
- 报告期内已确认的摊销及任何减值损失的金额。

14.5 有关采用便于实务操作的方法的披露

如果主体选择采用 IFRS 15:63（关于存在重大融资成分——请参见 **7.4.2**）或 IFRS 15:94（关于取得合同的增量成本——请参见 **12.2**）所述的便于实务操作的方法，主体应当披露这一事实。[IFRS 15:129]

第 15 章 生效日期和过渡性规定

15.1 生 效 日 期

应当对自 2018 年 1 月 1 日或以后日期开始的年度报告期间应用 IFRS 15，允许提前采用。如果主体选择对 2018 年 1 月 1 日前开始的年度期间采用 IFRS 15，则应当披露这一事实。[IFRS 15：C1]

2016 年 4 月发布的《对〈国际财务报告准则第 15 号——客户合同收入〉的澄清》（请参见 **1.3.3**）同样对自 2018 年 1 月 1 日或以后日期开始的年度期间生效，允许提前采用，并且应当予以追溯应用（即，应视同该修订在首次采用日已被纳入 IFRS 15 一样予以应用——请参见 **15.2.1**）。主体不得将该修订应用于根据 IFRS 15 的过渡指引（请参见 **15.2**）未采用 IFRS 15 要求的报告期间或合同。例如，如果主体根据 IFRS 15：C3（b）（请参见 **15.2.2**）仅将 IFRS 15 应用于在首次采用日尚未完成的合同，则主体不应在 IFRS 15 的首次采用日重述该修订对已完成合同的影响。[IFRS 15：C8A]

> 2016 年 4 月发布的修订与 IFRS 15 的生效日期相同。该修订澄清了 IASB 在制定 IFRS 15 的要求时的意图，但并未更改 IFRS 15 的基本原则。通常预期主体应当在采用 IFRS 15 的首个会计期间实施该修订，尽管对 2018 年 1 月 1 日前开始的期间采用 IFRS 15 的主体可能不会选择同时实施该修订。在这种情况下，如果主体是在采用 IFRS 15 之后才实施该修订，则应当就首次应用该修订的影响（如有）对首次采用 IFRS 15 的影响进行重述。

15.2 过渡性规定

15.2.1 过渡至 IFRS 15——一般规定

IFRS 15 为主体针对首次过渡至 IFRS 15 提供了详尽的指引。为此，主体应采用下列两种方法之一：

［IFRS 15：C3］

（a）全面追溯调整法——按照IAS8追溯调整所列报的每一个前期报告期间，并可采用IFRS 15：C5（请参见**15.2.2**）所述的便于实务操作的方法；或者

（b）简化方法——根据IFRS 15：C7-C8（请参见**15.2.3**）追溯应用IFRS 15，并在首次采用日确认首次采用IFRS 15的累积影响。

就上述过渡性规定而言：

［IFRS 15：C2］

（a）首次采用日是指主体首次采用IFRS 15的报告期间的起始日（如，对于自2018年1月1日开始的年度首次采用IFRS 15的主体，首次采用日为2018年1月1日）；以及

（b）已完成的合同是指主体已转让根据IAS11、IAS 18及相关解释公告识别的所有商品或服务的合同。

15.2.2　全面追溯调整法

如果主体选择采用全面追溯调整法，则允许采用下列一种或多种便于实务操作的方法：

［IFRS 15：C5］

（a）对于已完成的合同（请参见**15.2.1**），主体无须重述：

（i）在同一年度报告期间内开始和结束的合同；或者

（ii）在所列报最早期间的期初已完成的合同。

（b）对于具有可变对价的已完成合同，主体可使用合同完成日的交易价格而无须对可比报告期间内的可变对价金额进行估计。

（c）对于在所列报最早期间的期初之前已修订的合同，主体无须根据IFRS 15：20-21（请参见**10.2**和**10.3**）中有关合同修订的规定追溯重述。取而代之的是，主体应在执行下列步骤时反映在所列报最早期间的期初之前发生的所有合同修订的汇总影响：

（i）识别已履行和未履行的履约义务；

（ii）确定交易价格；以及

（iii）将交易价格分摊至已履行和未履行的履约义务。

（d）对于列报的首次采用日（请参见**15.2.1**）前的报告期间，无须应用

IFRS 15：120（请参见 **14.2.5**）的披露要求。

对于上述的任何便于实务操作的方法，主体应将其一致地应用于所列报的所有报告期间内的全部合同。此外，主体应当披露下列所有信息：

[IFRS 15：C6]

（a）所采用的便于实务操作的方法；以及

（b）在合理可能的范围内，就应用的每一项便于实务操作的方法的估计影响所作的定性分析。

尽管有 IAS 8：28 的有关规定，在首次采用 IFRS 15 时，仅在主体根据 IFRS 15：C3（a）追溯应用 IFRS 15 的情况下，主体才需对采用 IFRS 15 的首个年度期间的前一个年度期间（"上一年度期间"）列报 IAS 8：28（f）所要求的定量信息。主体可选择对本期或更早的可比期间列报这些信息，但这并非强制要求。[IFRS 15：C4]

15.2.3 简化方法

如果主体选择采用简化方法，主体应将首次采用 IFRS 15 的累积影响确认为对包含首次采用日（请参见 **15.2.1**）的年度报告期间的期初留存收益（或其他权益组成部分，如适当）余额的调整（即，对当前报告期间期初的财务状况表作出调整）。如果采用简化方法，主体可选择仅对在首次采用日（例如，对于自 2018 年 1 月 1 日开始的年度首次采用 IFRS 15 的主体，2018 年 1 月 1 日）尚未完成的合同（请参见 **15.2.1**）追溯应用 IFRS 15。[IFRS 15：C7]

采用简化方法的主体还可对以下两者之一采用 IFRS 15：C5（c）（请参见 **15.2.2**）所述的便于实务操作的方法：

[IFRS 15：C7A]

（a）在所列报最早期间的期初之前发生的所有合同修订；或者

（b）在首次采用日前发生的所有合同修订。

如果主体采用上述便于实务操作的方法，主体应针对所有合同一致地采用该方法并披露下列信息：

（a）所采用的便于实务操作的方法；以及

（b）在合理可能的范围内，就应用的每一项便于实务操作的方法的估计影响所作的定性分析。

如果采用简化方法，应当针对包含首次采用日的报告期间提供下列两项披露：

[IFRS 15∶C8]

（a）与采用在本次变更前生效的 IAS 11、IAS 18 及相关解释公告相比，应用 IFRS 15 对本报告期每个财务报表单列项目的影响金额；以及

（b）对（a）所识别的重大变动的原因的解释。

> 如果主体在首次采用 IFRS 15 时选择采用简化追溯调整法（请参见 **15.2.3**），应在首次采用日确认首次采用 IFRS 15 的累积影响，并且无须重述比较期间。因此，主体无须针对所列报的比较期间提供 IFRS 15∶110 – 129 所规定的披露。
>
> 然而，IFRS 15∶C8 规定，在首次采用 IFRS 15 的年度，选择采用简化追溯调整法的主体必须披露因应用 IFRS 15（而非此前的国际财务报告准则）导致的财务报表单列项目变动的影响，包括对重大变动的原因的解释。